JN409131

삶의 방정식
부활의 꿈

홍원일 저

다솜출판사

머리말

나는 1981년 세상 물정에 한참 어두웠던 21살의 나이로 국민학교(후에 초등학교로 개칭) 교사로 출발하였다. 나의 공무원 경력은 이제 어언 38년을 넘어섰다. 정년이 만 60세이고, 정년 전 1년은 사무실 출근 대신에 은퇴 후 인생 후반부 삶을 설계할 수 있는 기회가 주어지는 소위 공로연수 기간이니, 나의 공무원 생활도 1년이 지나면 마무리를 해야 한다. 공무원 생활 38년이면 - 공로연수 포함하면 사실 39년 - 강산도 거의 4번 변하는 기간이다. 정치, 경제, 사회, 문화 등 여러 측면에서 그 동안 우리 한국사회는 엄청나게 변화 했으며, 개인적으로 생애 단계별로 변화무쌍한 격변을 겪었다.

변혁의 흐름 속에서 살아오면서 경험했던 여러 가지 사건, 일화 그리고 후배들에게 전해주고 싶은 사연들을 그냥 묻히고 지나가기에는 너무나 아쉬움이 클 것 같았다. 나의 공직 생활을 잘 정리하고 싶은 욕심이 들었다. 또한 후배 공무원이나 공직에 들어오고자 하는 분께 개인의 성장과 국가 발전을 위한 조언도 하고 싶은 마음이다. 21세기 선진 한국을 꿈꾸는 선배 공무원의 한 사람으로서 나의 다양한 공직 경험을 많은 분들과 함께 공유하고 싶은 욕심이 가끔 꿈틀거렸기에, 틈틈이 짬을 내면서 서툰 글 솜

씨로 조금씩 써 내려왔는데 어느 정도 역사의 흔적을 남기게 된 것 같다.

나의 공직 생활을 글로 잘 다듬어 은퇴 시 책으로 출간하겠다는 계획은 아예 꿈조차 꾸지 않았지만, 공직을 마감하는 시점에서 파란만장한 공직 중에 경험했던 희노애락(喜怒哀樂)을 글로 정리하지 않으면 평생 후회할 것 같아 과감히 붓을 들었다. 내가 서술하는 상당 부분의 내용은 기억을 더듬어 뇌리에 찍힌 흑백 필름의 잔상에 의존한 경우가 많았음을 고백한다. 필름이 노후화되어 재생이 불가능하거나 소멸된 경우도 많았다. 그 밖에 기록이 남아있거나 공직 생활을 하면서 인연을 오랫동안 맺고 있는 일부 지인들과의 대화나 과거 회상을 통하여 가미하는 경우도 있다.

기록이든 인연을 통한 회상이든 나의 공직 경험을 한권의 책으로 낸다는 것은 쉬운 작업은 아니다. 국가 발전에 도움이 되는 정책 제언을 포함하여 후배 공무원들에게 조금이나마 공직 생활을 하는데 가이드 역할을 하고자 이 책을 쓴다.

나의 38년의 공직 삶은 크게 3단계로 나눌 수 있는데 처음 12년간은 초등학교 교사로 교단에 있었던 시기이고, 다음은 제36회 행정고시 합격 후 교육부와 인연을 맺고 교육부 본부 생활 약 10년의 삶이었고, 나머지는 강원도교육청, 미국 유학, 국립국제교육원, 주상하이한국총영사관, 한국해양대학교 등 외국이나 국내 산하기관에서 근무했던 16년 세월이라 볼 수 있다.

지난 공직 생활의 첫 출발은 초등학교 교사로부터 시작되었다. 가난하고 힘들게 살았던 당시 환경에서, 최저의 학비로 군대를 가지 않고 교직이라는 직업 전선에 뛰어들어 집안의 장남으로서 먹고 사는 문제가 해결된다는 아버님의 말씀을 듣고, 서울교육대학교에 입학하였다. 초등학교[1] 선생이라는 직업은 꿈에도 생각지 않았기에 당시 교대 생활에 적응을 하지 못했고, 민주화를 요구하는 학생들의 전국적인 반정부 시위와 맞물려 '나는 어디를 향해 가고 있는가?'라고 질문은 던지면서 답을 도무지 찾지 못하는 회색 지대에 머물러 연일 술로 아픔을 달래곤 했었다. 초등학교 선생님이 되기 위해선 오르간 학점을 이수해야 했는데, 술에다 동료들과 재미로 하는 포커 게임 등으로 시간을 허비하느라 학점 미달로 졸업을 할 수 없는 위기에 빠지기도 했다. 어떻게 하든 졸업은 반드시 해야 하기에 겨울 찬바람이 쌩쌩 들어오는 황량한 서초동 교정 오르간실에서 매일 연습하는 성의를 교수님께 보여주는 것으로 1981년 3월 첫 근무처인 송정국민학교에 교사로 부임할 수 있었다.

교대 2년 동안 학생들을 올바로 가르치고 교단에 제대로 서기 위한 준비 학습이나 실습보다는 타 대학을 가기 위해 입시학원을 기웃거리는 등 교사로 전혀 준비되지 않았다. 학생들에 대한 올바른 교육철학이나 사랑이 없이 현장에 배치되어 자그마치 4개 학교를 돌면서 12년간 교단에 섰으니, 지금 생각하면 너무나 아찔하고, 그 학생들에게 얼마나 미안하고, 죄송하고, 내가 얼마나 죄인인지를 뼈저리게 느낀다. 내가 가르친 학생들에게 진심으로 사죄하고 용서를 빌며, 남은 인생 지난 과오를 교정하고 완전히 달라진 새로운 길을 개척하고자 노력하고 있다.

1) 본 자서전에서는 국민학교, 초등학교가 문맥에 따라 혼재되어 사용

가르치는 일이 적성에 맞지 않았고 교사에 대한 사회적 대우도 낮았던 그 시기에, 참교육을 기치로 민주적이고 투명한 학교경영을 모토로 출범한 전교조 초창기에 회비를 내고 활동을 담은 신문을 돌리는 등 후방에서 지원을 한 적이 있었다. 회원으로 등록하여 활동하다가 탈퇴를 하지 않을 경우 파면 내지 해임을 당하는 당시 정부의 방침에 의해 지속적인 활동의 뜻을 접고, 당시 한국교원대학교 대학원 원서를 사주시면서 학업에 전념하라는 모교감 선생님의 말씀을 시발점으로 하여 본격적인 행정고시 준비에 돌입하였다. 낮에는 학생들을 가르치고 밤에는 4년제 대학을 다니는 주경야독(晝耕夜讀)의 고된 몸을 이끌면서 학사 학위 취득에 도전하고 있는 가운데, 도서관에서 고시 공부하는 선후배들의 모습을 어깨너머로 보면서 이미 행시 공부를 해오고 있었다.

교원대 석사 과정이 끝날 무렵, 행정고시에 합격하여 초등학교 교사 생활을 접고, 교육현장을 지원하는 교육행정직 공무원의 길을 걷게 되었다. 1년간의 수습을 끝낸 후 5급 사무관 보직인 강원도 교육위원회 의사계장을 시작으로 미국 유학의 기회를 가져 석사학위를 취득하였으며, 귀국하여 교육부 교원정책, 교원양성연수, 교육정보화기획 업무를 경험하였다. 다음으로 국제협력담당관실에서 한·일, 한·중 교육교류 업무를 추진하였고 서기관으로 승진하여 교육복지담당관실에서 아이러니컬하게도 전교조 담당업무를 하게 되었는데 이번에는 정부쪽 입장을 대변하면서도 균형적인 시각의 틀로 과업 수행에 힘썼다.

국제협력담당관실에서 국제 감각을 익히고 글로벌 인식의 지평을 넓히기 위한 노력의 과정에서 한국외국어대학교에서 6개월 중국어 과정을 이수하였고, 한국방송통신대학교 중어중문학과를 졸업한 경력을 기초로 하여 서기관 승진 후 북경사범대학교에서 1년 반 과장급 직무연수의 소중한 기회를 가졌다. 귀국 후에는 과거 권위주의 정권 시절 민주화 투쟁을 하거나 재단의 비리를 폭로하는 등의 이유로 재임용에서 탈락된 교수들에 대한 재임용 심사를 하여 교단에 설 수 있는 기회를 주기 위한 '대학교원탈락자 구제를 위한 특별법'에 의거 교원소청심사위원회에서 과장으로 근무하였다. 이후에 교육과학기술연수원(현 중앙교육연수원)에서 연수기획부장으로 동북아역사재단에서는 예산 편성, 회계 담당 책임자로 근무하다가 외교부 소속 외교관으로 주상하이총영사관 교육담당 영사로 3년간 상하이 생활을 한 바도 있다. 언론에서 연일 보도로 전국이 떠들썩했던 소위 '상하이 스캔들'의 한복판에서 근무를 했던 시설이 마치 엊그제처럼 뇌리에 떠오른다. 귀국 후, 국립국제교육원에서 중국 원어민 초청, 영어봉사활동 학생 초청사업이나 대학생을 미국에 보내 영어도 배우고 여행도 하고, 인턴으로 취업 경험도 할 수 있는 사업을 추진하기도 하였다.

그토록 입성하고 싶었던 세종특별시에 위치한 교육부 본부에서 정보보호팀장, 학부모지원팀장을 하다가 2016.4.25.자 부이사관으로 승진하여 한국해양대학교 사무국장으로 고등교육기관에 첫발을 내딛게 되었다. 지금까지 여러 기관을 거쳐 쌓았던 공직 경험을 살려 나의 마지막 보직이라 생각하고 매일 맡은 업무에 열심히 공을 들였다.

38년의 공무원 생활을 하면서 나 자신도 변신을 거듭했던 것 같다. 사람이 평생을 살아가면서 변화지 않는 사람은 이 세상에 아무도 없을 것이며 육체적으로나 정신적으로 또는 영적으로도 변해가는 모습이 지극히 자연스럽다.

나에게 가장 달라진 것은 아마 영적인 변화가 아니었나 생각한다. 20대는 술이나 도박 또는 세상이 주는 자극적인 쾌락들이 나의 신앙이었고, 삶의 방향과 목적 그리고 올바른 가치가 무엇인지를 고민하지 않고 인생을 안내해 주는 멘토도 없이 그저 하루하루를 젊은 혈기로 시간의 소중함을 망각한 채 흘려보냈다. 30대 들어와 결혼을 하고 자녀가 생기면서 가장으로서의 책임감이 어깨를 짓누르면서 주말도 잊은 채 일에 파묻혀 일중독이라 할 정도로 과업 지향적이었다. 이때 뇌구조 측면에서도 일하지 않으면 불안하고, 집에 있는 것이 오히려 이상했으며, 정시에 퇴근해 본 기억이 없을 정도로 업무에 파묻혔는데 이러한 양태는 50대까지도 계속 이어졌다. 20대에 희미하게 안개처럼 보였던 하나님은 술과 일로 가리어졌고, 30대에 들어와서는 좀 더 선명하게 다가왔지만, 여전히 세상이 주는 쾌락과 폭포수처럼 쏟아지는, 가끔은 폭탄을 동반하는 갖가지 일들로 인하여 금방 사라지곤 했다.

4,50대에 들어와서도 영성을 구비하기 위한 지속적인 믿음 생활과 하나님과의 영적인 교류, 계속되는 주일날 예배는 세상의 유혹이 강함에도 변함없이 이어졌다. 비록 일회성이고, 형식적이며, 교회를 떠나 세상에 나와선 세상 사람과 구별됨이 없이 살아왔지만, 그러한 장기간의 신앙생활이 나도 모르게 서서히 내면의 깊은 속으로 들어와 어느새 변화되고 있음을 최근에야 느끼게 되었다.

우리 인간은 참으로 무지하며 어리석고 고집이 세기 때문에 쉽게 마음을 열지 않으며 자기만의 도그마에 사로잡혀 타협을 잘 하지 않은 경향이 매우 강한 것 같다. 나도 하나님을 가까이 하고, 성경책을 거의 매일 읽으며, 깊은 영성을 통하여 참된 기쁨과 행복을 맛보는 신앙생활의 중요함을 50대 후반에 와서야 조금 알게 되었다. 얼마나 많은 시간이 걸렸는가? 하지만 여전히 진행형이다. 불완전한 존재로 가끔은 회의감을 가질 때도 있다. 신앙생활을 통하여 고단한 삶의 무게와 무거운 짐을 지고 가는 나그네 길에서 근본적인 위로를 받으며 참된 안식으로 이끄는 것은 성경 말씀만한 것이 없음을 요즘 부쩍 깨닫는다. 38년 공직 삶에서 극적인 반전은 하나님을 만난 것인데 나는 영원히 함께 동행 하려 한다. 아래 성경구절은 나의 좌우명으로 힘들고 외로울 때 또는 불안할 때 위로를 안겨준다.

> 내게 능력주시는 자 안에서 내가 모든 것을 할 수 있느니라
> (빌립보서 4:13)
> I can do everything through him who gives me strength.
> 我靠着那加给我力量的，凡事都能作[2)]。

주말을 빼고 아침마다 사무실에서 나의 절친한 친구인 '매일 성경'을 만나서 대화를 나누고 있다. 좋은 구절, 삶에 활력을 주는 표현, 삶을 어떻게 살고 어떠한 가치를 가지고 여정을 성공적으로 마칠지에 대한 다양한 안내 설명 등을 만난다. 이를 통하여 내 욕망을 자극하는 세상의 속삼임에 귀를 닫고, 하나님의 목소리에 귀를 기울이는 사람이 되고자 지금도 끊임없이 정진하고 있다.

또 하나의 기적이라면 술을 완전히 끊은 것을 꼽을 수 있다. 초등학교 교사 생활을 하면서 본격적으로 입에 대기 시작한 술을 1년 정도를 빼고는 - 교대 2년 음주 경력을 감하더라도 - 무려 33년이나 사랑했었다. 술이 애인이며 인생의 동반자, 등대와 이정표라 할 정도로 나는 애주가였다. 돈으로 환산하면 술에 투자한 비용이 서울 강북 지역 25평 아파트 1채 값은 족히 되리라 생각

2) 중국어를 인용할 때 문장에 따라 간체자 또는 번체자로 씀

한다. 시간 낭비에 무엇보다 술판으로 인해 남을 안주삼아 비난하거나 정제되지 않고 나온 온갖 더럽고 수치스러운 말들을 쏟아냈으니 술로 인한 부작용이 만만찮았다. 2015년 1월 1일 이후로는 술과 완전히 결별을 하여 새로운 삶을 살기 시작하였고 영원히 알코올이 없는 건강한 삶을 이어가겠다는 약속에는 변함이 없다.

세 번째 대 변화는 인생의 후반부로 갈수록 삶에 대한 자세와 태도가 그 전과 비교할 수 없을 정도로 진지해졌으며, 남을 위해 나를 비우고 봉사하고픈 마음으로 기울어지고 있다는 데 있다.

후배들에게 남기고 싶은 이야기가 있다, 첫째, 몇 가지 질문에 대한 답을 실천하는 일이다. 나는 지금 어디고 가고 있는가? 내가 가는 길은 의미가 있으며 올바른 방향인가? 지금 이 길은 나뿐만 아니라 남에게도 기쁨과 유익을 주며 공동선 추구에 기여하는가? 의미 있고 삶 전체를 조망하여 거시적인 목표와 비전하에 지금 접하고 있는 삶과 어떤 연계를 맺으며 가치 있는 삶을 추구할 것인지 매일 매일 점검해야 한다. 둘째, 삶에 대한 지혜와 보고로 가득한 성경책을 늘 옆에 두면서 자주 읽고 명상하고 일상생활에 적용하여 적극적으로 실천하는 삶의 길을 가라고 권장하고 싶다. 셋째, 끊임없이 공부하고 연구하고 토론하여 실력을 계속 높여나가라는 것이다. 여기서 말하는 실력이란 타인이 감탄하고 탄성이 저절로 나오며 사람이 좋아 함께 근무하고 싶은 인성도 겸비한 그러한 역량을 구비한 전문인을 말한다. 쉽지는 않다. 우리네 삶 모든 것이 그저 얻어지는 것은 세상에 아무데도 없다. 피와 땀과 눈물을 흘리며 모욕을 당하고 치욕을 당하면서 험난한 과정을 이겨냈을 때 진주가 탄생한다. 공짜심리는 우리 마음속에 있어서는 안 되고 생각해서도 안 되며, 오직 노력과 학습으로 성취하겠다는 비장의 각오와 행동이 있어야만 과실을 딸 수 있다.

38년이란 짧지 않은 공무원 생활을 아무런 흔적도 남기지 않고 그냥 퇴임한다는 것은 국가로 보나 나 개인으로 보나 큰 손실이라 아니할 수 없다. 본인의 경험과 노하우를 나름대로 잘 정리하여 기록으로 남긴다. 이를 통하여 국가 경영에서, 공무원들의 행태와 문화에서 잘못된 것은 바로 잡아 개선해 나가고, 잘된 것은 지속적으로 잘 살려나가려는 역동적인 움직임들로 이어지길 기대한다. 우리 사회가 희망의 노래로 가득 차게 되고 다 함께 합창의 대열에 내가 합류할 수 있다는 신뢰를 가지게 되리라 믿는다.

38년의 공무원 생활은 그야말로 굴곡과 영욕과 극적인 변화를 동반하는 과정이었다. 이러한 거친 광야의 길을 걸어가는 데 있어 가장 먼저 만나서 위로를 해 주시는 분은 하나님이었다. 공직 초·중반에는 위로자가 주(酒)님이었다면, 후반부 여정부터는 내 진정 사모하는 주(主)님이었다. 다음으로 늘 곁에서 지원해주고 응원해 주신 분은 부모님이었고 우리 가족이었다. 어머님과 아버님의 기도 덕분에 그리고 자식을 향한 지극한 사랑의 전류가 보이지 않는 전선을 타고 언제나 내 몸과 마음으로 흘러들어와 순환하기에 그 에너지로 어떠한 어려움과 힘든 과정을 잘 이겨낼 수 있었던 것 같다. 흘러넘치는 정성과 자녀를 향한 끝없는 사랑의 생명수로 인하여 각종 유혹으로 옭아매는 갖은 부정과 위법으로 가득한 함정에서 나올 수 있었다. 올바른 공직자의 길을 가도록 늘 말씀해 주셨고 정도를 걷도록 안내하여 주신 우리 부모님께 감사한다.

나를 끝까지 신뢰하고 지지해주고 격려해 준 것은 아내와 사랑스런 두 자녀들이다. 38년간의 공직의 길에서 아무런 경제적 기반이 없이 오직 나의 월급만 의지해서 40대 중반 겨우 집장만 할 수 있었다. 매월 부모님 도와드리고 자녀들 교육을 잘 시켜준 아내에게 이 자리를 빌려 박수를 보낸다. 일에 너무 중독되어 입학식이나 졸업식 때도 거의 얼굴을 내밀지 못하고 학교를 방문하여 자녀교육을 상담해 본 기억이 거의 나지 않는다. 자녀들과 캠핑이나 낭만의 여행을 제대로 해 본적도 없다. 하지만 공부를 그런대로 해냈고 말썽부리지 않고 건강하게 커 준 우리 딸, 아들에게도 고마움을 전하고 싶다.

공무원 생활을 하면서 정년이라는 말을 자주 들었지만, 나에게 이렇게 다가오리라곤 생각지 못했는데 어느 사이 내 근처로 왔다. 이제부터는 은퇴 후 무엇을 하면서 여생을 멋지고 의미 있게 보낼 것인가 설계도 작성에 들어가고자 한다. 100세 시대라고 하는데 은퇴 후 계획된 그림이 없는 상태에서 그저 세월만 축내고 별 의미도 없이 그냥 시간만 보내거나 병원에 의지하면서 오래 사는 것은 축복이 아니라 재앙이며 비극이라 아니할 수 없을 것이다. 그러한 삶은 정말 피하고 싶고 잘 그려진 설계도에 따라 이 사회에 도움을 주면서 건강한 가운데 제대로 된 죽음을 맞이하고 싶다.

지난 38년간 공무원 생활을 돌이켜보면 우리 삶이 늘 그렇듯 지나고 나면 찰나적이며 여러 면에서 좀 더 잘할 걸 하는 후회가 앞서는 부분들이 많다. 짧지 않은 공무원의 길을 걷는 여정 중에 환희와 기쁨과 극적인 반전도 있었다. 후회와 기쁨의 여러 다양한 체험과 노하우를 필력은 따라주지 않고 서술에 어색함과 부족한 부분이 있음에도 혼자서 가슴 속에만 담기보다는 정직하게 드러내어 동시대와 후세대 분들과 같이 공유하고자 한다. 나라를 걱정하는 애국심의 발로에서 담담하게 정리했음을 밝힌다.

2019. 6. 30

홍원일

차 례

제1장
공직 생활 정리와 은퇴 후 삶

자서전을 쓰는 의미

2017년 1월 구정을 앞둔 어느 날 나의 남은 공직 기간을 진지하게 세어 보았다. 공무원들에게 주어지는 마지막 1년 공로연수 기간을 빼면 앞으로 2년 반도 채 안 남았다고 생각하니 뭔가 정리가 필요한 것이 아닌가하는 고민을 해 보았다. 공직자로서 길게는 수십 년간 국가와 국민을 위한 길을 걸어가면서 수많은 애환과 사연, 남기고 싶은 일화들을 가지고 있다. 이를 잘 정리해서 후배 공무원이나 일반인들에게 전해주면 반면교사(反面教師)도 되고 세월호 사고에서 보듯 교훈도 남길 수 있어서 책으로 발행하면 좋은 것이라는 생각을 해보았다. 해마다 정기적으로 우리 주변에 많은 공직자분들이 정년 또는 명예퇴직 등으로 사회로 나가고 있는데 공직 기간 중의 삶을 정리해서 저서로 내셨다는 분을 찾아보기가 쉽지 않다. 국회의원이나 장관 또는 외교관 등 고위직을 지낸 유명 인사 중에는 가끔 저서를 내 잔잔한 감동을 주거나 아니면 비판의 대상이 된 경우를 언론을 통해 전해 듣기도 한다. 이 경우에도 사회적 파장 등을 고려하는지는 모르지만 퇴직 후 일정 기간 지난 뒤에 회고록 형태로 가끔 발표하는 경우가 있다.

대부분의 공무원들이 입직에서부터 퇴임까지 공직의 흔적을 기록으로 남기지 않고 은퇴하는 경우가 대부분인데, 나의 경우는 공무원으로서의 걸어온 여정을 정리하고 아울러 은퇴 후 설계도를 그려 보겠다는 도전정신을 가지고 기록으로 남기는 프로젝트를 시작하고자 한다. 결코 쉽지 않은 일이지만 지금부터 지나온 발자국을 되돌아보면서 하나하나 기억을 더듬어 끌어내고 필요하면 남겨진 메모나 기록을 들추어보면서 나의 전 공직생활을 책으로 남기는 작업에 착수하고자 한다.

사회 물정도 모르고, 군대 경험도 없이 - 병역 관련해서는 사연이 깊어 생략하고 하여튼 6주 실미교육으로 군 복무 완수 - 21살 어린 나이에 국민(초등)학교 교사로 공직 생활을 시작하여 이제 60세, 공로연수를 앞둔 시점이다. 무려 38년이라는, 결코 짧다고 할 수 없는 기간을 공직에 몸담았고 곧 마무리할 시점에 이르게 된 것이다. 때가 되어 공직에서 물러나면 그동안 너무 힘들게 일을 했으니 은퇴하고 그저 쉬고 싶다는 게 대다수의 일성이다. 충분히 이해가 가고 나도 그러한 입장에 있기는 하지만, 다른 한편으로 보면 오랫동안의 공직 경험과 노하우를 제대로 정리하여 인수인계를 하면 얼마나 좋을까 하는 생각을 수없이 많이 해왔는데, 사실 주변에 공직생활을 정리하여 책으로 남기는 경우는 그야말로 극히 드물다. 나는 이러한 흐름에 반기를 들고 그냥 의미없이 은퇴하기 보다는 글로 정리하고 기록으로 남겨 우리 자녀뿐만 아니라 후배 공직자들 그리고 일반인들에게 내가 공직생활을 해 오면서 터득하고 경험했던 다양한 노하우들을 함께 공유하고 싶은 마음이 절실하다.

부끄럽고 후회막심하고 말 못할 사연도 많고 내세울 것 없지만, 나의 지나온 공직의 구석구석에 대해 솔직하면서 진실하게 잘 정리하여 남기고 싶다. 그 뿐만 아니라 뒤따라오는 후배들이 시행착오를 줄이고 가치 있고 의미 있는 삶에 도전하면서 살아가는데 조금이나마 나침반 역할을 할 수 있을까 하는 희망에서 한 권의 책으로 남기고자 하는 것이다. 문장력이 뒷받침되지 않는 졸필이지만 시도 자체는 의미가 있지 않는가? 그리고 이번 자서전을 계기로 나를 표현하고 세상을 표현하는 쓰기의 여정을 본격적으로 시작하고 싶다. 이미 저서 1권이 있지만 남은 삶은 기록의 인생이 되고자 한다. 김대중 대통령은 어렵고 힘들 때는 글을 썼다고 한다.

> 나는 어려운 일이 있을 때 백지를 한 장 갖다 놓습니다. 그리고 그것을 반으로 접습니다. 한쪽에는 어려운 일을 적습니다. 다른 한쪽에는 다행하고 감사한 일을 적습니다. 그러나 어느 한 번도 한쪽만 채워지는 적은 없습니다. 어려운 일이 있으면 반드시 좋은 일도 있습니다. 사는 게 그런 것 같습니다.

내가 존경하는 김대중, 노무현 대통령처럼 계속 메모하고 쓰는 습관을 길러 2020.7.1.자로 만60세 정년퇴임을 하면, 그 이후 언젠가 나의 전 공직생활을 잘 정리하는 기회를 다시 갖고 싶다. 지금 쓰고 있는 자서전은 그 때를 대비해서 조금은 낯설고 가지 않은 길을 처음 가는 시도이다. 이는 나태하기 쉬운 퇴임 앞둔

막바지에 일에 대한 열정을 멈추지 않고 목표를 향해 계속 나가게 한다.

전혀 생각하지 못했던 초등학교 선생을 하다

1979년 강릉고등학교를 졸업하고 당시에는 내가 가고자 했던 대학 목록에는 전혀 없었던, 그러나 너무나 가난했던 환경이라 재수는 꿈도 꿀 수 없는 제약 조건 속에서 아버님의 권유로 초등학교 교사를 양성하는 서울교대를 선택하여 서울 생활을 시작하게 되었다. 당시 권위주의적인 전두환 독재 정권에 대한 대학생들의 항거와 연일 계속되는 점거 농성으로 어느 대학이나 학업에 전념할 분위기는 아니었고 나 또한 몸은 교대에 적을 두었지만 마음은 학교를 떠나 정신적 방황과 학교생활의 부적응 속에서 1981년 21살의 어린 나이로 2년제 서울교대를 간신히 졸업하였다. 너무 어려운 가정 형편으로 재수를 통한 명문대학 선택의 기회가 사라진 것에 대해 부모님 원망도 많이 했고, 나 자신을 학대하면서 술로 세월을 보내었다. 나중에 재론하겠지만 이러한 역경과 환경 조건이 나에게는 시련을 통해 새로운 세상을 만나게 되고 희망을 가지고 가고자 했던 길로 도약할 수 있는 발판이 되었다. 이러한 면에서 부모님께서 물려주신 정신적 유산과 신앙의 인도는 공직 후반과 아마 은퇴 후에도 나의 삶을 이끌어주는 원동력이 되리라 생각한다.

교대 생활에 적응하지도 못하고 4년제 대학으로의 진학에 뜻을 두고 당시 용산에 있는 대입학원을 다녀보는 등 다른 방향으로 기웃거리기도 하였다. 서울교대가 있던 서초동은 도로 외에는 전부 진흙 바닥이었고 다 쓰러져가는 판잣집이 있었다. 펌프 물로 라면을 끓여 먹는 자취 생활을 10여 명이 같이하면서 방황을 참 많이 했고 술로 허송세월을 보냈던 시절로 기억에 남는다. 졸업 이후 서울 지역에서 송정, 광희, 중화, 돈암국민학교(현 초등학교)에서 초등학교 교사 경험을 하게 되는데 지금도 그 당시를 생각하면 얼굴이 화끈화끈 달아오른다. 초등교사로 거의 준비가 안 된 상태에서 세상을 향해 출발하게 되었기 때문이다.

솔직히 부끄럽고 학생들에게 미안한 것은 제대로 된 교육철학과 뚜렷한 교직관이 없이 그리고 교직이론과 수업방법론 등에 대한 충분한 배경지식 없이 교단에 섰다는 것이다. 참으로 통탄할 노릇이고 지금도 당시를 생각하면 나에게 가르침을 받는 학생들에

충분한 준비 없이 교단에 섰던 1980년대,
학생들에게 지금도 부끄럽다

게 무엇을 전수해 주었는지 학생들을 진정으로 사랑했는지 차마 얼굴을 들 수가 없다. 당시 폭압적인 정치 상황과 뇌물이 일상화된 사회 분위기 영향을 비껴갈 수 없는 교육현장에 방조자 내지 묵인자가 되었음을 솔직히 고백한다. 잘못된 빚을 너무나 많이 졌기에 평생 살아가면서 갚아 나가야겠다는 다짐을 늘 하고 있다.

너무나 높은 곳에 있었던 행정고시에 도전하다

학생들을 가르치면서 한편으로는 4년제 학위가 있어야겠다는 생각은 술을 아무리 마셨다고 하더라도 절대 변함없는 염원이었다. 2년제 대학 졸업에 대한 학력 콤플렉스와 원하는 대학을 가지 못한 것에 대한 늘 따라다니는 열등의식 그리고 4년제 대학을 다니는 주변 동료 선생님들로부터 자극을 받아 학력고사[3])를 치른 후 건국대학교 야간대학을 1학년부터 다니게 되었다. 당시 대학 도서관 주변에서 공부하다보면 사법고시, 행정고시를 비롯하여 각종 국가고시를 준비하는 학생들이 많았고 그들과 친교를 나누면서 행정고시에 관한 여러 다양한 정보를 입수할 수 있었다. 하지만 행정고시에 도전한다는 것은 감히 생각하지를 못했다. 1, 2차 과목을 공부해 본 적도 없고 너무나 높아 보이는 고시에 도전한다는 것 자체가 무모하다고 생각했고 고시공부로의 진입을 허용하지 않은 것 같았다.

기회는 도전 하는 자에게 주어진다는 말이 있듯이 방황과 우여곡절 끝에 한국교원대 대학원을 다닐 때인 1992년 제36회 행정

---

3) 1982-1993학년도까지 '대학입학학력고사'로 1993년부터는 대학수학능력시험(수능)으로 변경

고시 교육 분야에 합격하였다. 이 시험 합격을 기회로 1993년 행정사무관(시보)으로 교직이 아닌 교육행정의 길로 들어서게 되었다. 나의 고시 합격 후기는 이 책 부록에 자세하게 기술되어 있으니 참고하였으면 한다.

강원도교육위원회 첫 근무와 미국 유학을 다녀오다

1994년 첫 발령지가 강원도교육청이었다. 본청에서 근무하지 못하고 교육감의 교육정책수립과 집행 전반을 견제하는 교육위원회가 있었는데, 여기서 회의 운영과 진행, 회의록 작성 등의 책임이 부여된 의사계장이라는 보임을 받았다. 시보 기간이 지나고 공식적으로 보직을 받아 교육행정 업무를 접하면서 새로운 경험의 길을 개척해 나갔는데 이론과 현실의 괴리는 지금도 그렇지만 늘 존재하였다. 가보지 못한 새로운 길을 걸어가는 데에는 잠시 나타나는 기쁨도 있겠지만 지속적으로 전개되는 수많은 굴곡과 난관이 도사리고 있음을 예측하고 그에 대한 대비를 제대로 하여 시행착오를 줄였다면 보다 제대로 된 공직의 길이 되지 않았을까 한다.

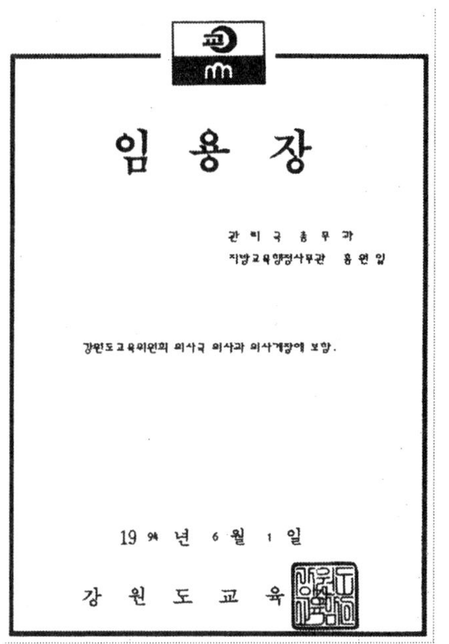

임 용 장

관리국 총무과
지방교육행정사무관 홍 원 일

강원도교육위원회 의사국 의사과 의사계장에 보함.

19 94 년 6 월 1 일

강 원 도 교 육

새로운 길을 걸어갈 때에는 이미 걸어갔던 선배들의 가르침을 받고 충언도 들었어야 했다. 지난날들을 돌이켜보면 왜 그렇게 시간에 쫓기면서 살았는지 주어진 업무를 처리하기에 바빴고, 그러한 요인인지는 모르겠지만 인생의 나침반 역할을 해주는 선배 공무원을 만나지 못한 것이 아쉬움으로 남는다. 솔직히 중앙부서에서 근무했던 나날은 어찌 보면 너무나 정이 메말라 있고 과업 위주의 지시와 보고서 작성으로 삭막한 사막과 같은 추억으로 넘쳐 있다는 생각이 들어 서글퍼질 때가 있다. 상사나 선배 공무원과의 술잔을 기울일 때 어설픈 학습은 일어났지만 술 향기와 함께 날아가 버리고 핵심을 잡지 못했던 나날이 아니었던가? 참다운 멘토를 만나 어떠한 공무원의 길을 걸어가야 좋을지에 대해 크게 도움을 받은 적이 없어 지금 생각하면 참으로 아쉽다. 후회를 줄이고 목적이 있고 의미가 있는 공직의 길을 가기 위해서는 제대로 코칭을 해 줄 수 있는 멘토를 만나야 한다. 공직생활 측면에서, 신앙생활면에서, 기타 삶의 여러 측면에서 소통이 자유롭고 만나서 부담 없이 대화를 나눌 수 있고 전화로도 메일로도 도움을 받을 수 있는 멘토가 있다는 것은 하나의 큰 축복이다.

공직의 길을 개척해 나가는 과정 중에 국내에만 머무르지 말고 기회가 되면 해외에서 근무해 보는 경험은 얼마나 멋진 일인가? 가족과 함께 도전적인 길을 개척해 보는 것도 본인 이력서를 남과 차별하여 특징적으로 만들 수 있다고 생각한다. 강원도교육위원회에 근무할 당시 저녁시간에 춘천 시내 삼육학원에서 영어회화 공부를 열심히 했던 기억이 지금에도 선명하게 남아있다. 원어민이 친절하게 잘 가르쳐서 타 학원보다 인기가 있는 탓에 등록하기 위해서는 새벽부터 줄서야하는 고통을 감내해야 했다. 반드시 미국 유학을 염두에 둔 것은 아니었지만 언젠가는 유학 갈 기회가 있을 것이라는 강렬한 기대를 갖고 있었다. 무엇보다 영어로 의사표현을 하는 데 심한 장애가 있기도 하여 젊은 남녀 대학생들과 함께 단계를 높여 가면서 나름대로 열심히 노력했다. 쏟아지는 잠을 마다하고 그렇게 새벽을 깨우는 노력을 했던 대학생 중의 한 명은 해외유학을 거쳐 지금 모 국립대학 교수로 재직하고 있으니 젊었을 때의 피와 땀의 결과가 아름다운 열매로 언젠가는 맺어지리라는 확신을 갖는다. 나 또한 그러한 발자국과 흔적들을 모으다 보니 영어에 조금씩 자신감이 붙었고 어려웠던 유학생활을 나름대로 잘 이겨내게 했던 발판을 마련하게 되었다.

1995년 결혼 후 바로 미국 유학길에 올라 1년 반의 미국생활을 경험하였다. 영어도 제대로 안 되고 낯선 미국에서의 유학생활과 관련하여 많은 일화가 있지만 본 저서 중간 중간에 녹여 스며드는 방식으로 담담히 써 내려가고 싶다. 방학 중 여행을 통한 해방감이야말로 유학생활의 활력소였다. 학기 중 영어로 된 보고서를 작성하고 수업 준비를 하느라 매일 밤을 새우는 고통을 일거에 날려버리는 청량제였다. 2년 석사과정인데 1학기 당겨 1997년 논문이 아닌 필기시험을 통해 마침내 석사학위를 획득하게 되었다.

드디어 교육부에 입성하다

미국 유학을 마치고 돌아와서 강원도 춘천중앙도서관 분관에서 분관장으로 잠시 근무했지만 근무기간은 짧았고, 마침내 1997년부터 서울 광화문청사에 있는 교육부에 행정사무관으로 파견되어 본격적인 광화문 시대를 맞이하게 되었다. 처음으로 접하게 된 업무는 교원노조와 관련된 것으로 당시 미국 등 외국의 교원노조 사례를 조사하여 영문 자료를 번역하고 정리하는 일이었다. 교원노조 탄생 배경과 역사, 활동의 법적 근거, 노동권 3권의 보장 범위, 대 정부 투쟁과 요구사항, 학생의 학습권 보장과 노동권과의 관계 등을 번역, 정리하면서 책자로 발간하기도 하였다. 전교조 활동을 했던 사람이 전교조 관련 업무를 보게 된 것은 참으로 아이러니가 아닐 수 없다. 전교조 업무는 여기서 끝난 것이 아니다. 2003년 노무현 대통령 집권 당시 교원복지담당관실에 근무할 때에는 전교조 회원수가 늘어나고 정부 상대로 투쟁의 강도가 높았던 시기였고, 이로 인해 학교 현장이 이념 갈등의 장이 되기도 하였다. 학생들의 학습권 보호도 중요하다며 일부 학부모 단체나 상당수 국민들은 학생들을 담보로 정치투쟁을 하는 전교조의 투쟁활동에 대해 정부가 제대로 대처해 줄 것을 줄기차게 요구하기도 하였다. 이에 대해 전교조 논리에 동조하는 일부 학부모단체나 국민들은 반대의 논리로 맞서면서 학교 현장에서도 교장 등 관리자와 젊은 전교조 교사 사이에서도 보이지 않는 장벽이 존재하고 마찰을 빚는 경우가 많았다. 그래서 교육부에서는 교단안정화위원회를 구성하여 다각적인 대책을 고안하여 교원노조, 각종단체와 대화를 하면서 학교 현장의 혼란을 최소화하기 위해 노력했던 기억이 난다. 다른 정책도 마찬가지이겠지만 진보 정권이냐 보수적인 정권이냐에 따라 전교조 등 교원노조를 바라보는 시각은 정반대로 접근하는 것 같다. 특히 보수적인 정권인 경우에는 같이 해야 할 협상의 파트너라기보다 남북 분단이라는 현실 속에서 이념적인 논쟁의 구도에 갇히게 하여 갈등이 증폭되는 경우가 많았다. 이러한 과정 속에서 본연의 정책은 실종되고 곁가지로 소모전을 치르는 경우가 비일비재 했는데, 학생 중심의 교육본질, 교육과정의 진정한 방향 등 진작 고민해야 할 부분을 간과하지 않았는지 반성해봐야 할 것이다.

강원도교육청 소속 지방공무원의 시대를 마감하고 1998년 4월 교육부 중앙부처 공무원으로 교원정책과 교육행정사무관으로 발령을 받게 되었다.

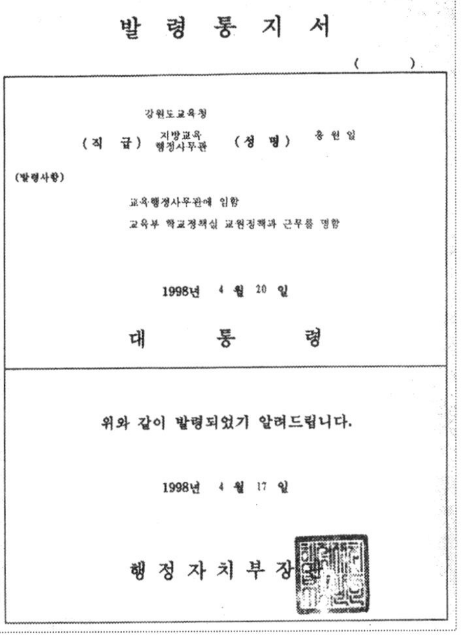
발 령 통 지 서

( )

강원도교육청

(직 급) 지방교육 행정사무관 (성 명) 홍원일

(발령사항)

교육행정사무관에 임함

교육부 학교정책실 교원정책과 근무를 명함

1998년 4 월 20 일

대 통 령

위와 같이 발령되었기 알려드립니다.

1998년 4 월 17 일

행 정 자 치 부 장 관

교원정책과, 교원양성연수과에서 근무할 당시 기억에 남는 것은 지금도 학교 현장에 지속적으로 영향을 미치고 있는 교원의 정년을 당시 65세에서 62세로 3년 단축했던 이해찬 장관 시절의 정년단축 조치였다. 고호봉의 교원 1명이 나가면 젊은 교사 2-3명을 임용하게 되어 교원 신규임용 애로를 타개하고 승진이 빨라져 교직사회가 젊어지고 활력이 넘친다는 논리로 엄청난 저항에도 불구하고 정부가 단행했던 정책이었다. 이 정책 추진의 직접적인 라인에는 서 있지 않았지만 당시 국 전체가 매달렸고 옆에서 필요한 자료를 작성하여 지원하는 등의 업무를 협조했던 것 같다. 사무관 때 추진했던 업무 중에 지금도 가장 선명하게 남는 것은 2000년 교육정보화담당관실에서 근무할 때 김대중 정부가 역점을 둔 세계 최초로 모든 초·중·고등학교를 인터넷으로 연결하는 '모든 학교 인터넷 연결' 프로젝트 추진이었다. 기재부와의 예산 협상도 쉽지 않았지만, 시도교육청으로 하여금 빚을 내서라도 정부가 추진하는 대규모 국책 사업에 협조를 요청하면서, 수많은 회의와 현장 점검, 거의 매일 차관보고 등을 하는 등 긴장의 나날 속에서 너무나 힘든 일을 했던 것으로 기억된다. 광화문 청사 시설, 밤늦게까지 일하고 윗선 보고를 위해 부근 대중목욕탕에서 불편한 잠을 청하고 다음 날 새벽부터 긴장을 하면서 보고서를 챙기는 등 긴장의 나날 속에 힘들게 일했던 일들이 주마등처럼 지나가곤 한다. 지나고 나면 아름다운 추억이지만, 당시에는 집에도 거의 들어가지 못하고 사무실에서 상주하다시피 하면서 여러 부서의 협조와 민관 합동으로 정부 사업을 추진하였고 마침내 대통령을 모시고 세계 최초로 전국 모든 학교를 인터넷으로 연결하는 개통식을 하게 되었고 이로 인해 우리 전자정부의 위상을 높였다고 볼 수 있다.

2002년에는 국제교육협력담당관실에서 한중, 한일교육교류 업무를 담당하기도 하였다. 이 시절 외국 정부기관과 상호 교육교류 프로그램을 운영할 때 영어를 포함 외국어 구사 능력이 너무나 부족하구나 하는 생각을 지울 수 없다. 이를 보완하기 위해서는 통역 전문관을 채용하여 운영하는 인사채용의 융통성도 필요한데 이럴 경우 문제는 교육분야에 대한 전문지식이나 업무 경험이 부족할 경우 우리의 입장을 잘 전달하기 어렵다는 점이다. 국제 파트에 근무하는 경우에는 교육 분야 마인드와 지식도 있고 영어를 포함 상대하는 국가의 외국어 능력이 출중한 담당자로 배치해야 제대로 된 교육외교를 할 수 있지 않을까 하는 생각을 가진다.

북경사범대에서 중국교육을 연구하다

1993.4.19. 총무처 행정사무관 시보로 출발하여 입직한지 만 9년을 지나 2002년에 서기관으로 승진하였다. 서기관으로 승진 후에 교원복지담당관실에서 전교조 업무를 잠깐 담당하다가 교육부(교육인적자원부) 본부를 떠나 꽤 오랫동안 외곽에서 주로 정책을 집행하는 부서에서 근무를 하였다. 사무관 시절 미국 유학 경험을 하였고, 서기관 때에는 중국에서 공부할 기회를 가졌는데 공무원 생활을 하면서 세계를 쥐락펴락하는 세계 양대 강국인 미국, 중국에서의 유학과 근무 경험은 나에게 행운이면서도 양국을 이해할 수 있는 소중한 기회였다. 교육부(교육인적자원부)를 떠나 첫 외부기관 근무는 국내가 아닌 외국이었는데, 2003년부터 약 1년 6개월 동안 북경사범대학에서 행정자치부가 주관하는 과장급 직무연수의 경험을 통하여 중국과 본격적인 인연을 맺게 되었다. 중국에서 겪은 다양한 일화를 일일이 소개하기는 어렵고 이후에 전

"재해예방은 가장 확실한 행복보험입니다."

교육인적자원부

취 급 정보통신망

우110-760 /서울시 종로구 세종로 77-6 / 전화 02)720-3420 / 전송 02)720-2983
총무과(인사) 서기관 한승일 담당자 최창열 crchoi@moe.go.kr

문서번호 총무12135-2060
시행일자 2003.12.05 (1 년)
공개여부 (공 개)

선람			지시		
접수	일자 시간	2003.12.06 09 : 54	결재·공람		
	번호	2181			
처리과					
담당자					
심사자			심사일		

수신 수신처 참조
참조

제목 2003년도 국외훈련 대상자 파견 승인통보

1. 관련 : 행정자치부 교육훈련과-4694(2003.12.01) 및 4714(2003.12.01)

2. 2003년도 국외훈련파견 대상자로 선발된 공무원의 훈련계획을 확정하여 교육파견을 승인하오니, 이에 따라 필요한 조치를 하시기 바랍니다.

가. 국외훈련 대상자

소속	직급	성명	훈련국 및 훈련기관	훈련과제	파견기간
교원복지담당관실	서기관	홍완일	중국, 북경사범대학	동북아 핵심국가인 중국의 교육제도가 중국경제발전에 미치는 요인 분석	2003.12.26~2005.06.25 (1년6월)

개되는 본문에서 조금씩 풀어 놓고자 한다. 교육부에서 근무할 때 '중국'이라는 공통분모를 가지고 함께 정보공유를 하고 중국어 공부에 매진했던 2명의 동료분이 있었는데, 이 분들은 북경사범대학에서 중국 유학(박사과정) 경험을 했고, 이를 토대로 2019년 현재 박 모 서기관은 북경대사관에서 또 다른 문 모서기관은 내가 근무했던 주상하이총영사관에서 교육담당 외교관으로 근무하고 있다. 나는 누구에게나 특히 후배 공무원들에게 늘 강조하는 것이 있는데, 본인 이력서에 외국 근무 경험을 써 넣을 수 있도록 평상 시 외국 나갈 준비를 하라고 수시로 목청껏 외치곤 한다. 본인뿐만 아니라 함께 동반하는 자녀들에게 돈으로 환산할 수 없는 더없는 귀중한 기회를 안겨주기 때문이다. 나는 기회는 준비된 자에게 온다는 말을 즐겨 사용하는데 "Make a hay while sun shines"이라는 영어표현을 좋아한다.

교육부 산하기관에서 근무하다

2005년 귀국하여 교육인적자원부(교육부) 산하기관인 교원소청심사위원회에서 근무할 기회를 가졌다. 전북대학교 과장으로 발령을 받았지만 단 하루도 근무하지 못하고 전북대에 적을 두고 이 기관에서 심사2과장으로 '대학교원 기간임용제 탈락자 구제를 위한 특별법' 후속조치 작업을 하였다. 특별법 제정 배경, 기관의 설치, 재임용 재심사 내용 및 심사 결과 등은 특별법에 의한 심사를 완료하면서 정리한 '재임용 재심사 백서'를 참고하면 된다.

유신정권이나 그 이후에 들어선 권위주의 정권에서 민주화 운동을 하거나 재단의 비리를 폭로했다는 등의 이유로 재임용되지

못한 교수들이 민주적인 정권이 들어서면서 정부를 상대로 지속적으로 구제를 요청하는 민원을 줄기차게 제기해 왔다. 하여튼 그러한 결과로 위의 특별법이 탄생되었고 기구를 설치하여 중립적이며 객관적인 위원회에서 심사를 다시 하였던 것이다. 재임용 심사가 잘못되어 부당하게 탈락하였다고 결정했지만 대부분의 대학에서는 인용 결정에 불복하여 재임용하지 않아 교수 당사자가 다시 지루한 법정 싸움을 계속 진행하는 안타까운 일들이 계속되어 왔다. 이 시기 재심사를 위해 사건 당 수많은 사건 기록을 살피고 작성된 결정문을 토대로 토론을 해가면서 인용하느냐 여부, 기각을 둘러싸고 법리 다툼을 했던 기억이 난다. 너무나 많은 사건을 주어진 기간에 처리하다 보니 눈 실핏줄이 몇 번 터질 정도로 업무에 매진했는데 업무로 인한 스트레스를 풀기 위해 과음도 일부 영향이 있음을 솔직히 고백한다.

특별법에 의해 조직이 생기고 재임용 재심사 업무 처리를 종료하고 백서를 발간한 후 조직의 목적을 달성하였기에 교육인적자원부 인사 발령에 의거 서초구 방배동에 위치한 교육인적자원연수원에서 2006년 하반기부터 근무하게 되었다. 약 2년 9개월 근무하면서 업무 면에서 교육부 본부에 비하여 스트레스를 받는 정도는 훨씬 덜하였고, 조금은 여유가 있었던 것도 사실이다. 연수원에 근무하면서 뇌리 속에 각인되어 있는 것이 몇 가지가 있는데 그 중 하나는 업무 추진력이 대단하다고 소문난 모 원장님이 부임하자마자 나한테 내린 지시사항과 관련된 것이다. 그 지시사항이라는 것이 우리말로 되어 있는 국문 홈페이지에 영문 내용을 추가하여 하루만인 다음 날까지 완료하라는 것인데 도저히 이행하기가 어려운 주문이었다. 하지만 신임 원장님의 지시사항이고 지시사항을 이행하지 안했을 때 받게 될 불이익 등을 감안해서 여러 가지 방안을 궁리하지 않을 수 없었다. 그래서 착안한 것은 고등학교 영어선생님을 소개받아서 우선 번역할 필요가 있는 부분을 부탁드려 다음 날 어설프지만 영문서비스를 제공하게 되었는데 지금 생각해볼 때 여러 가지 감회가 앞선다. 영문서비스 필요성에는 공감하지만 업무 추진 방식에 있어서 과연 그렇게까지 할 필요가 있었는지, 조급하게 추진하여 얻는 효과는 과연 무엇인지를 살펴봤을 때, 오히려 시간을 두고 의견수렴을 거치고 전문가의 도움을 받는 등의 절차를 밟아서 추진하였더라면 보다 긍정적인 면이 있지 않았을까 하는 생각이 든다. 그 후에는 연수원 소식을 정기적으로 영역하여 당시 세 들어 살았던 서울시교육연수원 영어 원어민의 도움을 받아 교정 받고 홈페이지에 업로드했던 기억이 지금도 남아있다. 업무 성격에 따라 완급 조절이 필요한데 이 경우는 시급성보다는 영문서비스의 질을 고려해서 속도 조절이 필요한 경우였다고 생각한다.

연수원에 근무하면서 또 하나 지워버릴 수 없는 사안은 당시 교육인적자원부로의 전입의 문제였다. 서기관으로 승진하면 대개 대학 등 외곽에서 근무하는 경험을 갖게 되는데, 일정 기간이 지나 교육부 본부로 진입하느냐 못하느냐에 따라 서기관으로 평생 가느냐 아니면 본부에서 고생 좀 하다고 승진하느냐하는 갈림길에 서게 된다. 교육부 공문에 의거 본부 전입 희망 신청서를 작성하였는데 당시 연수원 내부에서 2명이 제출하였고 1명 추천을 위해 원장님의 결정에 따라 연수원 근무는 내가 더 오래 했지만 같이 근무했던 고시 선배의 자료가 본부로 들어가게 되었으며 다음을 기약할 수밖에 없었다. 교원소청심사위원회에서부터 연수원 근무에 이르기까지 본부 인사파트에 본부 근무 희망을 가끔 전달하기도 하였지만, 어찌되었건 본부 근무는 훨씬 뒤에야 실현되게 되었다. 인사문제에 대해서는 이후에도 가끔 언급하겠지만, 본부에서 근무할 수 있는 자격 기준과 인사원칙, 임용과정과 절차의 투명성, 도덕성과 능력을 구비한 전문가 발탁 등의 측면에서 인사가 이루어지고 있는지에 대한 고민은 늘 있어야 할 것이다.

힘든 부문도 있었지만 연수원에서의 근무는 비교적 안정적이면서 보람도 있었다. 초중등학교, 교육청, 대학 등 교육부 관련된 기관에 근무하는 현직 공무원들 대상으로 다양한 교육훈련 프로그램을 기획하고 운영하였다. 그 분들이 재직 중 업무와 관련된 분야에서 지속적으로 전문성을 높여나가고 올바른 공직관을 확립해 나갈 수 있는 발판을 마련해 주는 역할을 하였기에 나름대로 열심히 발로 뛰었다. 공무원으로 입직해서 퇴임할 때까지 지속적인 자기 연마와 학습은 아무리 강조해도 지나침이 없으며 공무원의 역량이 곧 국가의 경쟁력이라는 측면에서 공무원에 대한 교육훈련은 더욱 강화되어야 할 것이라 생각한다. 중앙부처별로 부처의 인재상을 먼저 정립한 후 그러한 인재상에 부합하는 유능한 인력풀을 구성하기 위해서는 연수원이 인재개발 전문가로 구성되어 각종 연수 프로그램을 기획할 수 있는 능력과 운영능력을 갖추어야 한다고 본다.

연수원에서 재직하는 동안 나는 교육부에서 근무하고 싶다는 희망의 끈을 계속 붙잡고 있었다. 나의 간절한 희망과 달리 전혀 생각하지 못하고 있다 교육부 식구들이 거의 가지 않는 동북아역사재단에 2009.10.1. 발령을 받고 보니 내 처지가 말이 아니었다. 이러한 배경에는 물증은 없지만 심증이 가는 부하 직원과의 한순간의 '고성사건'이 빌미가 되지 않았나 생각한다. 이 기관에서 나의 역할은 동북공정이니 독도 문제니 하는 전 국민이 관심을 가지고 있는 역사연구나 한·일, 한·중 간 외교 사안과 연계되는 정책이나 제도를 다루는 것이 아니라 위의 연구나 제도가 잘 진행되고 안착될 수 있도록 재정과 회계 분야에서 지원하는 역할을 하였다. 사실 나는 재정이나 회계 분야를 잘 모른다. 인사발령이 나니 국가의 명령에 따라 주어진 업무에 매진하되 잘 모르기 때문에 관련 법령이나 규정, 제도나 정책을 끊임없이 공부하고 자료를 찾아 연구하는 방법 외에는 다른 길이 없다. 우리 공무원 인사시스템의 한계 또는 문제점이라 할 수 있는데 요즘은 조금씩 개선되고 있지만 전문성과 능력에 기초한 인사배치가 정착되길 기대해 본다. 직급에 의한 리더십이 아닌 전문성에 기초한 권위와 조직 통솔력이 중요하며 이러한 기본 인사철학이 공무원 조직 구석구석에 스며들 때 국가경쟁력은 살아날 것이다.

동북아역사재단에 근무하면서 뇌리에 각인된 잔상은 재직 중 경험했던 조직의 몇 가지 문제점을 나름대로 찾아보고 기관의 정체성을 찾기 위한 방안을 보고서로 정리하여 이사장님께 전달했던 장면이다. 중국과 일본의 동북공정, 독도 자국 편입을 통한 역사왜곡에 맞서 탄생한 이 기관은 국회 국정감사에서 존재 이유와 정체성에 관해 늘 비판을 받아왔다. 비영리기관으로 외국의 우리나라에 대한 잘못된 역사 오류를 바로 잡고 항의하며 시정을 이끌어내는 등 민간 외교관 역할을 열심히 하고 있는 반크(VANK : Voluntary Agency Network of Korea)와 비교하여 자주 언론에 거론되곤 하였다. 우리들은 술을 마시면서 홍수처럼 차고 넘치게 조직에 대한 비판과 고민과 애정의 목소리를 한껏 높이지만 그때뿐인 경우가 대부분이다. 평상 시 고민했던 정책이나 제도, 조직의 비전 등에 대해 진단하고 문제점을 분석하면서 대안을 제시하는 것은 아주 바람직하며 특히 글로 표현하여 잘 정리된 보고서 형태로 제출하는 움직임들이 많아졌으면 한다. 물론 예산을 투입하여 정책연구 형태로 조직 진단, 정책 진단 등이 수없이 많이 이루어지고 있지만, 과연 돈이 투입된 만큼 얼마나 피드백이 되고 발전된 방향으로 개선이 되는지는 모르겠다. 공무원으로서 예산을 수반하지 않으면서 나름대로 진단하여 기록으로 남기며 공유하는 노력이 권장되었으면 한다.

주상하이 총영사관에서 교육영사인 외교관 생활을 하다

내 공무원 생활 중 2010년은 이전에 꾸었던 꿈이 현실로 되는 잊을 수 없는 해다. 국내에서만의 공무원 생활이 아닌 해외에서 그것도 가고 싶었던 중국에서 외교관인 교육영사로 근무할 기회를 갖게 되었으니 어떻게 내 기억에서 영원히 지울 수 있겠는가! 다른 한편으로 섭섭함이 배어있는 것은 부이사관으로서의 승진에 대한 기대가 점차 멀어져 본부 근무의 희망이 이루어지지 않는 아쉬움이 증폭되는 해이기도 하였다. 새로운 세상, 새로운 삶 그리고 가보지 않은 길을 개척해 나가는 도전 앞에서 무한한 호기심과 설렘이 가득했고 이 때 느낌은 결혼식을 끝내고 바로 미지의 세계 미국으로 유학길에 막 올랐을 때와 버금가는 흥분이었던 것 같다.

중국 주상하이총영사관 교육영사로서의 3년의 재임 기간 중 역할을 제대로 수행하기 위해 출국할 때 A4용지에 업무나 기타 삶에서의 결심과 할 일을 적었던 기억이 난다. 그 결심 중의 하나는 중국에서의 근무 경험을 기록으로 잘 정리하여 책으로 발간하는 작업이었다. 공무원으로 재임하면서 추진했던 업무를 몇 명이 함께 협동 작업을 하여 백서를 발간한 적은 있었지만, 나의 이름으로 단독으로 저서 형태로 책을 발간한 것은 처음이었다. 책 발행하기까지 힘들고 고생했던 과정도 있었지만 하여튼 2010년부터 2013년까지 3년 간 추진했던 업무와 중국에서 겪었던 여러 가지 일화를 한 권의 책으로 내놓고 보니 졸필로 인하여 부끄럽기도 하였다. 하지만 상하이행 비행기를 타고 출국할 때 한 권의 책을 반드시 내겠다는 결심이 열매로 나타나니 나 자신이 대견하기도 하고 자기관리를

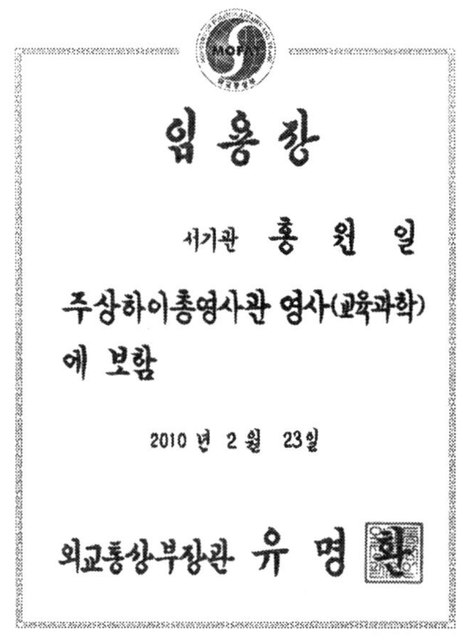
임용장

서기관 홍 원 일

주상하이총영사관 영사(교육과학)
에 보함

2010 년 2 월 23일

외교통상부장관 유 명 환

통하여 한 건 했구나 하는 보람도 있어 기뻤다. 나의 중국 경험은 '중국을 가슴에 안고 발로 뛴 영사의 일기'라는 저서에 그려져 있기에 중국에 관심이 있거나 외교관이나 주재관으로서 해외 근무에 관심이 있는 분들은 이 책을 참고했으면 한다.

외교관으로 근무하면서 추진했던 업무를 정리
한권의 저서로 빛을 보다

국립국제교육원에서 영어, 중국어 원어민 초청사업을 하다

3년간의 중국 상하이총영사관 근무를 끝내고 2013년 2월 귀국하면서 바로 인사발령을 받지 못하고 집에서 비교적 오랫동안 대기하게 되었다. 공무원 생활을 하면서 이 때 만큼 업무에 대한 부담은 없을지는 몰라도 심리적으로 갑갑한 적이 없었다. 교육부 본부 근무할 수 있느냐 여부 다시 말하면 본부 과장 보직 기회가 주어지느냐 여부가 초미의 관심사였기에 매일 좌불안석(坐不安席)이었다. 정부의 인사정책에 대하여 건의하고 싶은 것은 유학파견, 외국 공관 근무 등 다양한 사유로 외국 근무를 끝내고 국내로 돌아왔을 때에 바로 인사발령을 낼 수 없는 요인은 있다하더라도 너무 오랜 기간 집에서 대기하여 인력활용이 잘 되지 않는 문제에 대한 정책 대안이 있으면 한다. 고위직으로 갈수록 귀국하자마자 적정 보직 부여, 인사에 따른 연쇄 이동 등의 어려움은 있지만, 인사발령 때까지 적정 과제를 부여한다든가 출근하여 외국 근무 경험을 직원들과 공유한다든가 등 어떠한 형태로든 인사관리 측면에서 지금까지의 관행을 시정할 필요가 있다고 본다.

귀국 후 상당 기간 동안 집에서 대기하면서 인사 발령이 어떻게 되는지 늘 신경이 갈 수밖에 없었고 새로운 정권인 박근혜 정부가 출범한 해에 돌아오게 되어서 인사 변수도 있었던 것 같은데 결론은 나의 희망과는 반대로 교육부 본부에 안착하지 못하고 국립국제교육원으로 발령을 받았다. 귀국하기 전에 인사 부서에도 나의 희망을 얘기했고 중국 근무 경험을 살려 재외동포담당관(과장) 보직을 원했지만 인사발령 전 운영지원과장님이 미안하게 되었다고 하면서 여러 명이 움직이는 인사발령의 고충을 설명하였다. 본부 근무의 꿈은 이렇게도 이루기가 어려운지, 나에게 본부 근무를 하지 못하는 하자가 있는 게 아닌가하는 별의 별 생각을 다하게 되었지만, 이미 버스는 지나간 것, 미련을 버리고 새로운 직장에서 최선을 다하겠다는 결의를 다지고 미래를 향해 발걸음을 옮겼다. 과거에 매몰된 삶이 아닌 현실에 충실하면서 미래를 기약하자는 그러한 마음가짐으로 삶을 살아가고자 부단히 노력했던 것 같다.

2013년 귀국하여 국립국제교육원에서 글로벌인턴지원팀, TaLK팀, 유학지원팀을 맡아 외국유학생 유치, 영어, 중국 원어민 초청 사업, 우리 대학생들을 미국 인턴으로 보내는 업무를 나름대로 열심히 추진했던 기억이 생생하다. 타임머신을 타고 당시로 돌아가 추진했던 여러 가지 일 또는 개인 삶 중 아직도 생생한 기억으로 떠오르는 것이 몇 가지 있다. 그 중 하나가 단소동아리 활동에 참여하면서 나의 인생에 처음으로 단소를 만난 인연을 들 수 있다. 이 글을 쓰고 있는 2019년에도 거의 매일 단소를 애인처럼 데리고 다니면서 어디를 가든 단소를 불고 있는데 단소를 만나면 얼마나 반가운지 모른다. 국립국제교육원에서 처음 만난 박 모연구사님께서 단소동아리를 만들어 직원들에게 단소를 가르쳐주셨는데 이것이 단소와의 첫 만남이 되었고, 박연구사님과 꾸준하게 인연을 이어오면서 떨어져 있지만 그 분의 도움을 많이 받고 있다. 국내·외에서 단소 대중화에 심혈을 기울이시고, 단소 동아리를 조직하여 자원봉사도 열심히 하시면서 단소를 통한 한류 문화의 보급을 위해서 지금도 열심히 활약하고 계시는 그분이 늘 그립다.

다음으로 뇌리에 박혀 있는 그림은 아침에 일찍 출근하여 국기게양대 앞에서 태극권을 거의 매일 하였고, 중국 원어민 초청행사에 출연하여 태극권 시범을 했던 장면들이 떠오른다. 특히 9시 업무를 시작하기 전에 약10분 정도 매일 기도를 했는데, 사실이 기도는 이때부터 한 것은 아니고, 아마 연수원 근무 때부터 시작되었던 것 같다. 기도는 여러 가지 측면에서 삶에 긍정적인 작용을 한다는 생각이 든다. 공무원 생활을 오래하고 나이가 점차 들다보니 그리고 삶의 기복이 생길 때마다 사람의 힘으로 어찌할 수 없는 상황에 처할수록 절대자에게 의존하면서 그 분의 도움을 받고 싶은 심정은 누구에게나 있는 것 같다. 치열하게 전개되는 직장 내 다양한 업무와 경험, 사람끼리 부딪히는 긴장, 갈등, 스트레스 그리고 희노애락이 뒤범벅되는 조직생활에서 아침 업무 시작 전 기도를 통하여 만나는 사람에게는 사랑과 용서의 마음을, 주어진 업무에 대해서는 소명감을 갖고 최선을 다하게 해달라는 다짐을 한다. 이러한 기도는 하루의 삶을 평안과 최선으로 이끄는 원동력이 되었고, 공로연수 들어가는 2019년 6월까지 계속될 것이며 그 이후에 어느 곳에 출근하더라도 이러한 기도의 삶을 평생 지속하겠다고 다짐한다.

국립국제교육원에서의 또 하나의 잔상은 '영어'와 '중국어' 그리고 '국제교육협력'이라는 이 세 키워드가 만들어 낸 각종 활동으로 머릿속에 보관된 사진첩에서 찾아 낼 수 있을 것 같다. 제4차 산업혁명이 가져올 삶의 변화가 어느 정도까지 이를지는 예측하기 어렵고 정보화기기의 도움을 받아 통·번역이 어느 정도까지 순탄하게 이루어질지는 모르겠다. 하여튼 이 기관에 있으면서 외국어를 능숙하게 잘 해서 업무에 성과를 내야겠다는 생각은 늘 달고 다녔다. 영어나 기타 외국어를 잘 해보겠다는 마음은 늘 가지고 있으나, 실제로 표출되는 능력은 미약하다는 생각을 많이 하고 있고, 그래서 평생 도전하고 싶은 분야이기도 하다.

서기관 팀장으로 국립국제교육원에 있으면서 마음 한구석에는 언젠가는 교육부 본부에 가서 일할 수 있을 것인지 고민을 너무 많이 했었고 기도도 했으며 솔직히 말해서 본부에서 써 달라고 인사 부서에 애원도 여러 번 했던 기억이 난다. 간절히 꿈꾸었던 본부 근무의 바람은 드디어 다가왔다.

긴 외도 끝에 교육부로 다시 돌아오다

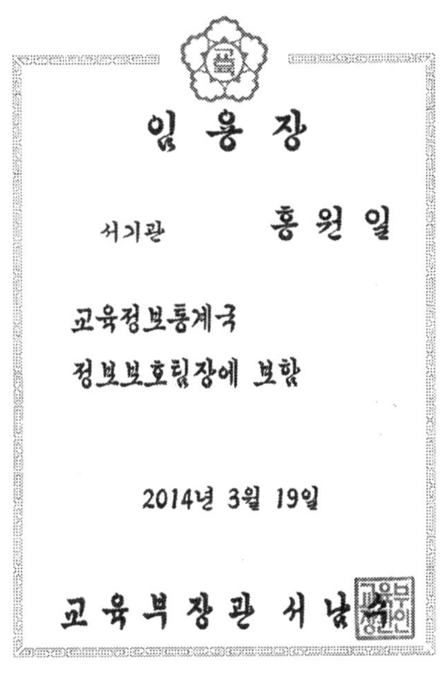
임 용 장

서기관 홍 원 일

교육정보통계국
정보보호팀장에 보함

2014년 3월 19일

교육부장관 서남수

2003년 서기관으로 교육부 본부를 떠나 11년이라는 너무 긴 세월 외도를 하였다가 2014년 마침내 친정인 교육부에 다시 입성하게 되었다. 초년생 사무관으로 출발한 광화문 시대에서 중견 서기관의 세종 시대로 접어들게 되었다. 입성을 둘러싼 일화가 있지만 다시 재론할 기회를 갖도록 하겠다. 2014년 교육부에 다시 들어와 첫 번째 담당한 보직은 정보보호팀장이었으며, 팀장으로서 별 무리 없이 업무 수행을 원활히 한다는 평가를 받았다. 대개 팀장, 과장 보직을 받고 일정 기한이 차면 부이사관으로 승진하는 게 관례였는데, 장관이 바뀌고 인사원칙이 바뀌었다고 하면서 갑자기 무보직 서기관으로 급락하게 되는 날벼락을 맞게 되었다. 이때 참담한 심정도 후에 재론하기로 한다. 몇 개월간의 와신상담(臥薪嘗膽) 끝에 2015년 학부모지원팀장으로 복귀하였고, 그 동안에 누적된 쓰라린 상처를 거의 완치하면서 맡은 업무에 최선을 다하였다.

승진하여 한국해양대에서 공직을 마무리하다

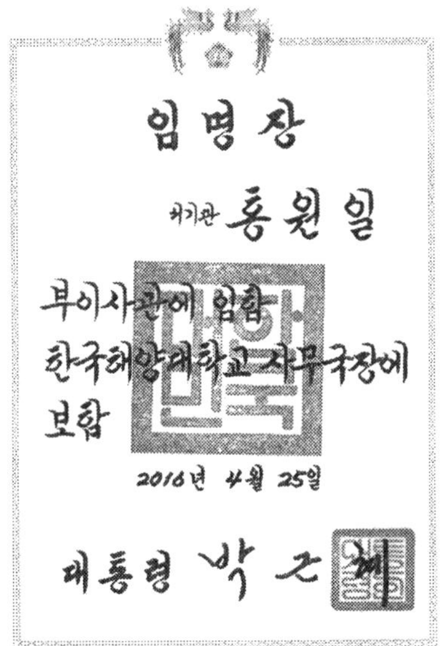
임명장

서기관 홍원일

부이사관에 임함
한국해양대학교 사무국장에 보함

2016년 4월 25일

대통령 박근

2016.4.25. 내 평생 잊을 수 없는 3급 부이사관으로의 승진의 날이었고, 한국해양대학교로 발령을 받은 날이었으며, 온 세상이 마치 나를 축복해주는 듯한 착각에 빠져 기쁨으로 충만한 날이었다. 부산이라는 전혀 낯선 곳에서 새로운 삶을 시작하지만, 앞으로 펼쳐질 미래의 모습을 상상하면서 두려운 가운데 도전도 되고, 다른 한편으로는 어린 아이처럼 새로운 세계에 대한 설렘과 기대감을 가져보기도 하였다. 처음으로 접하는 대학이라는 미지의 세계를 항해한 지 어느 덧 3년을 넘기면서 그 동안에 남긴 발자국들을 뒤로 하고 곧 공로연수에 들어가게 되었다. 한국해양대학교에 첫 발을 밟았을 때 만난 낯섦과 어색함은 이제 친숙함과 편함의 공간으로 바뀌었고, 매일 새벽에 만나는 하나님의 인도하심과 교직원분들의 따스한 배려 덕분에 공직을 잘 마칠 수 있게 되었다. 방황과 혼돈 속에서 미숙한 상태로 공직의 땅에 씨를 뿌렸는데, 어두움의 터널을 지나고, 인고의 세월을 보내면서 영글어가고 있는 풍성한 열매를 바라볼 때 생각나는 성경 구절이 떠오른다.

네 시작은 미약하였으나 네 나중은 심히 창대하리라(욥기 8:7)
Though your beginning was insignificant, yet your end will greatly increase
你起初虽然微小，终久必甚发达。

1960년 1월생이기 때문에 만 60세 정년을 기준으로 보면 2020년 상반기에 공직생활을 마감하게 된다. 아름다운 마무리를 잘하기 위해 지금까지 해 왔던 삶보다 더 충실하면서 자기관리를 잘하여 유종의 미를 거두는 길을 걸어가겠다고 다짐하였다. 멋진 흔적을 남기는 일 중의 하나가 나의 공직의 경험을 책으로 출간하는 것인데, 진솔하면서도 솔직하게, 기억을 최대한 잘 되살려 나름대로 멋진 작품을 세상에 내 놓고자 한다. 공직에 처음 들어오는 분들이나, 젊은 세대들에게 그리고 공직에 종사하는 분들에게 업무나 인생의 여행길에 뭔가 길잡이가 되어 드리고 싶은 글을 남기고 싶다.

제2장 변화를 주도하는 삶

20대, 교육행정직으로의 변신 준비, 하나님 없는 세속의 길

신앙생활을 통한 지속적인 삶의 변화 추구는 나를 보다 성숙한 상태로 만들어나가고자 하는 몸부림이라 할 수 있다. 사실 나의 공직생활을 되돌아보면 2014년 이후 우리 나이로는 55세 지나면서 최근에 와서야 어떻게 하면 삶을 성공적으로 이끌고 나갈 것인가? 에 대한 질문에 진지한 답변을 달기 시작하는 것 같다. 1981년 서울에서 초등학교 교사로 시작하여 38년 이상 공직에 있으면서 대부분의 삶의 발자국을 더듬어보면 어디에 내놓고 말하기가 부끄러운 흔적으로 덮여져 있다. 회한과 후회, 번민, 참담함, 부끄러움, 자책감, 자기만의 세계에 사로잡혀 세상과 소통하지 못한 옹고집, 사소한 것에 목매어 숲을 보지 못한 아둔함, 시대 상황을 잘 읽지 못하고 당시 잘못된 주류 도그마에 빠져 진실인 것처럼 호도한 가치관에 메인 삶 등이 지나간 과거의 행로에서 비춰지고 있다.

초창기에는 교직생활에 몸 담았는데 당시 1980년대 20대 시기를 되돌아보면 완전히 철부지로 어떻게 그런 저급한, 세상 물정을 전혀 모르는 것 같은 생활을 했는지 가끔 나 자신도 깜짝 놀라고 이해하지 못할 때가 많다. 여기에는 여러 요인이 겹쳐 있는데, 우선 정치적으로는 비민주적이고 권위적이며 억압적인 정치체제가 만들어내는 공포와 이에 맞선 사회 전반의 저항의 몸부림이 나의 삶을 자주 그늘지게 만들었던 것 같다. 이와 같은 정치체제는 사회 전반 특히 내가 몸담고 있는 학교 교육 현장에도 밀물이 몰려오듯 심대한 영향을 주면서 전교조 탄생에서 보듯 이념 갈등이 임계점 이상으로 심화되기도 하였다. 반공과 국가질서 유지라는 명분을 내걸고 군사쿠데타를 감행하면서 정권을 잡은 전두환 정부는 태생적 한계로 인하여 끊임없이 헌법 최고 권력인 국민의 저항에 부딪칠 수밖에 없음을 지난 역사를 잘 말해주고 있다. 하지만 그러한 파도와 같은 민주화의 과정은 늘 피를 동반하게 되고 수많은 희생자가 있게 되는데, 본인은 회색지대에 위치하면서 분명한 역할도 하지 못하고 그렇다고 방관도 하지 않은 어정쩡한 상태로 그 시기를 보냈던 것 같다. 사회 전반에 들불처럼 일어나는 민주화 투쟁 전선에서 몸을 불사르듯 적극적으로 나서지 못하는 비겁함과 나약함이 만들어 내는 소시민적 삶의 나날들이었다. 미래에 대한 비전과 목표 설정이 없이 20대를 시간 낭비하면서 허무하게 보냈던 아쉬움으로 가득 찬 삶이었는데, 여한으로 남아 있다. 거의 매일 마시는 술, 노름, 당구 등이 내가 의지하는 신앙이요, 친구이면서 애인이었다. 방학 때 부모님이 계시는 강원도 옥계에 내려가면, 자식을 위해 늘 기도하면서 교회 신앙생활을 열심히 하셨던 어머님의 삶 그리고 어머님이 교회를 열심히 다니라고 권유했던 길과는 정반대 방향으로 세속의 삶을 계속 이어

나갔다. 하지만 서울에서 혼자 남의 집 방 한 칸을 빌려 전세 생활을 할 때, 마음씨 좋으신 할머니께서 또는 직장 동료가 간혹 교회로 인도하거나 성경 공부 같이 하자고 유혹 할 때도 있었지만, 몸과 마음이 술과 쾌락적인 삶으로 똘똘 뭉쳐진 DNA 구조 자체를 변경시키지 못했다.

학생들을 사랑으로 잘 가르치고 인생 진로를 잘 설정하여 성공의 삶으로 이끄는 교직의 길은 내 적성, 소질과는 거리가 있었다. 낮에는 교사로 밤에는 4년제 대학에 학적을 두고 졸업 후 전교조를 탈퇴하면서 한국교원대에서 교사의 신분으로 석사과정을 하면서 교직이 아닌 교단 현장을 지원하는 교육행정 분야에서 근무할 수 있는 길을 개척하기 위해 노력하였다. 어떤 새로운 길을 간다는 것은 모험과 용기와 남다른 고통과 노력이 수반될 수밖에 없는데, 그러한 결단은 결국 바람대로 이루어져 현재 교육행정 지원 분야에서 나름대로 최선을 다해 근무하고 있다. 20대를 지나 교육행정 분야에 본격적으로 입직한 30대 과정에서 신앙생활에 약간의 변화는 있었지만, 여전히 술에 빠진 삶, 주중, 주말 할 것이 없이 일독에 빠진 직장 생활 등으로 인해 교회를 다녀도 형식적이고 일회적이고 진보가 없는 신앙인의 자세를 유지했다.

30대 미국 유학을 하다

엉터리 신앙인의 삶 속에 약간의 성숙을 가져온 계기는 30대 공직 생활 중 하나의 변환점이라도 할 수 있는 미국 유학 경험이었다. 미국 오하이오 주립대학(Ohio State Univ.)에서 교육행정 석사과정을 하면서 겪은 경험담을 다른 유학 다녀온 분들이 늘 이

구동성으로 말하듯 한 때는 술자리에서나 여러 모임에서 안주 삼아 화제의 테이블에 올려놓고 옛 추억을 상기 하곤 한다. 미국학생이 주류이고 나를 비롯한 동양인이 희소한 수업 시간에 토론식이나 프로젝트 방식으로 진행되는 과정은 문화 충격 그 자체였고, 주입식 교육이나 일방통행으로 이루어지는 우리 교육시스템과는 완전히 다른 양태여서 상당 기간 동안 학업 스트레스로 밤잠을 설쳤다. 입학 시 외국 유학생들은 영어 능력 시험을 봐야 하고 일정 수준 이하는 전공과목 외 영어 수업을 별도로 수강해야 했다. 불행히도 나 자신이 여기에 해당되어 한 학기 10학점이 넘는 과목에 영어 수업을 듣느라 학기 동안은 거의 도서관에서 밤을 지세거나 집에 돌아와서 엄청난 부피의 영어 원서와 씨름하느라 아침까지 졸린 눈을 비비며 고된 몸을 계속 끌고 나갔다.

말도 안통하고 수업 시간은 꿀 먹은 벙어리 상태가 계속 되면서 심리적으로 압박을 받는 스트레스는 너무나 견디기 어려웠다. 하지만 주말에 집사람이랑 한인교회에 나가서 오랫동안 미국에서 유학 생활을 하는 한국 학생들과 교류하면서 도움도 받고 용기도 얻고 유학생활을 어떻게 극복하는지에 대한 상담도 받고 가끔 야외에 나가서 바비큐 파티도 하면서 심리적으로 어느 정도 안정을 찾아갈 수 있었다. 한인교회는 분열도 하고 다시 뭉치기도 하면서 마치 우리나라 정당 정치의 모습을 보는 듯 착각을 일으키는 경우도 있었는데, 하여튼 정신적 지주로서 나의 삶의 변화를 이끌어 주는데 등대와 같은 역할을 해 주었다는 면에서 감사하는 마음을 늘 갖고 있다. 당시 일요일 형식적으로 나마 교회에 나가 예배를 보았지만 훗날 제대로 된 신앙의 열매를 맺기 위한 씨앗이 서서히 자라나고 있었는지도 모른다. 그러한 씨앗의 잉태는 내가 다니던 당시 한인교회 양 목사님께서 힘든 학업의 여정에서 쉼과 안식을 주시기 위해 가끔 누추한 우리 가정을 방문하셔서 기도하여 주시고 격려해 주셨던 감동의 선물이 누적되어 나타난 영향이 아닐까 한다. 은퇴 하신 후 원래 목회 출발지였던 일본으로 다시 돌아가신다고 하셨는데 아직도 생존하고 계신지 늘 주셨던 사랑의 그리움이 밀려온다.

40대 중국 유학을 하다

40대에 들어와서는 종래 미국 중심 사고틀 속에서도 부상하는 중국에 대해서도 관심을 가졌던 시기였다. 이 시기에 변화를 주고자 했던 노력들이 상당한 시간이 흘러 지금에 와서 잘하지는 못하지만 중국어로 중국 사람들과 기본적인 대화를 하고, 인터넷 중국어 기사나 뉴스를 보면서 대충 이해할 수 있게 된 것도 세상 변화의 흐름을 읽고 미래를 바라보면서 도전을 한 결과라는 생각이 든다. 이러한 도전에는 물론 계기가 있었는데 2002년 9월부터 교육인적자원부(교육부) 국제교육협력담당관실에서 근무하면서 중국 교육부와 매년 국장급 정기 교류 업무를 맡게 되었다. 그래서 자연스럽게 중국 교육부 인사와 교류를 하게 되고, 베이징, 상하이, 충칭 등 중국 주요 도시나 관광지를 함께 다니는 경우가 많았다. 사방이 온통 중국어로 홍수를 이루고 있고, 난해한 중국어나 중국 문서를 대할 때마다 중국 문화 이해와 더불어 중국어를 정복해 보고 싶다는 강렬한 욕구가 생겼다. 필요는 발명의 어머니라는 말이 있듯이, 중국 사람을 사귀고 싶고, 중국 문화를 공부하고 싶고, 더 나아가 중국에서 공부하고 근무하고 싶다는 필요성이 발동하여 중국어와 짝사랑에 빠지기 시작했다.

평상 시 가던 익숙한 길에서 벗어나 다른 색다른 길을 간다는 것은 위험도 하지만 다른 한편으로 일종의 모험이면서 용기와 결단과 실천이 따르는 불편함도 있다. 그럼에도 불구하고 새로운 분야를 개척하여 피와 땀으로 일구며 자기만의 전문 영역을 확보하는 것은 새로운 변화를 꿈꾸며 그러한 꿈을 실현하는 과정에서 얻는 소중한 열매라고 본다. 또한 삶의 윤활유가 되고 직장 생활에 도움이 될 뿐만 아니라 전 세계 중국인과 중국어를 매개로 친구를 만들 수 있는 무기가 되니 얼마나 좋은가!

이러한 측면에서 나는 미국 시인 로버트 프로스트(Robert Frost)의 시 <가지 않는 길(The road not taken)>을 가끔 끄집어내어 읊조려 본다. 그는 젊은 시절의 실의와 방황을 거쳐 구두점 주인, 주간지 기자, 농장 경영 등을 섭렵했던 삶의 편력, 노동과 전원과 종교를 터전으로 삼아 대자연의 긍정을 지향했던 성찰과 예지, 일상생활에서 발견한 은유의 언어 등이 모두 그가 대중성을 체화하고 '대중 시인(public poet)'이라는 칭호를 얻게 된 원동력이 되었다. 이 시는 프로스트가 실의에 빠져있던 20대 중반에 쓴 시이다. 변변한 직업도 없었고 문단에서도 인정받지 못했던 시기였고, 이 대학 저 대학에서 공부는 했으나 학위를 받지 못한 채 기관지 계통의 질병에 시달리고 있었다. 당시 집 앞에는 숲으로 이어지는 두 갈래 길이 있었는데 그 길과 자신이 살아온 인생을 돌아보며 이 시를 썼다고 전한다.[4)]

---

4) 네이버캐스트 http://navercast.naver.com 정끝별 시인 '시를 말하다'에서 인용

프로스트는 <가지 않는 길>에서 "단풍이든 숲 속에 두 갈래 길이 있었습니다......../오랜 세월이 지난 후 어디에선가/나는 한숨 지으며 이야기 할 것입니다/숲 속에 두 갈래 길이 있었고/나는 사람이 적게 간 길을 택했다고/그리고 그것이 내 모든 것을 바꾸어 놓았다고"라고 노래했다. 영어를 좋아하기에 이 시의 맨 뒷부분 영어 문장을 인용해 본다. "I shall be telling this with a sigh/Somewhere ages and ages hence:/Two roads diverged in a wood, and I-/I took the one less traveled by,/And that has made all the difference“

당시에는 남이 적게 간 - 그러나 지금은 많이 가고 있다고 생각되지만 - 이러한 새로운 길 개척은 중국과의 인연을 확장시켜 주어 2003년부터 북경사범대학에서 과장급 직무연수 기회를 가졌고, 이러한 연수를 토대로 50대 초반에는 주상하이총영사관에서 교육담당 영사라는 외교관 경험을 하게 되었다. 새로운 목적지로 항해하면서 신앙생활 면에서는 여전히 답보 상태에 있고 미약한 수준으로 유지되고 있었다. 술을 즐기고 있는 한 가운데에서도 일요일에는 꼭 교회에 출석했던 열성과 노력들은 쭉 이어졌다. 베이징에 있을 때에는 '하나님의 대사' 저자이신 김하중 대사님을 통해, 상하이에서 거주할 때에는 상하이한인연합교회 엄기영 목사님을 통해 신앙에 조금씩 눈을 뜨게 되었다. 교회에 발을 디딘 자그마한 자국들이 다년간 모여 언젠가는 제대로 된 신앙의 길을 가리라는 믿음의 씨앗이 잉태되지 않았나 하는 생각을 해 본다. 처음에는 배척했고 무시하였지만 어느새 절대자를 알기 원했던 회색지대 신앙이 어느 새 희미하게 피어오르는 불씨가 되었고,

오늘날 그런 대로 바른 삶을 살아가겠다고 맹세하며 실천하는데 알파와 오메가 역할을 해 주었다고 생각한다. 이러한 의미에서 40대는 신앙의 기초가 만들어진 변화의 시대라 할 수 있다. 이와 관련하여 아래 성경 구절은 앞에서도 나왔지만 어디에서 적용할 수 있어 간직하고 싶은 표현이다.

> 네 시작은 미약하였으나 네 나중은 심히 창대하리라(욥기 8:7)
> Though your beginning was insignificant, yet your end will greatly increase
> 你起初雖然微小，終久必甚發達。

50대 술을 끊고 예수님을 가까이 하다

50대에 진입해서도 여전히 술을 좋아하고 21살 때부터 본격적으로 마시기 시작한 주(酒)님과의 연애는 주님(God)의 명을 거스르면서까지 우리 나이로 55세까지 줄기차게 지속되었다. 30대 중반 강원도교육청에 근무할 때 딱 한 번 1년 간 술을 잠시 멀리한 적을 빼놓고는 공무원연금법상 연금을 불입해야하는 햇수인 33년 동안 일관되게 지속적으로 그리고 관성적으로 술을 가까이 했던 것 같다. 술 주량과 체력은 대개 비례한다고 볼 때, 나이가 들고 그에 따라 몸 여기저기서 건강상의 경고음을 울리기 시작하는 중년의 나이로 접어듦에 따라 과거에 비해 마시는 빈도나 양은 서서히 줄어듦에 틀림없다. 전날 1차에 이어 2차 이상 이어지고 가끔 필름 끊어지기까지 하면서 집에 늦게 귀가하여 집사람한테 시달린 적이 한두 번이 아니었다. 다음 날 온 몸과 마음이 주(酒)님의 지배로 인한 여러 가지 고통을 정신력으로 극복하려고 무진 애쓴 적이 부지기수(不計其數)였다. 다음부터는 1차만 하고 바로 집에 가겠다는 약속은 아마 수만 번 했을 것 같은데 제대로 지켜진 적이 있는지 기억하지 못한다. 매년 1월 초 새해 결심을 할 때 혹은 교회에서 기도할 때마다 주(酒)님 대신 주님(God)이 내 영혼과 육체를 다스리고 그래서 어떠한 유혹에도 미혹됨이 없이 제대로 된 신앙생활을 할 수 있게 해 달라고 그렇게 기도했건만 그 때뿐이고 여전히 이러한 구습은 교정되지 않았다.

처음 술을 배울 때 웃어른들부터 잘 배우라는 말이 있는데, 나의 경우는 주법을 제대로 배우지 못했고 세상에 대한 비관과 열등감을 이기기 위해 알코올을 남용했던 것 같다. 적당한 분량의 술은 냉랭하고 어색한 분위기를 반전시키거나 기쁨을 배가시켜주기 때문에 삶에 자양분도 되고 친교에도 도움이 된다. 그리고 사람 사이에 여러 가지로 헝클어진 감정의 실타래를 풀고 막혀진 벽을 허물고 솔직한 대화를 통해 화합을 도모하며 업무 추진에도 촉매 역할을 한다는 면에서 긍정적인 면도 많다고 생각한다.

술 하면 바로 연상되는 사람이 바로 중국 당나라의 위대한 낭만주의 시인인 이백(李白)이다. 자는 태백(太白)이며 후세 사람들에 의해 시선(詩仙)이라 평가받고 있는 데 술과 관련된 그의 대표적인 작품으로 <장진주(將進酒)>와 <월하독작(月下獨酌)>라는 시가 있다. <장진주(將進酒)> 후반에 "주인은 어찌 돈이 없다고 말하는가(主人爲何言少錢)/내가 술을 사서 그대와 마시리라(徑須沽取對君酌)/내 수중에 있는 귀중품을(五花馬, 千金裘)/아이를 불러 좋은 술과 바꿔오게 하여(呼兒將出換美酒)/그대와 함께 만고에 쌓인 근심을 풀리라(與爾同銷萬古愁)/"했다.

사실 술은 이태백뿐만 아니라 사회 소외 계층에서부터 국가를 이끄는 지도층에 이르기까지 다양한 사유로 직면하게 되는 갖가지 근심과 아픔을 치유하는 약으로 잘 선용했고 그래서 우리 사회를 훈훈하게 하고 장애 요인을 제거하는 활력소 역할을 해왔음에는 틀림없다. 하지만 오·남용했을 때 폐해는 개인과 가정뿐만 아니라 사회 전체적으로 영향을 미치며 또 부담해야 하는 사회적 비용은 이루 말할 수 없을 것이다. 나의 경우도 여기서 지면을 빌려 술로 인한 부끄러운 과오들을 들추어내기 어렵지만, 하여튼 우리 사회 음주 문화에 잘못 길들여져 왔고, 누적되어 쌓여온 과거 잘못된 행위들에 대해 기도를 통하여 속죄를 계속하고 싶다. 사람이 습관을 만들고 습관이 사람을 만든다는 말이 있는데, 외국어 공부하기, 운동하기, 악기 다루기, 책 쓰기 등과 같은 좋은 습관은 평소 꾸준한 실천과 행동을 통하여 일단 어느 수준의 단계에 진입하게 되면, 계속 동력을 받고 관성이 붙어 우리 몸과 뇌에 체화된 습관 DNA가 자리 잡게 되고 그 습관이 우리 삶을 행복하게 만든다는 확신이 서게 된다. 반면 지나친 음주, 흡연, 게임 중독 등 나쁜 습관은 마치 악성 종양을 우리 몸과 마음에 퍼뜨려 그래서 일단 특정 부위에 자리 잡게 되면 그 부분을 중심으로 공격을 가하고 지역을 넓혀 가면서 역으로 우리네 삶 전체를 파괴하듯 건강 악화, 사망, 사고, 분쟁, 갈등 조장, 살인, 대인관계 문제 발생, 우울증, 파괴적 행동 등의 부작용으로 드러나게 됨을 우리는 자주 접하게 된다.

나는 지난 33년간의 주(酒)님과의 사랑을 접어두고 이제 작별을 고하자고 한다. 나 자신의 건강한 삶을 위하여, 가족을 위하여 그리고 무엇보다도 삶의 진정한 동반자인 주님(God)과의 약속을 실천하기 위해서다. 너무나 지독히 사랑했던 과거의 내 삶의 지배자 역할을 해왔던 주(酒)님과 이혼의 결단을 내리고자 한다. 2014년 12월 31일은 지난 55년의 생애에서 영원히 잊을 수 없는 술과의 이별의 날이다. 달과 술의 시인인 이태백(李太白)의 <월하독작(月下獨酌)>이 말하듯이 "달 아래서 혼자서 술을 마시면서 석잔 술로 큰 도를 통하고(三杯通大道) 한 말 술로 자연과 하나 되고픈(一斗合自然)" 마음을 주체 못해 후세에 영원히 기억되는 주옥같은 수많은 작품을 취중에 남긴 그러한 주성(酒聖)의 경지에 이르지 못할 바에는 술을 끊고자 한다.

<월하독작(月下獨酌)> 4편 중 아래 1편 내용을 네이버 블로그[5] 참조와 중국어 사전에 의존해 나름대로 해부해 보니, 마치나 자신이 이태백이 되어 어느 화사한 봄날 늦저녁 눈앞에 펼쳐지는 꽃가루 날리는 화원 사이에 수줍은 듯 살포시 얼굴을 드러낸 달을 연인삼아 술을 마시면서 함께 우정을 나누는 모습으로 그려진다는 느낌이다.

"꽃밭 가운데 술 한 항아리(花間一壺酒)/함께 벗할 이 없이 혼자 술을 마신다(獨酌無相親)/잔 들어 달을 초청하고(擧杯邀明月)/그림자와 함께 삼인이 되었구나(對影成三人)/달도 본래 술 마실 줄 몰랐고(月既不解飮)/그림자는 내 몸 따라 다닐 뿐(影徒隨我身)/잠시 달과 그림자 데리고(暫伴月將影)/이 봄 가기 전에 즐겨보세(行樂須及春)/내가 노래하면 달은 배회하고(我哥月徘徊)/내가 춤추면 그림자 내 장단에 맞추네(我舞影零亂)/깨어있을 때는

5) http://blog.naver.com

함께 즐기고(醒時同交歡)/취하고 나면 제각기 갈길 가겠지(醉後個分散)/우리의 우정이 영원이 지속되어(永結無情遊)/다음엔 은하수에서 다시 만나세(相期邈雲漢)"

위 시를 감상하면 감상할수록 술에 대한 예찬, 찬미로 다시 주(酒)님과 해후하고 싶다는 강렬한 욕망이 생기기도 하지만, 그러나 이제 미련 없이 떠나고자 한다.

변화는 고통을 수반할 수밖에 없고, 변화에 끌려가는 삶이 아니라 변화를 주도하고 새로운 변화를 만들어 나가고 싶다. 중대한 전환점을 통한 새로운 삶의 세계로 인도되어 진실하고 멋진 길을 새로 트기 위해 문제가 된 구습과 과감히 떨어지고자 한다.

오랫동안 몸 구석구석에 퍼진 암덩어리와 같은 구습과의 헤어짐은 E.H.Carr가 쓴 <역사란 무엇인가(what is history?)>라는 책이 어느 정도 도움을 주기도 하였다. 이 책을 영어 원문으로 읽고 싶다는 마음을 진작 가지고 있었는데, 지금까지 실천으로 옮기지 못했고, 원문이 아닌 우리말로 번역된 책도 게으름 탓인지 업무에 쫓겨서 그런지 내 테이블 위에 올라와 본 적이 없다. '역사란 무엇인가'에 대해 나는 많은 분들의 입을 통하여 너무나 익숙한 세상에 회자되는 대표적인 단 하나의 명문만을 기억하고 있을 뿐이다. 즉 역사란 현재와 과거와의 끊임없는 '대화'라고 하는 것인데, 나는 여기서 더 나아가 역사란 현재와 과거 그리고 미래와의 부단한 대화 과정이라고 표현하고 싶다. 이 표현이 주는 의미를 정확히 이해하기 위해서 저자가 쓴 원문이든 번역본이든 완독해야 하는데 그렇지 않은 상태에서 도서관에서 우연한 기회에 접하되 된 <명사, 그들이 만난 고전 한권의 책이 한 사람의 인생

을 바꾼다[6])>라는 책을 접할 기회가 있었다. 책의 목차 중 '공감 능력이 사람을 움직인다'라는 장을 통하여 간접적으로 <역사란 무엇인가(what is history?)> 책 내용의 개략적인 요지를 파악하게 되었는데, 특히 아래 내용은 나의 삶을 교정하는데 그리고 성숙한 단계로 나아가는 데 늘 옆에 두고 싶은 구절이라 생각한다.

> "역사가는 현재의 관점에서 과거의 사실을 바라보고, 과거의 사실은 현재의 역사가의 관점에 영향을 준다. 현재의 역사가와 과거의 사실은 인간과 환경의 관계처럼 서로 끊임없이 영향을 주고받는다....<중략>...역사가가 현재와 과거뿐 아니라 미래까지 포괄할 것을 주문한다. 역사란 과거의 사건들과 서서히 등장하고 있는 미래의 목적들 사이의 대화라고 말한다. 단순히 현재의 관점에서 과거를 바라보는 것을 넘어 미래에 중요한 가치의 관점에서 과거를 바라보는 것이 올바른 역사가의 입장이라는 의미이다."

위 구절에서 '역사가' 대신 나의 삶으로 바꾸어 확장된 해석을 해 보고자 한다. 위 문장은 한 나라의 역사뿐만 아니라 우리 개인의 삶의 과정에 그대로 적용해도 손색이 없다고 생각한다. 이제 더 이상 술을 마시지 않기로 인생의 길목에서 쉽지 않는 엄청난(?) 결단을 이미 내렸다. 2014년 말 나의 삶의 여정에서 겪어보지 못한 정신적 충격이 발단이 되기도 하였지만 현재 관점에서 나의 과거 33년간의 술의 이력을 추적한 필름을 서서히 돌려보니 이루 셀 수 없는 수많은 - 물론 좋은 점도 일부 있었지만 - 육신과 정신을 갉아먹는 증거, 사실들로 가득하여 끔찍하기도 하고 벌거벗은 모습을 보는 것 같아 너무 창피하기도 하다. 나는 2014,

---

6) 임영택외 1인(2013)

2015년 현재의 관점에서 지난 과거 33년간 사람이 술을 마시고 술이 술을 마시고 마침내 술이 사람을 마시는 그러한 술로 인한 숱한 실수와 잘못된 행동들로 엮어진 사실들을 술에서 깨어날 때 늘 바라보곤 했다. 바라볼 때마다 나의 현재의 삶의 여정과 관점에 언제나 영향을 주었고, 미래의 중요한 가치의 관점에서 과거를 바라볼 때 금주가 답이었고, 역사의 가르침에 따르고 있다.

20대에 혼자 외로이 살 때 고삐 풀린 망아지처럼 누구의 견제를 받음이 없이 인생의 목표나 의미를 발견하지 못한 한심한 낭인처럼 수없이 차수를 변경하면서 주(酒)님과의 결혼 생활에 빠졌다. 그러한 바보 같은 행동에 더하여 자기 자신을 한없이 열등한 존재로 여기면서 자존심이라곤 없는 삶을 이어갔다. 그러다가 맨 정신으로 돌아올 때는 어느 날 문득 여름 대낮에 폭포수처럼 쏟아지는 소나기를 맞은 것처럼 갑자기 정신을 차릴 때 왜 내가 이런 삶을 살아가고 있는가? 에 대한 회의감에 빠질 때도 한 두 번이 아니었다. 하지만 근본적인 대변화는 아주 먼 훗날로 미루어 놓은 듯 나의 친근한 애인인 주(酒)님은 30, 40대에도 여전히 함께 내 몸과 마음에 거주하면서 쾌락과 열락의 길로 지속적으로 안내하였다. 술로 인한 순간적인 쾌락과 열락의 순간은 다음 날 깨어날 때 늘 나에게 "너는 왜 맨날 그런 식으로 사는가?" 특히 부모님을 찾아뵐 때마다 "건강을 위해서 이제는 제발 술 좀 끊어라!" 더 나아가 우리 집사람으로부터 "운동을 그렇게 열심히 하면 무슨 소용이 있는가? 술로 인해 운동은 하나마나고 애들 보기가 부끄럽지 않은가? 애들이 그대로 배워!"라는 말은 아마 수천 번 들었던 레퍼토리였다. 어느 덧 머리카락이 서서히 빠지고, 흰 머리가 점점 점령의 기세로 검은 머리에 압박을 가하고 있다. 체력은 그 전에 비하여 빠르게 약해지는 50대 들어서고 주변에 당뇨, 암 등으로 병원 신세를 지고 있는 분들의 안타까운 소식을 접할 때마다 아름다운 인생의 후반부를 잘 마무리하기 위한 준비를 지금부터 해야겠다는 마음을 서서히 굳히게 되었다.

현재 내가 만들어 가는 인생의 길과 과거의 사실은 인간과 환경의 관계처럼 서로 끊임없이 영향을 주고받을 수밖에 없다. 현재와 과거의 상호작용 과정에서 나의 삶에 지속적으로 부정적 영향을 끼쳤던 과거 자국들을 살피고 분석하여 개선된 방향으로 나가는 노력이야말로 바른 삶의 자세가 아닌가 생각한다. 그러한 태도는 현재와 과거와의 부단한 소통에 더하여 미래까지 포함하여 대화의 폭을 넓힐 것을 주문한다. 역사란 과거의 사건들과 서서히 등장하고 있는 미래의 목적들 사이의 대화라고 말하는데, 우리네 일상 삶의 역사도 단순히 현재의 관점에서 과거를 바라보는 것을 넘어 미래에 중요한 가치의 관점에서 과거를 바라보는 것이 올바른 개인의 입장이라고 생각한다.

신중국 건국의 아버지 마오쩌둥(毛澤東)은 <사기>에서 역사에 거름이 된 주인공들의 삶을 보며 밀알 정신을 깨닫고, 죽음과 병, 배고픔 등과 싸우면서 12,500km 대장정을 이끌었다. 그가 억압과 착취가 없는 새로운 사회를 만들기 위해 투쟁한 것은 그러한 미래 가치에 기반을 둔 것이고, 그러한 꿈과 비전이 과거와 현재의 행동과 실천을 이끈 동력이라 말할 수 있을 것이다. 자신의 세대는 아니더라도 언젠가는 승리할 수 있다는 신념에 기초하여 사회주의 혁명 완수를 위해 온 몸을 불살랐고 마침내 1949년 신중국 건설의 주역이 되었다. 마오쩌둥에 대한 평가는 극과 극을 달리는데 중국이 언젠가는 우리나라처럼 민주화되고 전면적인 인권이 보장되는 사회로 변모했을 때에는 우리의 박정희 대통령 평가처럼 상상할 수 없을 정도의 다른 양상으로 전개될 수도 있을지 모른다.

인간 수명 100세 시대라고 하는데, 그저 오래 사는 데 목적을 둔다면 참으로 무가치한 목표라 아니할 수 없을 것이다. 나의 지난 55년의 삶이 – 술을 끊었을 때의 나이 기준으로 - 자기중심적이고 이기적이며 술로 빚어낸 쾌락 추구의 삶이었다면 이제 남은 인생 후반부의 삶은 전반부와 다른 방향의 길을 갈 결심을 하였고 당연히 다른 노선을 택하고 싶다.

이제 과거 익숙한 것과의 헤어짐과 낯선 새로운 길과의 조우를 통해 멋진 항해를 하고자 하는 열망을 가지고 있다. 2015년 당시 새해를 맞이하고 금주(禁酒)한지 한 달 된 시점에서의 다짐으로, 주어진 삶의 현장에서 어떻게 사는 것이 바른 가치인지를 늘 인식하면서 변화를 주도해 나가겠다고 몇 가지 결심한 바 있다.

첫째, 신앙생활 등 좋은 습관 안에 자신의 삶을 뿌리 내리는 것이다. 미국의 저명한 심리학자이자 철학자인 윌리암 제임스(William James)는 생각이 바뀌면 말이 바뀌고 말이 바뀌면 행동이 바뀌고 행동이 바뀌면 습관이 바뀌며 습관이 바뀌면 인격이 바뀌고 인격이 바뀌면 인생이 바뀐다고 하였다. 그는 인간을 '습관들의 묶음으로 이루어진 존재'라고 규정할 만큼, 사람이 어떤 습관으로 길들여지느냐에 따라 운명과 인생이 달라진다고 하였다.

그는 또 부가하여 "세계 최고의 발견은 신대륙도, 과학도 아닌 마음을 바꿈으로써 세계를 바꿀 수 있음을 아는 것"이라고 하였다. 그러나 이 습관을 만드는 데에는 '우리가 무엇을 생각하는가? 하는 우리 마음이 그 출발점이어야 한다고 본다. 우리 본성이란 늘 약해서 유혹에 쉽게 빠져들게 되고, 우리 마음의 생각을 오염시켜 우리의 말과 행동을 더럽히는 데 하루에도 몇 번 정결과 더러움이 왔다 갔다 교차하면서 불결의 극한까지 가서 가끔 깜짝 놀랄 때가 있다. 그리고 시간이 지나면서 그것이 습관이 되고, 인격이 되어 버리는 우를 범하기도 할 것이다. 우리는 생각을 정화하며 살아가야 해야 할 것이다. 하루 동안 '나는 무엇을 보는가?, '나는 무엇을 듣는가?' 그리고 '누구를 만나는가?'를 살펴보고 싶다. 생각은 또한 우리 삶의 환경에 영향을 받기 때문이다.[7]

행동의 변화로 인한 좋은 습관의 형성은 공장에서 필요한 물건을 금방 만들어내듯 되는 경우는 거의 없다. 왜냐하면 기계가 아닌 인간이기에 이성보다는 감정에 휩쓸리고 쓸데없는 고집에다 자기만의 동굴 안에 갇혀서 마치 동굴을 통해 세상을 보는 것이 정답인 것처럼 자기 삶을 이끌어가는 경우가 많기 때문이다.

지금까지 공직생활 38년 이상의 삶을 이어오면서 프랜시스 베이컨(Francis Bacon)이 말한 우상(偶像)에 사로잡혀 참다운 진리와 가치를 망각했던 것 같다. 세상 시류에 매몰된 무수한 발자국들의 자취들로 인하여 진정으로 성숙한 단계로의 진입이 늦어지고 있다는 생각을 최근 많이 하게 된다. 우상이란 인간이 올바른

---

7) http://yoanna5605.blog.me 내용 일부 참조

지식을 얻을 때에 방해가 되는 편견, 그릇되어 있는 선입관을 말하는데 프랜시스 베이컨은 종족(種族)의 우상, 동굴(洞窟)의 우상, 시장(市場)의 우상, 극장(劇場)의 우상 이렇게 4가지 종류의 우상을 제시하고 있다. 지난 나의 공직의 여정 중 상당히 오랫동안 우상으로 모셨고 우상 파괴가 필요했던 대표적인 것으로 미지근한 신앙, 술, 이기심이 아니었나 하는 생각이 든다.

먼저 미지근한 신앙생활을 들 수 있다. 베이컨에 따르면, 인간의 마음은 세계에 대한 이미지를 그대로 반영할 수 있는 이상적인 평면이 아니라 왜곡된 거울과 같다. 그래서 왜곡된 거울에 비친 상을 그대로 받아들일 때 우리는 잘못된 세계 인식을 가질 수밖에 없게 된다. 이렇게 잘못된 개념의 기원이 되는 인간의 본성을 '종족의 우상'[8]이라고 하였다. 나의 신앙에 관한 한 인생 초반기 수십 년 동안 베이컨이 말한 '종족의 우상'에 사로잡혔던 삶이라 할 수 있다. 이 세상에 신이란 존재하지도 않고 있을 수도 없고 인간이 지배하는 세상이기에 세상은 인간이 중심이 되어 문명을 만들어 나간다는 사고가 지배적이었다. 신이 없기에 생명을 부지하고 사는 동안에 아담스미스가 국부론에서 말하는 정글의 법칙이 지배하는 이 세계에 약육강식(弱肉强食)에 의거 철저하게 살아남기 위해 이기적인 행태를 보이는 것은 너무나도 당연하다는 삶의 방정식을 외우고 삶에 적용했던 것 같다.

20-30대 초반에 내 마음 속에는 기독교라는 종교에 대해 비기독교인들이 기독교에 가지고 있는 다양한 형태의 비판과 비난 왜

---

8) http://navercast.naver.com 참조

곡된 편견들을 뼛속까지 사무치게 가지고 있었다. 말 그대로 철저하게 교회를 배척했고 교인들과 상종도 하지 않았고 성경책은 아예 내 테이블에 올라온 적이 없었다. 어릴 때부터 형성된 가치관과 세계관 그리고 주변 환경과의 영향 속에서 잉태된 논리로 무장되어 하나님이라든가 예수라든가 하는 기독교 용어를 사용하거나 듣는 것에 반감을 가졌다. 직장생활을 하거나 길거리를 오갈 때 직장 동료께서 신우회 참석을 권유하거나 노상에서 교회분들이 전단지를 나누어 주면서 "예수를 믿으라. 그러면 구원을 받을 것이다."라는 열렬한 전도에 왜 저 분들은 저런 행동을 취할까 의문을 가지면서 상식적으로 이해가 잘되지 않았다.

어머님께서는 본래 독실한 불교 신자였는데, 초등학교 때 여동생이 머리에 이상이 있어 약간 비정상적인 행태를 보일 때 절에 가셔서 여동생이 완치되어 머리 이상으로 인한 문제가 잘 풀리게 해 달라고 지극 정성으로 부처님께 의지했던 기억이 난다. 하지만 아무리 절에 다니고 아침, 저녁으로 쉼이 없이 부처님께 간절히 요청해도 잘 치료가 되지 않자 어느 날 갑자기 교회에 의존하기 시작하셨다. 그렇게 시작한 교회와의 인연을 맺을지 몇 년 지나자 여동생의 머리도 덜 아프기 시작했고 거의 정상화 되어가자 어머님께서는 본격적으로 교회를 열심히 다니기 시작하셨다. 반면에 아버님은 나와 마찬가지로 교회라면 이를 갈 정도로 어머님의 신앙생활에 불만을 표시했고 집 안에서 구역예배를 볼 때에는 가끔 약주를 드시고 오셔서 예배 보는 것을 훼방하거나 진행 자체를 어렵게 하는 경우도 가끔 발생하곤 했다. 두 분 사이에 신앙의 차이로 인한 갈등으로 이틀이 멀다하고 부부싸움을 하곤 했다. 35살 결혼하기 전까지 서울에서 독신 생활을 쭉 해왔던 나는, 방학기간을 이용하여 부모님을 뵈러 강원도 옥계 근처 금진 시골집에 내려왔다. 어머님은 늘 언제나 변함없이 아들을 상대로 전도를 끊임없이 하셨지만 나는 요지부동이었다. 부모님과 떨어져 독신으로 지낼 때 평생 마실 술의 절 반 이상을 마시지 않았나 하는 생각이 들 정도로 술에 절어 있었다. 더구나 부모님의 간섭도 없고 아무도 제지하는 사람도 없고 그렇다고 인간다운 삶, 의미 있는 삶의 방향에 대해 안내를 해 주는 인생의 멘토도 없는 상황에서 오로지 의지하는 것은 자기 자신과 술이었다. 20대에 비하여 30대 접어들면서 어느 정도 철도 들고 지속적인 술과의 접촉으로 인한 정신적 공황에서 벗어나고자 하는 약간의 전환 노력도 있는 가운데에서도 주변의 권유와 마음속의 뭔가 허전함을 메우기 위해 가끔 교회에 노크를 하여 어설픈 기도를 했던 기억이 난다.

수십 년간 잘못 엮어진 그리고 처음 출발할 때부터 이상하게 꼬여진 매듭을 시간이 한참 흘러 바로 잡기는 웬만한 결심과 노력 없이는 정상화되기 어렵다. 담배도 그렇지만 술도 마찬가지이다. 이러한 익숙한 것과의 과감한 이별을 하고 멋지고 새로운 다른 길을 선택하여 참다운 인생을 살아가겠다고 인생 초기에 결심하였다면 얼마나 좋았을까 하는 아쉬움이 남는다. 음주 대신에 참다운 신앙생활을 말하는 것이다.

목사님의 주례로 교회식으로 결혼하였지만 그 이후 미국 유학, 중국 생활을 포함하여 30대, 40대로 이어지면서 여전히 술을 내 인생의 동반자요, 나침반이요, 안내자 역할을 해왔던 것 같다.

한 주간의 술로 인한 죄를 씻고 회개하고, 반성하고, 앞으로는 보다 진실하고 거룩하게 살겠다고 일요일 교회에 나갈 때만 그런 기도를 하지만, 일단 예배당을 벗어나면 세상 시류에 휩쓸려 중심 없이 계속 헤매는 양태를 보여 왔다. 그럼에도 불구하고 나이를 먹고 교회 생활에 익숙해지고 그리고 50대 중반에 들어서면서 나의 남은 인생을 어떻게 이끌어 나가야 할 것인가에 대한 보다 근원적인 삶의 문제, 인생의 의미에 대해 자주 생각하게 되었다.

이제 살아온 나날보다 살아가야 할 날들이 더 짧을 것 같고 지나 온 삶들을 돌이켜볼 때마다 회한으로 넘쳐 이제는 마음 다시 잡고 남은 인생의 삶을 타인과 사회를 위하여 진정으로 봉사한다는 정신으로 충실하게 살고 싶다는 마음이 갈수록 뭉게뭉게 피어오른다. 이러한 삶을 살기 위해서는 이제 중대 결심을 내려야 할 시점에 와 있고 생애를 마칠 때의 나의 모습을 상상할수록 더욱 더 그렇다. 집 근처 수락산을 오르내릴 때마다 만나는 김시습이 지은 아래 <갈림길에만 서면>에서 저자가 방황의 길목에 서서 어느 방향을 선택할지와 같은 고민이 없는 것은 아니지만 이제 지난날의 잘못된 구습의 길 대신에 지난 이십여 년 동안 몸과 마음에 조금씩 영글어진 여전히 부끄러운 신앙심을 서서히 드러내면서 몸과 마음을 다시 새롭게 할 수 있는 길로 들어서고 싶다.

柯峴	갈림길에만 서면
聚雨暗前村	소나기로 앞마을 어둡더니
溪流徹底混	시냇물 온통 탁하네.
叠夆遍客眼	첩첩 봉우리가 나그네의 눈을 막고
一径入溪源	깊은 골짜기 향해 한 줄기 길 나 있네

青草眠黃犊	파란 풀밭에 누런 송아지 잠들었고
苍涯叫白猿	푸른 낭떨어지엔 흰 원숭이 울부짖네.
十年南北去	십년세월 남북으로 떠다녔건만
歧路正销魂	갈림길에만 서면 애가 타누나!

나의 지나온 행적은 사랑과 공의(公義)가 결핍된 상태로 말로만 사랑을 외치고 행동은 따르지 않은 자기중심적 생활로 일관되어 온 것 같다. 주일 예배 시, 예배 순서와 성경 메시지가 담겨있는 주보를 열심히 보는데 기억나는 내용 중에 '사랑이 결여된 공의는 무자비한 폭력에 지나지 않고, 공의를 결여한 사랑은 무책임한 방치에 불과한 것이다'라는 대목이 떠오른다. 진정한 신앙인은 공의와 사랑의 두 손을 함께 지니고 있어야 한다고 생각한다. 하지만 예전의 나는 인생의 뿌리를 자신에게 내리고 사랑이 없는 공의의 두 손으로 – 예로 국가의 정책이나 제도가 정당하니 집행과 성과에만 급급하고 - 자기도 모르게 죽음의 씨를 뿌리며, 흔히 세상 사람들이 말하는 열매를 거두기 위해 높은 고지로만 향하였다. 지금은 진정한 삶의 생명과 진리에 뿌리를 내려 참된 신앙의 뜻을 이루는 도구가 되기 위해서 빈손으로 걸어가고 싶다는 생각을 많이 가진다.

바르게 내리지 않는 뿌리는 참된 신앙과의 조우로 통하여 뽑고 싶다. 그리고 신앙의 생명과 진리에 깊이 뿌리를 내려 공의와 사랑의 두 손으로 새로운 삶을 시작하고 싶다. 바로 그 순간부터 주어진 삶의 터전에서 변화의 샘물이 솟아나게 되고, 불의와 맞서는 변화의 물줄기가 만들어지며, 버려야 할 것을 버리고 취하여야 할 것은 제대로 취하는 바른 선택의 길을 가야한다고 생각한다. 신앙 안에 깊이 뿌리내림으로써 세상의 어떤 바람에도 요동치 않는 뿌리 깊은 진리의 나무로 우뚝 서고자 일평생 노력하고 싶다.9)

둘째, 옛 삶의 잔재를 과감하게 청산해야 진정한 변화를 주도할 수 있다는 믿음을 갖고자 한다. 지난 38년간의 공직의 길을 걸어오면서 나도 모르게 세상의 사람들이 그리고 우리 사회 규범이 정해 놓은 틀과 문화를 너무나 당연시하는 사고방식에 익숙해져 있다. 대다수가 수용하고 동의할 수 있는 바람직한 규범과 가치가 질적인 사회발전과 행복한 개인의 삶을 추구하는 데 긍정적인 기능을 할 것이라 본다. 다른 한편으로 점차 개선되고 희망의 싹은 보이고 있지만 여전히 다음 날까지 영향을 주는 지나친 회식 문화, 업무로 인정을 받기보단 학연, 지연 등을 통한 비업무적 요인의 인사 활용은 점차 사라져야 할 것이다. 그리고 비판정신이 무딘 조직문화, 수직적 위계질서가 낳은 권위주의적 행태, 기수, 서열 중심의 인사운영, 토론문화 부재로 인한 소통의 단절도 문제다. 장기적 관점이 아닌 단기 처방 위주 정책, 다문화 포용 준비 부족, 남 얘기 하듯 남북통일에 대한 무관심과 무지 그리고 대비 소홀, 정치 개혁 실종 등의 잔재도 빨리 청산되어야 할 과제이고 변화의 목록에 들어가야 한다고 본다. 나 개인적으로도 위에서 여러 번 강조하였지만 술과의 청산뿐만 아니라 변화되어야 할 목록을 작성하여 실행하겠다는 의지를 굳게 하고 부지런히 실천하고 싶다.

---

9) 여기 내용은 내가 다니는 삼락교회 주보 내용을 참고로 했음

우리는 사회생활 속에 너무 당연시 하는 것에 대해 의심 없이 수용하고 옳다고 하면서 삶을 그럭저럭 살아가고 있지 않나 하는 생각을 할 때가 많다. 나 자신이 조직에서 도태되지 않기 위해 술에 의존하고 조직에서는 비판정신이 무딘 채 상승 욕구를 만족시키기 위해 위만 바라보는 경향이 있다. 국가의 장기 비전과 목표는 별로 신경 씀이 없이 단기적 성과를 위해 사력을 다하는 마치 그렇게 하는 것이 자기 권리요 의무요 책임이라고 안위하면서 오늘도 열심히 땀을 흘리고 있다. 이러한 땀이 과연 누구를 위한 희생인지를 다음 일화를 통하여 잠시 생각하는 시간을 갖고자 한다.

잭 캔필드와 마트 빅터(Jack Canfield, Mark Victor Hansen)가 함께 쓴 '마음을 열어 주는 101가지 이야기'에 나오는 아버지를 병원에 모시고 간 딸의 글을 함께 공유하고자 한다.

"병원 관계자 분들에게. 나는 어제 아버지를 모시고 이 병원에 왔습니다. 우리는 경황이 없어 어디로 가야할지, 무엇을 해야할지 몰랐습니다. 아버지가 위독해 응급실을 찾은 게 처음이기 때문입니다. 나는 아버지라는 인격체가 짜증 섞인 표정의 당신들에 의해 하나의 차트로 바뀌는 것을 목격했습니다. 나는 사경을 헤매는 한 노인이 다섯 시간이나 이러 저리 끌려 다니는 것을 보았습니다. 원무과 직원들은 참을성이 없었고, 간호사들은 지쳤으며, 의사들은 마치 치료기계 같았습니다. 나의 아버지는 위엄과 자존심을 저당 잡힌 채 당신들의 책상 위에 오른 하나의 차트에 불과했습니다. 그리고 우리 가족들은 당신들이 앵무새처럼 되뇌는 말을 못 알아듣고 귀찮게 되묻는 성가신 날파리 취급을 받았습니다. 하지만 당신들이 그런 대우를 할 뿐이지 그것은 나의 아버지가 아닙니다. 그분은 나의 소중한 아버지랍니다. 온갖 역경 속에서도 힘든 내색 없이 나를 지금까지 키워주셨고, 내

손을 잡아 신랑에게 인도해 주었으며, 내 아이가 태어날 때 기쁨의 눈물을 흘려주셨던 그런 아버집니다. 그런데 머잖아 암덩이가 그분을 우리에게서 떼어놓는다는 것을 알고 있습니다. 당신들은 이 편지가 부모의 중병으로 제 정신이 아닌 딸이 퍼붓는 비난이라고 생각할지도 모릅니다. 그렇지 않습니다. 환자의 진료 차트는 그 사람의 인격체를 대변합니다. 그 인격체에는 감정과 살아온 내력과 전인생의 환희가 녹아 있습니다. 아마 내일이면 당신들의 사랑하는 누군가가 그 차트에 담길 수도 있습니다. 이 편지를 보신 후에 기다리는 환자분들에게 친절하고 부드럽게 대해 주세요. 왜냐하면 그 사람은 누군가의 아버지이고, 남편이고, 아내이며, 아들딸인 동시에 당신들과 마찬가지로 하나님이 창조하고, 하나님이 사랑하는 한 인간이기 때문입니다."

당연한 자신의 권리라 할지라도, 과거의 눈부신 활약상과 현재의 위상, 그리고 미래의 무한한 가능성을 지닌 존재를 일개 차트 취급하는 것은 매우 모욕적인 일이다. 이러한 인식에서 나 자신을 되돌아보면 나의 지난 삶에도 무릎을 꿇고 용서를 빌어야 하는 일이 많았다. 초등학교 교사 시절엔 선생님이란 지위를 이용해서 부유하고, 권세 있고, 학교를 자주 방문하여 자녀를 잘 봐달라는 학부모에게는 한없이 약해지고, 가난하고 소외된 학생들에겐 눈길 주길 더디 했던 비교육적 처사들이 그렇다. 교육 관료가 되면서 상사에겐 비판의 정신이 무뎌 한없이 작아지고 왜소해 지는 반면에, 밑에 있는 직원이나 하급 기관에 대해서는 무슨 권세가 있는 양 처신했던 과거의 모습이 오버랩될 때 다시 당시로 돌아가 용서를 구하고 싶다.

아무렇지도 않게 서로에게 모욕을 주고받는 악순환의 고리를 끊기 위해서는 '자신의 권리'가 남을 아프게 하거나 불편하게 해서는 안 된다고 생각한다. 자신의 권리를 바르게 바라보는 삶의 가치 변화를 통해 바른 질서회복에 앞장서는 우리가 되어야 한다는 소망을 가져본다.

한 알의 밀알이 죽으면 많은 열매를 맺는 것처럼 옛 삶의 잔재를 청산함으로 풍성한 열매를 맺어 세상의 변화를 주도해 나가겠다는 결심이 있어야 진정한 변화의 주도자의 길로 들어설 것이라는 확신을 갖는다. 현실의 삶이 헝클어진 실타래처럼 어디에서부터 시작하고, 어떻게 풀어야 할지 막막하다 할지라도 우리는 현실을 회피하거나 산 속으로 도피하는 것이 아니라, 새로운 삶의 질서를 회복하고 변화를 주도해야 한다는 목표를 추구하고 싶다. 이를 위해서 잘못된 삶의 모습을 버리고, 삶의 가치를 새롭게 하는 것이 필요함을 절실히 느낀다. 그러므로 진정한 가치에 뿌리내림으로 정의와 사랑의 손으로 새 생명의 삶을 시작하고, 옛 삶의 잔재를 청산함으로 풍성한 결실을 맺는 자가 되기를 결단하며 저 높은 고지를 향해 전진하고자 한다.

제3장
거울로 삼고 싶은 사람

인생은 매순간 선택의 연속이다

2019년은 공직의 길에 들어선 지 38년째를 맞이하는 해이고 내 나이도 어느새 60대가 되었다. 20, 30대에는 인생 방향이나 목표도 없이, 철없이, 대충 그날그날 보내다가 가정을 꾸리면서부터는 어두운 터널에서 방향을 잡은 척 하면서 조금은 진지해지는 듯 했으나 여전히 안개 속 오리무중에서 대충 살기에 바빴다. 30대, 40대에도 교육부 본부나 교육부 소속 기관을 중심으로 직장에 장시간 오래 머무는 대신에 상대적으로 가정생활이나 여가 생활은 소홀히 하면서 자기의 삶을 어떻게 의미 있고 아름다운 길로 끌고 갈 것인가라는 보다 철학적이고 근원적인 질문에는 답변할 시간이 거의 없었던 것 같다.

지금 지나온 공무원의 삶을 되돌아보면 인생은 순간순간 선택의 연속이고 성취도 선택의 결과라고 하는데 특정 사안을 결정할 기로에 있을 때 일부를 제외하고는 나의 가치관과 삶의 방식에 의거한 삶의 여행이라 볼 수 있다. 주변의 아는 분이나 직장 동료가 어느 날 갑작스럽게 세상과 이별했다는 소식을 접할 때 또는 노무현 대통령이나 노회찬 의원 같은 분들의 갑작스런 죽음으로 사회적으로 큰 파장을 던져 준 사건들로 인해 집단적 우울증에 빠지는 경우를 제외하고는 여전히 바쁘게 돌아가는 일상생활에 매몰되어 죽음이라는 문제를 인식하지 못했다. 죽음은 나와는 거리가 먼 이야기로 들리기도 하였다.

논어 위정편(爲政篇)에 "나이 열다섯에 학문에 뜻을 두고 (吾十有五而志與學), 서른에 뜻이 확고하게 섰으며(三十而立), 마흔에는 미혹되지 않았고(四十而不惑), 쉰에는 하늘의 명을 깨달아 알게 되었으며(五十而知天命), 예순에는 남의 말을 듣기만 하면 곧 그 이치를 깨달아 이해하게 되었고(六十而耳順), 일흔이 되어서는 무엇이든 하고 싶은 대로 하여도 법도에 어긋나지 않았다(七十而從心所欲不逾矩)"라는 내용이 있다.

공자가 제시한 위 기준을 지나온 내 삶에 적용해 보면 15세에 학문에 뜻을 둔다고 하였는데 그 시기 나는 강원도 옥계라는 시골 구석진 곳에 위치한 중학교 학생으로 공자의 위정편 내용도 몰랐거니와 가난한 가정형편을 극복하기 위해 그저 열심히 공부하여 좋은 고등학교, 대학 가서 잘 살아보자는 생각 외에는 다른 어떤 것도 고민하지 않았던 같다. 공자가 말한 而立은 정확히 말해서 나이 30세에 각자 본인의 인생목표와 발전방향을 확고하게 세워야 한다는 것인데, 나는 이 때 결혼도 하지 않은 채 술로 방황하고 있었고 교직을 계속할 것이냐 마느냐 등 여러 가지로 혼돈의 시기를 보내고 있었다. 맨 정신에 매일 매일의 삶을 충실하고 의미 있게 지속해 나가고, 미래 비전과 목표를 확고하게 정하여 그러한 꿈을 실현하기 위한 세밀하면서도 구체적인 로드맵이 있어야 하는데, 그날그날 대충 살아가는 그러한 나날의 연속이 아니었나 하는 생각이 든다. 혼돈과 혼미로 가득차고 방향감각도 없이 그저 시간을 보냈던 지난날을 회상할 때마다 특히 20, 30대를 돌아볼 때 아쉬운 것은 나를 제대로 이끌어 주는 삶의 거울이 없었다는 점이다.

진실하면서 제대로 바르게 살아가야 할 삶을 그저 힘에 겨워 특별한 소망이 없이 엉터리로 가식적인 삶을 살아가는 내가 적극적으로 멘토를 찾기에는 또한 제약이 많이 있었던 것 같다. 나의 삶을 제대로 조망해서 교정해 주고 참된 길로 안내해 줄 거울을 찾겠다는 생각도 못했다. 자기 자신을 열등감 있는 존재로 간주하고 술로 자기 학대를 통하여 만용을 부리고 허세를 내세우면서 안정을 찾는, 그러나 술에서 깨어났을 때에는 모든 것이 허탈한 그러한 삶의 족적이었다고 생각한다.

40대 중년의 나이로 들어서면서 내가 벌써 40대에 진입했나 하는 생각에 조금은 우울했지만, 지나온 흘러온 세월을 통한 인생 경험, 직장 경험 그리고 사회 경험이 어느 정도 쌓이다 보니 조금은 세상을 보는 안목이 생긴 것 같은 느낌을 가지기 시작했다. 공자가 말한 불혹은 나이 40이 되면 어떤 염려나 의혹이 없는 그래서 선택을 잘하고 후회의 마음이 없는 상태를 말한다. 다시 말하면 어떤 일을 당하여도 의심할 바 없이 분명하게 사리 판단할 수 있으며 어떠한 감정의 변화에도 흔들림 없이 통제할 수 있다고 해석할 수 있다[10]. 불혹의 나이 40에 나는 20세기라는 한

---

10) http://baike.baidu.com

세기를 뒤로 하고 다시 21세기를 맞이하는 위대한 시대의 한 복판에 서서 인류의 진보를 꿈꾸며 다 같이 희망을 노래하는 극적인 변화의 함성을 사방에서 들을 수 있었다. 하지만 개인적으로는 이러한 시대 함성의 포효를 감지 못하고 공자가 말한 사리판단을 제대로 하고 감정의 변화에도 동요하지 않는 그러한 성숙의 40 나이를 맞이하지 못했다. 물론 공자가 제시한 인생의 각 계단에서 마주하는 목표가 이상적이고 우리 인간이 지향해야 할 삶의 궁극적인 지향점이라 안위한다 할지라도, 어쨌든 목표에 비하여 당시 내가 처한 현실은 목표 지향점과 한참 멀리 떨어져 있음을 고백하지 않을 수 없다. 위에서도 잠깐 내 비쳤지만 삶의 각 단계마다 내가 적극적으로 찾든가 아니면 누군가가 나타나 나의 삶에 조언을 해 주고 제대로 된 방향 제시를 해 주면서 길잡이 역할을 해주는 거울이 없었던 게 너무나 아쉽다. 그래도 위안이 조금 되는 것은 30대에 비하여 40대에 들어서는 여전히 미숙한 상태에 있었지만 내면적으로는 그리고 정신적으로는 신앙심이 약간씩 꿈틀거리면서 완고하고 아집에 둘러싸인 내 마음 속에 서서히 들어오기 시작했다는 점이다. 그러한 면에서 성경 속에는 거울로 삼고 싶은 인물들이 너무 많고 나의 삶의 여정을 마칠 때까지 지속적으로 그리고 영원히 나의 삶에 영향을 미칠 것이라 확신한다.

우리 나이로 60대에 들어섰는데 바로 50대 마지막 1년을 보낼 때 이제 인생의 중후반을 향해 나간다고 생각하니 여러 가지 상념들이 복잡하게 자리 잡았다. 공자가 말한 지천명(知天命)을 넘어서 50대 마지막을 향해 달려가고 있었다. 공자가 말한 지천명의 뜻을 원문을 뒤적거려 나름대로 해석해보니 지천명이란 하늘의 명령을 따라 아무것도 안하는 것이 아니라 우리가 하는 일은 사람에 달려 있고 일을 성취하는 것은 하늘에 달려 있어 열심히 노력하되 그 결과를 추구하지 않고 하늘에 맡긴다는 것을 말한다. 다시 말해서 나이 50세 이후에는 이상 실현이 어렵다는 것을 알기 때문에 무슨 일을 하더라도 그 결과에 연연하지 않는다. 단 50세 전에는 나름대로 하고 싶은 일에 매진하여 이루고자 하는 목표를 성취하겠다는 희망으로 뛰어야 한다. 50세 후에는 비록 50세 전에 가졌던 것과 같이 연구에 매진하여 밥 먹는 것조차 잊어버리고(發憤忘食), 즐거움을 추구하여 근심을 잊는다 할지라도 개인의 영욕에 대해 이미 담담하고 할 수 없는 것을 하는 것이 아니라 할 수 있는 일을 열심히 하되 그 결과에 연연치 않는 경지에 이른다는 것이다. 나름대로 정리해 보면 40세까지는 과정과 결과를 연계하여 노력을 통한 성취를 강조한 반면, 50대에는 결과는 하늘에 맡기고 주어진 삶의 과정에 충실 하라는 뜻으로 와 닿는다.

공자가 말하는 지천명을 넘어 60대에 들어서면서 요즘은 부쩍 마무리 위해 어떤 삶을 살 것인가? 라는 문제에 고민을 많이 하고 있다. 등산을 하거나 업무를 하거나 여행을 하거나 시간만 나면 이 문제에 대한 답을 얻기 위해 철학적 행보를 많이 하고 있는데, 이러한 문제에 대해 사색에 사색을 할수록 나의 나머지 주어진 삶은 이 전 삶과는 다른 목적과 가치가 있는 길을 가야겠다는 생각을 많이 하게 된다. 늘 하는 고민과 사색 중 아주 중요한 과제의 하나 즉 어떠한 죽음을 맞이할 것인가이다. 사실 40대까지는 거시적으로는 국가와 민족을 위해서 미시적으로는 가정과

나 자신을 위해서 눈코 뜰 새 없이 치열하게 생존을 위해 투쟁해 왔다는 생각을 많이 하게 된다. 독재정치 하에 숨죽이면서 제대로 표현을 못하고 지하에서만 민주화를 떠들면서 주가 아닌 객의 입장으로 도도한 시대의 흐름에 적극적으로 동참하지 못했다는 자책감이 늘 마음속에 자리 잡았던 1980년대 20대를 보냈다.

민주화 시대로 접어들어 지난 시대 독재 잔재 해소와 압축 성장에 따른 성장 과실 분배를 둘러싼 이해집단 간 첨예한 갈등이 여과 없이 분출되었다. 국가 제동장치가 제대로 작동 안 되는 정치, 사회 환경 상황이 시간이 지남에 따라 어느 정도 해소되면서 교육부 공무원으로 거의 매일 업무에 투입되었던 90년대, 2000년대 30, 40대를 일중독으로 살아오지 않았나 하는 느낌이다. 여기서 일중독으로 표현했지만 만일 그러한 상황이 계속 지속되었다면 아마 건강에 심대한 부작용이 생길 수도 있었겠지만 힘든 공무원 생활 가운데에서도 삶의 변화를 주는 전환점이 있기에 힘든 상황도 감수 할 수 있었다. 미국 유학도 다녀왔고 - 물론 공부하느라 역시 힘들었지만 - 중국 경험도 했고, 교육부 본부를 떠나 여러 소속기관에서 근무하면서 상대적으로 덜 힘든 환경을 접하기도 하여 전반적으로 일 중독으로 표현하기에는 무리한 감도 없지 않다. 하여튼 늘 보고서 만들고, 보고하고, 회의 참석하고, 점검 다니고, 해외 출장 다니고, 민원인 상대하면서 아침 새벽부터 밤늦게까지 직장 생활을 하다 보니 가족과의 여행이나 취미생활을 제대로 해 본적이 없어 가족과의 아련한 추억이 그리 많이 떠오르지 않는다.

이제 공무원 경력도 어느 정도 되고 50대를 지나 60대를 바라보게 되는데, 나이가 들어감에 따라 체력이 떨어지면서부터 건강을 챙기다 보니, 삶의 근본문제에 대한 고민이 최근 잦아지게 되었다. 건강 원인도 있지만 무엇보다 지금까지 살아오면서 과거를 곰곰이 회상해 볼 때 회한과 후회가 많고, 잘한 것 보다는 잘못 행한 수많은 실수와 죄들이 우글거려 이제부터는 올바른 삶을 지향하기 위한 진정한 교정이 있어야 함을 절실히 느끼게 되었다. 지금까지 경제적인 생존을 우선시 하고 가족 부양에 대한 부담이 어깨를 누르고 직장 생활에 올인 하는 등 자기중심적 삶을 살아왔음을 고백하지 않을 수 없다. 이제부터라도 정신을 바짝 차리고 나머지 삶을 멋지게 만들어가고 싶다. 지금까지의 삶에서 잘한 점은 추리고 잘못한 부분은 버리는 결단을 통해 나 자신과 타인으로부터 정말 닮고 싶은 삶의 거울이라는 평가를 받고 싶은 마음이 강렬하게 솟아오르고 있다. 그러나 그 무엇보다 하나님으로부터 인정받는 길을 걸어가는 것이 최고의 길임에 틀림없다. 지금까지의 삶이 나의 사고방식, 나의 철학, 나의 고집에 의한 선택의 과정이었다면 이제부터는 나의 선택이 신앙 안에서, 기도 속에서 내린 길을 묵묵히 걷고 싶다. 공무원의 길을 걸음에는 사마천의 사기는 반드시 읽어보길 권하며, 인생 전체의 길을 걸어감에는 성경을 애인처럼 항상 옆에 두고 함께 동행하며 대화를 나누길 강력히 추천한다.

사기를 통해 올바른 공직의 길을 가다

거울로 삼고 싶은 사람이 되기 위해서 끝까지 포기하지 않고 바른 삶의 목표를 향해 올바른 신앙의 길을 걸어가고 싶다.

지금까지 삶의 목표를 생각할 때 사실 목표를 뚜렷하게 제시하고 그 목표를 달성하기 위해 구체적인 세부 실천 전략과 과제를 메모하고, 메모지를 보면서 치열하게 투쟁하면서 살아왔던 것은 아니다. 매년 새해 결심을 하지만 그러한 새해 결심에는 말 그대로 당해 연도 이루고 싶은 희망 사항을 예를 들면 직장생활, 자기개발, 신앙인의 자세, 일과 가정양립, 건강관리 등 면에서 단기 목표로 적어보고 가끔 쳐다보면서 확인하지만 시간이 지남에 따라 흐지부지 되는 경향이 많았다. 승진하겠다, 박사 학위 논문을 쓰겠다, 중국어, 영어 공인 시험을 쳐서 일정 수준 이상의 점수를 획득하겠다, 건강을 챙기겠다, 가족이랑 가끔 여행을 하면서 가족과의 유대 관계를 강화하겠다 등이 있지만 몇 가지를 빼고는 어떤 목표는 제대로 실천에 옮기지 못한 경우가 많았다. 지금까지 삶의 목표는 단기적이며, 순간적이며, 형식적이며, 피드백이 되지 않고 그냥 넘어가고 그래서 매년 되풀이되는 항목의 나열이다 보니 과연 나는 어디로 가고 있느냐, 무엇 때문에 사느냐, 무엇을 진정 추구하느냐라는 근본적인 물음에 답하기 위한 참다운 삶의 목표를 제시하지 못했던 것 같다. 매년 실천하는 삶의 지향점이나 목표는 열거되어 있고 달성하기 위해 노력은 하지만, 이 모든 것을 연결하고, 연결과 연결이 의미 있게 하는 이음이 있고, 불필요한 곁가지는 쳐 내고 그래서 제대로 된 인생의 안내자 역할을 하는 그러한 참된 삶의 목표는 없었다.

이처럼 잘못 이끌어 온 삶의 방식을 과감히 바꾸고 이 글을 쓰는 순간에 다시 한 번 결심하여 실천하고자 하는 참되고 진실된 목표를 향하여 인생을 마감할 때까지 멋진 항해를 떠나고 싶다. 더구나 기독교 신앙인으로서 믿음을 가지고 현실에서의 삶에서 육체적 죽음으로 끝나지 않고 영원한 삶을 이어나가는 영생의 소망을 가지고 있기 때문에 더욱 더 나의 남은 이 세상에서의 삶에 더욱 충실히 하여 나 자신으로부터 그리고 타인으로부터 거울로 삼고 싶은 사람이 되고 싶다. 정확한 정의도 어렵고 보는 각도에 따라 다양한 의미로 해석될 수도 있지만 '거울로 삼고 싶은 사람이 된다는 것'은 평범한 우리 일상의 삶 속에서 자주 접하는 그러한 사람들의 인생 흔적을 두고 하는 말은 분명 아닐 것이다. 육체적 수명을 다하여 삶을 마감했어도 그러한 분들이 남긴 무시 못 할 성취와 정신적 영향 그리고 아름다운 향기와 발자취가 계속 여진으로 남아 우리들 곁에 영원히 맴도는 분들이야 말로 거울로 삼고 싶은 사람 대열에 합류될 수 있다고 생각된다. 거창하게 말하여 우리가 자주 인용하고 교과서에도 글이 오르고 늘 살아있는 것 같아 현재에도 영향을 미치고 있는 그러한 분들은 당연히 '거울로 삼고 싶은 사람'이지만, 이름도 없이 빛도 없이 언론에 회자되지 않으면서도 아름다운 흔적을 남기는 조용한 '거울로 삼고 싶은 사람'도 너무나 많다고 생각한다.

최근 독서 삼매경에 빠지게 만들고 삶을 어떻게 살아야하는지에 대한 나침반 역할을 해 주고 있는 책 중에 등장하는 인물로 김영수 저 <사마천, 인간의 길을 묻다>의 주인공 사마천(司馬遷)이다. 이 책을 접하게 된 것은 정말 우연이었다. 세종특별자치시 교육부 청사에 근무하는 기간에 병원 등 주민 편의 시설 부족에 따른 불편은 몰라도 교육부 옆에 바로 국립세종도서관이 있어서 언제든지 마음만 먹으면 보고 싶은 책을 빌려 볼 수 있어서 자주 이 도서관을 이용하는 편이었다. 업무 상 책 볼 시간이 거의 없지만 이것 또한 핑계라 생각하고 가급적 하루에도 조금씩 시간을 할애하여 책을 읽는 습관을 가지고자 무진 애를 썼다. 이러한 노력 중에 대어를 낚았다고 생각되는 책 중 하나는 이석연 저 <책, 인생을 사로잡다>로 그 동안 업무를 핑계 삼아 책을 멀리했던 나에게 경종을 울려 주면서 책을 애인처럼 옆에 두게 만든 계기를 만들어 주었다. 저자 본인이 스스로를 우리 사회의 '아웃사이더'라고 말하면서, 대입검정고시 출신으로 대학 입학을 잠시 유보하고 절에 들어가 문학, 철학, 사학, 동·서양 고전 등 수많은 책들과 벗하면서 흔히 주류가 가는 길을 잠시 보류하고 독서를 통해 삶의 지혜와 세계를 제대로 바라보는 안목을 길렀던 것이 후에 인생의 삶에 자양분이 되었다고 고백하고 있다. 엄청난 독서가 바탕이 되어 행정고시, 사법고시라는 남이 가기 힘든 길을 열며 법제처장이라는 국가 중책을 맡으면서도 소신과 원칙을 지키며 세상 세파에 흔들림 없이 자기만의 길을 갈 수 있었던 비결에는 지금도 책을 가까이 하면서 수많은 위대한 사상가들과 깊은 있는 교제를 통해서 인생의 참된 가치와 지혜를 배우는 데 있다고 강조하였다. 그러면서 저자가 늘 어릴 때부터 서재에 두고 자주 접하는 10권의 책을 추천해 주고 있는 데 그 중에 한 권이 바로 김영수 저 <사마천, 인간의 길을 묻다>로 나 자신도 중국에 관심을 늘 가지고 있었고 중국 공부를 계속해 왔기에 바로 도서관으로 발걸음을 옮겨 이 책을 입수하고 열독에 들어가게 되었다. 전체 679페이지에 이르는 분량의 책을 주마간산(走馬看山)식으로 일단 일독한 후 왜 이 책을 지금에야 만났는지 하는 후회가 남는데 그럴수록 애착이 가는 인류의 보고이며, 역사서이면서, 문학서이며, 철학서라고 할 만 했다. 흥미진진하게 펼쳐지는 다양한 인물과 사건들이 보여주는 감동과 교훈에 전율을 하게 되었고, 매일 애인을 만나지 못하면 삶의 의욕을 잃은 듯 매일 가까이 다가가서 영원토록 함께 하고 싶은 욕구를 갖게 만들었으며 그래서 내 삶의 거울로 삼아 죽었지만 영생하고 있는 사마천(司馬遷)의 불굴의 정신과 삶의 자세를 배우고 싶다.

이 책에 소개된 사마천의 한 말 중 가슴에 와 닿는 표현 중 하나로 "사람은 누구나 한 번 죽지만 어떤 죽음은 태산보다 무겁고 어떤 죽음은 새털보다 가볍다. 이는 죽음을 사용하는 방향이 다르기 때문이다(人固一死, 或重於泰山, 或輕於鴻毛, 用之所趨異也)"라고 했는데, 참으로 명언 중 명언이라는 생각을 하지 않을 수 없다. 요즘 가끔 죽음이라는 주제에 대해 사색을 하곤 하는데 이 글을 보자마자 아름다운 생의 종언은 '태산보다 무거운 죽음'을 말하는 것이며, 죽었으나 우리에게 불멸의 작품과 영적인 영향력을 통하여 영원히 살아있는 삶을 보여주는 그러한 죽음을 의미한다고 생각한다. 권모술수(權謀術數)가 판치고 거짓이 난무하고 자리보존을 위해 권력과 영합하고 남을 죽여서라도 출세에 눈이 먼 전제 황권 시대에 잘못된 것은 잘못됐다고 고칠 것을 고쳐야 한다고 한 황제 무제에게 고언을 하다가 황제의 미움을 사 사형을 당한 사마천의 그 당찬 기개와 불의에 항거하면서 소신껏 말하는 그 자세가 너무 가슴에 와 닿는다.

죽음보다 더한 치욕을 역사로 승화시킨 위대한 역사가 사마천의 삶을 김영수 저 <사마천과의 대화>를 참고로 하여 정리[11]해 보고자 한다.

사마천은 한나라 조정에서 벼슬을 지냈던 사마담(司馬談)의 아들로, 56살 전후로 세상을 떠난 것으로 알려지고 있다. 사마천은 아버지의 영향을 받아 역사 분야에 지대한 관심을 가졌고 실증을 위해 20대에는 전국을 답사하기도 하였다. 천문, 역학, 도가 등에 뛰어난 기량을 보였던 사마담은 생전에 역사서 저술의 뜻을 이루지 못하고 아들에게 역사서 완성의 사명을 유언으로 남겼다. 사마천은 한 무제를 수행하면서 굴원(屈原), 한신(韓信), 소하(蕭何) 등 한 나라를 건국하는 데 지대한 공헌을 한 공신들의 고향을 찾아가 전해오는 기록을 정리하고 문헌과 유적 등 관련 증빙자료를 근거로 <사기> 저술에 심혈을 기울였다.

국가 업무를 보랴 아버지의 유업을 지키랴 바쁘게 살았던 사마천은 전혀 예상치 못한 얄궂은 저주의 운명이 기다리고 있었다. 당시 한나라는 흔히 오랑캐로 불리는 흉노족의 침입을 막기 위해 만리장성을 축조하기도 하고 이릉(李陵)이라는 뛰어난 무장을 보내 방비하기도 하였다. 이릉은 혁혁한 공을 세워 한 무제를 비롯한 궁궐 대신들로부터 칭찬을 받았으나, 이릉이 후방군의 지원을 받지 못해 어느 날 대패하여 항복하고 흉노 쪽의 환대를 받게 되자 황제와 대신들은 하루아침에 얼굴을 바꿔 이릉을 성토하게 되었다. 성토 마당에서 사마천은 이릉의 친구는 아니지만 오랫동안 알아왔던 이릉의 사람됨과 인격을 알기에 이릉을 변호하고 자신

11) 김영수 저 <사마천과의 대화> p.487-492

의 견해를 소신 있게 밝히자 그렇지 않아도 이릉의 처사에 불만을 품고 있던 한 무제는 이릉을 옹호했던 사마천에게 사형을 내렸다.

사마천은 앞이 캄캄하고 고뇌에 고뇌를 하지 않을 수 없었다. 아버지의 유업을 받들어 역사서 <사기> 완성이라는 사명을 완수해야 하는 데 사형을 당하고 보니 그 마음이야 얼마나 참담했는지 감히 상상할 수 없었을 것이다. 당시 한나라 법에 의하면 사형을 받으면 세 가지 선택이 주어지는데 서슬 퍼런 칼에 목이 베이거나 거금을 내서 사형을 면하거나 궁형(宮刑)을 받는 것이었다. 아버지의 유업을 잇기 위해서는 살아야 하고 그러기 위해서는 돈을 쓰거나 궁형을 택하는 방법 밖에 없었다. 거금을 낼 형편이 못되기에 같이 동고동락을 했던 관직에 있는 동료나 조정대신들이 대신 십시일반으로 정성을 모아 사면초가에 처해있는 사마천의 사형을 면하게 해 주었으면 너무나 좋았을 것이다. 그러나 현실은 자기 안위를 돌보기 바쁘고 황제의 비위를 잘 맞추어 출세하는 세태라 앞서 언급한 그러한 기대 자체가 성립되지 않은 환경이었다. 그렇다면 마지막으로 선택할 수 있는 것은 궁형인데 궁형이란 벌은 너무나 끔직한 형벌의 하나로 남자의 생식기를 절단하는 것인데 어떻게 보면 이는 죽음보다 더 치욕적인 것으로 궁형 대신에 자결을 선택하는 경우가 많았다고 한다.

그의 나이 49세에 사마천은 죽음보다 더한 치욕스럽고 살았어도 산목숨이 아닌 궁형을 선택하였다. 울분과 비탄과 탄식으로 가득차고 어디 한 곳에 마음을 둘 수 없는 그리고 세상 사람들의 조롱거리가 되면서 이 모든 것을 인내한 것은 다름 아닌 아버지와의 약속을 지키는 것이고 미완의 <사기>를 완성하는 대업을 이루는데 있었다. 그는 곧 마음을 가다듬고 <사기>완성에 심혈을 기울였고 마침내 인류 역사서의 보고이면서 사마천 본인의 몸과 마음 그리고 영혼을 대표하게 된 위대한 작품을 세상에 내 보였다. 본기(本紀), 표(表), 서(書), 세가(世家), 열전(列傳) 5개 부분 총 130권 52만 6,500자에 이르는 방대한 기전체 역사책으로, 사마천은 우리가 어릴 때부터 늘 친숙하게 접한 황제 또는 왕 중심의 기득권 위주로 채워진 한쪽 방향으로의 하향식 전달이 아닌 소외당한 인물에 대한 한없는 사랑을 담았고 권력 남용과 악행으로 순간의 이익추구에 눈 먼 자들의 말로가 어떠한지 섬뜩한 교훈을 주는 삶의 지침서를 만들려고 노력한 인물이라 생각한다. 사마천 본인이 소신을 가지고 바르게 황제에게 직언했다가 너무나 억울하게 궁형을 당한 본인의 경험에서 보듯 부당한 권력에 대해 가차 없이 비판하고 약자 편에 서서 개혁과 혁신을 통해 사회 변혁을 이루고자 하는 인물에 대한 따스한 시선이 담긴 인간중심 사관에 바탕을 두고 <사기>라는 위대한 작품을 완성하였다. 사마천의 삶을 공부하다보니 불현듯 노무현 전 대통령이 그리워진다. 반칙과 특권을 용납지 않고 견고한 기득권 세력에 당당히 맞서다가 삶을 마감했지만 그의 정신은 살아서 영원한 울림을 가져다주기 때문이다.

김영수 저 <사마천과의 대화> 책 주요 내용을 성어 중심으로 짧게 정리해 보고자 한다. '오월동주(吳越同舟)', '와신상담(臥薪嘗膽), '토사구팽(兎死狗烹)'은 평소 친숙하게 접하는 사자성어인데, 항우, 유방, 범려, 한신 등의 인물과 관련된 단어로 이들의 일생 행태를 통해 떠날 때를 아는 자의 뒷모습이 어떠해야 하는지를 상기시켜 주고 있다. 삶의 여정에서 때로는 상반된 입장에 있다 할지라도 공동전선을 펼쳐서 목표를 달성해야 할 때도 있다(오월동주). 또한 승진, 시험 등에 누락되거나 실패할 때 방황을 접고 좌절을 극복하는 뚝심이 있어야 하며(와신상담), 모시는 분께 충성을 다했지만 영광의 대열에서 배제되거나 탈락될 때(토사구팽)와 같은 경우가 얼마든지 있을 수 있다. 찬바람이 불고, 배고프고, 외롭고, 어둠의 긴 터널을 지날 때 어떻게 슬기롭게 그러한 상황을 헤쳐 나가야 하는지를 위 고사성어는 일깨워주고 있다.

'관포지교(管鮑之交)'는 관중(管仲)과 포숙(鮑叔)이라는 두 친구사이에 아름다운 우정을 표현하는 아주 익숙한 성어다. 이들이 국가대사 일에 관여하면서 제 나라 왕권을 둘러싸고 서로 다른 편에 섰던 둘 사이지만 결국 포숙은 환공을 설득하여 관중의 목숨을 살려주고 재상 자리까지도 관중에게 양보한 둘 사이의 아름다운 스토리와 관련된 것이다. 둘은 허물없는 사이였으나 국가의 위기를 맞이하여 정치적으로 대척점에 섰다. 하지만 환공은 포숙의 설득에 의해 죽이려고 했던 관중을 용서해 주었고, 더 나아가 국가의 미래와 부흥을 위해 관중이 반드시 필요하다는 포숙의 강력한 권유로 대신으로 천거되었고, 한편 관중은 언제나 포숙을 이해하고 같이 편이 되고자 하였다. 그러기에 관중은 "나를 낳은 이는 부모님이지만 나를 알아준 이는 포숙이다"(生我者父母, 知我者鮑叔兒也)라고 하지 않았는가! 명리만을 탐하고 이기주의가 판을 치는 약삭빠른 세상에 관포지교의 경지에 오른 친구를 만나고 싶다.

사상과 문화의 르네상스 시대이면서 각 나라의 제후끼리 패권을 겨뤘던 춘추전국시대는 외국 인재 영입에 적극적이었는데, 외국인재 중 첩자가 있다는 이유만으로 진시황(秦始皇)은 외국인 영입정책을 중단하고자 하였다. 중국 최초 통일 국가인 진나라를 건국하는데 절대 공신 역할을 했던 이사는 위대한 문장으로 진시황의 명령을 철회시켰는데 하지만 이사(李斯)는 환관 조고(趙高)와 짜고 진시황의 유서를 조작하여 첫째 아들 대신 둘째 아들을 황제로 앉히는 반역에 모의하고 출세욕에 사로잡히다 아들과 함께 허리가 잘리는 참형을 당한 인물이다. 어째든 그의 다음 명문장만은 오늘날까지도 국가의 강성과 발전을 위해 어떠한 글로벌 정책이나 인재 유치 정책을 펴야 하는지를 잘 표현해 주고 있다. 즉 전체 문맥 중에 핵심만 뽑아보면 "……태산이 그렇게 높은 것은 단 한 줌의 흙도 사양하지 않았기 때문이며, 강과 바다가 그렇게 깊은 것은 아무리 하찮은 물줄기라도 가려서 받지 않았기 때문입니다.(泰山不讓土壤, 河海不擇細流)"라고 되어 있는데 진시황이 통일국가의 초석을 다지는데 기여한 명문장으로 기록되어 있다.

삶을 살아가면서 인간 사이에 물이 흘러가듯 자연스럽고 비교적 자유스러운 소통의 문화가 조성되었음은 하는 바람을 가진다. 이러한 희망은 조직문화가 경직되고 위계질서가 엄격한 정부부처나 또는 옛 전제군주 시대에 더욱 필요한 요소라고 생각된다. 하지만 조직 내 신분 고하를 막론하고 유머나 해학이 있어 위, 아래 간 정보가 자유롭게 공유되는 분위기 창출은 늘 이상이지 현실은 그러한 방향으로만 흘러가는 것이 아닌 경우가 다반사 같고 특히 전제군주 시대에야 말할 것도 없을 것이다. 전국시대 제나라 대신 순우곤(淳于髡)은 위왕(威王)이 정사는 돌보지 않고 술과

놀이에 빠져 나라 기풍이 엉망이 되자 하루는 위왕에게 수수께끼를 내면서 왕이 스스로 자기의 잘못을 깨닫게 하는 유모나 비유 표현을 이용하여 왕이 국정을 올바로 수행할 수 있도록 하였다. 왕한테 낸 수수께끼는 "나라 안에 큰 새가 대궐 안에 내려앉았는데 3년 동안 날지도 않고 울지도 않습니다. 이 새가 어떤 새인지 아십니까?"라고 하자 왕의 대답이 걸작이다. "이 새는 한 번 날았다 하면 하늘까지 오르고, 한 번 울었다 하면 세상 사람을 깜짝 놀라게 한다."라는 답변을 하는데 왕과 신하의 소통과 교류가 멋지지 않은가!. 위왕은 민심 탐색 차원에서 일부러 그러한 방탕한 행세를 하였다는 설이 있고 그래서 신하가 수수께끼로 질문하는 의도를 알고 이제 본격적으로 나라 기틀을 제대로 잡아볼 때가 되었다는 의미로 탄생한 성어가 불비불명(不飛不鳴)이다. 유머가 경쟁력이라는 말이 있는데, 딱딱하고 경직되기 쉬운 조직생활에서 유머와 웃음은 윤활유 역할을 하고 활력을 불어넣기에 적소적소에 활용할 수 있는 유머 데이터베이스를 만들고 싶다.

시대가 처한 환경과 정치 지형을 고려하여 지혜롭고 시의 적절하게 언변 구사를 함으로써 지도자로 하여금 조직이나 한 나라를 안정시키면서 잘 굴러갈 수 있도록 제대로 보필하는 역할은 동서고금을 막론하고 매우 필요한 능력이라 생각한다. 제나라 경공(景公)을 40년 이상이나 보좌했던 안자(晏子)는 사육사를 둘 정도로 말을 끔찍이 좋아했는데 어느 날 말이 병들어 죽자 경공은 사육사의 사지를 잘라 죽이라고 명령을 내리자 재치와 지혜 그리고 뛰어난 언변으로 사육사를 구명하게 되었다. “요·순 시대에 사람의 사지를 자를 때 어디부터 먼저 잘랐습니까?”라며 질문하면서 성군으로 추앙받고 있는 전설시대 요·순을 거론하니 경종이 자신의 명령이 무리라는 것을 깨달고 옥에 가둔 후 절차를 밟아 사형시키도록 했다. 절차를 밟아 죽이라는 명령을 내리자 안자는 죄수를 죽이기 위해서는 죄목을 구체화해야 한다고 하면서 세 가지를 열거하는데 내용은 결국 말을 죽게 하는 바람에 사육사가 죽게 되니 백성이 들으면 임금을 원망할 것이고 이웃나라들에게는 위세가 약하게 보이게 되니 죽을죄라는 언변에 결국 경공은 명령을 거두게 된다. 정세가 불안한 시기에 지도자 보위를 잘하는 재상을 구시재상(求时宰相)이라고 한다. 정치가 불신을 받는 이 시대 이러한 인물이 절실히 필요한 때라는 생각을 해 본다.

초한전쟁에서 캐스팅보트를 가지고 있던 한신은 주군인 유방과 한 때 섬겼던 항우 사이에서 본인의 처신에 따라 전세를 자기 쪽으로 유리하게 리드하거나 천하대세를 뒤집을 수 있는 기회가 왔음에도 불구하고 자기를 보좌했던 책사 괴통(蒯通)의 한, 초와 함께 천하를 3분하여 천하를 노리라는 조언[12]을 무시하는 바람에 결국 유방한테 토사구팽(兎死狗烹)당하게 된다. 이는 세상 돌아가는 정세를 잘 파악하여 과감한 결단을 할 때와 그렇지 않을 때를 잘 선택하는 지혜가 필요한 데 실기를 하는 바람에 천재일우의 좋은 기회를 놓친 한신에서 배우는 교훈이 있다.

순우곤처럼 유모와 비유 위트를 써 가면서 달변으로 불리한 상황을 유리한 국면으로 전환한 경우가 있는가 하면 반대로 눌변으로 인하여 오히려 긴장을 해소하고 웃음을 자아내게 하여 국가의 위기 상황을 슬기롭게 모면한 경우도 있었다. 항우를 물리치

---

12) '괴통(蒯通)의 조언'으로 네이버에서 검색, 기사 내용 일부 반영

고 천하를 손아귀에 넣은 유방은 조강지처인 여태후(呂太后)보다 첩인 척희(戚姬)를 끔찍하게 사랑하여 본처 자식 대신에 첩의 아들 여의(如意)를 태자로 삼으려고 하였다. 유방, 여태후와 함께 천하 제패를 위해 함께 동고동락을 했던 공신들의 반발은 만만치 않았기 때문에 유방은 강직하기로 소문난 주창(周昌)의 의견을 묻기로 하였다. 차기 대권을 누구에게 넘기냐는 초긴장의 순간에 주창은 말을 그만 말을 더듬거리며 "태자를 폐하려는 명령은 도저히 받아들일 수 없다."를 심하게 더듬거리며 말했다. 심각했던 문제가 주창이 말을 더듬어 버렸고 긴장이 완화되면서 유방도 웃으면서 태자 양위를 둘러싼 문제가 무혈의 혁명으로 잘 마무리된 것이다. 말은 그 사람의 일면을 반영하지만 무엇보다 중요한 것은 진실성에 있다고 하겠다.

달변가도 있고 눌변가도 있지만, 사마천이 궁형을 당하는 과정에는 어느 시대에나 마찬가지이지만 간신들이 있게 마련이다. 세상과 사회를 좀 먹는 심하면 나라까지도 팔아먹는 매국노도 이러한 부류에 속한다고 볼 수 있다. 사마천이 소개한 대표적인 아첨꾼으로 춘추시대 위(衛)나라 영공(靈公)의 총애를 받았던 색쇠애이(色衰愛弛) 성어와 관계된 미자하(彌子瑕)라는 인물이 있다. 영공은 꽃미남인 미자하와 침식을 같이할 정도로 가까이 했지만 세월이 흐를수록 미자하의 용모가 시들자 사랑도 식는 그래서 헌 신짝처럼 버린 것을 보면 권력의 세계가 얼마나 비정한지를 뼈저리게 느낀다. 권력자는 숙주가 되고 간신은 숙주에 기생해서 부귀영화를 누리며 가끔 생명 연장을 하며 때로는 패권까지 노리는 반전을 이룰 때도 있다. 권력자나 권력 주변인들은 정신을 바짝 차려서 기생충이 번성하여 조직이나 나라 발전을 좀먹는 그런 간신들이 생존할 수 있는 환경이 만들어지지 않아야 진정한 우리 사회의 진보를 기대할 수 있을 것이다. 박근혜 전 대통령과 최순실씨의 오랜 사적 관계는 누구의 견제도 제대로 받음이 없이 불법과 불의의 국정 운영으로 이어지고 드디어 국가 공조직을 무너뜨린 예는 이를 잘 증명하고 있다.

조직원이든 충신이든 누구든 정상에 오르고 잘 나갈 때 교만하지 말고 언행을 조심해야 하는데 그렇게 하지 못해 뒤늦게 후회하면서 말로가 비참한 경우는 멈출 줄 모르고 계속 이어지고 있다.

이는 불명일천(不名一錢)과 연관된 성어로 한 문제가 어느 날 꿈에 본인이 하늘에 거의 도착해서 마지막 순간 힘이 필요할 때 자신을 도와 하늘에 이르게 했다는 이를 현실에서 찾아보니 등통(鄧通)이란 자였다. 한 문제는 보답으로 엄청난 돈을 주어 부유하게 만들어 주었고 벼슬도 주었으며 심지어 등통의 집에 놀러 갈 정도였다. 황제의 종기를 입으로 빨아낼 정도로 황제의 마음을 샀지만, 황제는 같이 자리를 한 태자에게도 강제하여 문제가 죽자 태자의 미움과 여러 가지 비리로 결국 모든 재산을 몰수당하게 되었다. 결국 돈 한 푼 없는 가난뱅이로 전락하게 되었다는 '不名一錢'이라는 고사 성어가 출현하게 되었는데, 능력과 실력으로 자리를 보존하고 올라가야지 아첨과 아부로 부귀영화를 누리고 자리를 차지해 봤자 결국은 진실은 드러나게 마련이고 권력자의 무관심과 연결되어 허망한 종말을 맞이하는 경우가 비일비재하다. 설령 떵떵거리며 교만하게 삶을 살다가 저 세상으로 간다고 해도 후세 사람들의 손가락질을 받고 후손들은 부끄러운 선조로 인하여 평생 부채의 짐을 살아가는 신세를 지게 될 것이다. 박근혜 전 대통령을 보좌했던 김기춘 비서실장, 우병우 민정수석 등의 예에서 보듯 겸손과 국민을 섬기는 마음이 몸에 배지 않은 채 권력과 영합하여 부귀영화를 추구할 때 말로가 얼마나 비참하지를 잘 보여주고 있다. 정도를 걷고 겸손이 몸에 배어있고, 무엇보다 공직자로서 나는 왜 이 자리에 있는지 다음 성경 구절을 늘 생각한다면 가야할 길은 분명하리라 본다.

> 교만은 패망의 선봉이요 거만한 마음은 넘어짐의 앞잡이니라 (잠언 16:18)
> Prid goes before destruction, And a haughty spirit before fall.
> 骄傲在败坏以先；狂心在跌倒之前。

간신과 난세로 잠시 역사의 시계가 멈추는 듯 보이고 순간 뒷걸음치는 것 같지만, 충신과 현자가 늘 있고 묵묵히 맡은 바 책임을 성실히 수행하는 말없는 다수의 국민이 있고 그리고 역사의 등불을 켜고 사회의 진보를 믿고 소임을 다하는 지도자들이 있기에 역사는 늘 진보한다는 희망을 갖게 된다. 천한 재주를 가진 사람도 때로는 요긴하게 쓸모가 있음을 의미하는 계명구도(雞鳴狗盜)의 재주를 가지고 작은 일에 최선을 다하는 숨은 일꾼들이 우리 사회 구석구석에서 움직이고 있기 때문에 진보의 수레바퀴는 멈추지 않는다는 믿음을 가진다.

전국시대, 제나라 맹상군은 인재를 좋아하여 수하에 3천명이나 되는 식객을 두었다. 한 번은 수하에 병사를 거느리고 진나라에 사신으로 가게 되었는데 감금당하여 생사가 기로에 처하게 되었다. 당시 진나라 소왕(昭王)은 애첩을 너무나 사랑했고 그래서 애첩을 움직여 활로를 모색하는 던 중 애첩이 맹상군이 사신으로 갔을 때 소왕에게 이미 준 여우 가죽으로 만든 가죽옷을 너무나 원한다는 것을 알고 입수 방안을 모색하기 시작했다. 마침 동행했던 식객 중 개 흉내를 잘 내서 소왕이 자는 틈을 이용하여 몰래 훔쳐 애첩에게 전달하게 되었고, 소왕이 너무나 아끼는 애첩의 힘으로 궁을 빠져나갈 수 있게 되었다. 하지만 이를 알아 챈 소왕은 맹상군 일행을 추격하여 압송하라 했고 맹상군 일행은 진나라를 벗어나기 위한 마지막 관문을 통과해야 하는데 날이 새야만 문을 열어주는 규정에 있어 사면초가(四面楚歌)에 처하게 되었다. 이 때 식객 중 한 명이 닭울음소리 재주를 가지고 있어 닭울음소리를 내자 주위에 있던 닭들도 일제히 울음소리를 내여 성문을 지키고 있던 수비병들이 새벽이 되었음을 알고 성문을 열어 무사히 귀국할 수 있었다. 사실 이들 식객들은 신분도 비천하고 비웃음을 당하며 사는 삶이였지만, 평상 시 익힌 남들이 미처 몰랐던 작은 재주를 가지고 있었기에 위기 순간에 빛을 발할 수 있었다. 오늘날도 이러한 인재들에 관심을 가지고 등용하여 전문성을 발휘하고 조직 발전에 기여할 수 있는 시스템이 필요하다고 생각한다.

인재는 늘 공부하고 연구하고 토론하여 삶에 유익한 것을 자기 것으로 만드는 사람이라 말할 수 있다. 사마천이 사기에서 소개하는 공부하는 방법에는 크게 두 가지가 있는데 하나는 공자(孔子)의 학습 방향이고 다른 하나는 소진(蘇秦)의 방법이다. 공자의 학습방법은 그의 저서 논어에서 발견되는데 우리가 초등학교 때부터 익히 많이 들어왔고 나 또한 좋아하는데 즉 '학이시습지(學而時習之) 불역열호(不亦說乎)'라는 표현이다. '배우고 때때로 익히면 또한 즐겁지 아니한가'라고 해석되는데, 여기에 논어에 있는 다른 문장 '유붕자원방래(有朋自遠方來) 불역낙호(不亦樂乎)'로 즉 '멀리서 친구가 찾아오니 또한 기쁘지 아니한가'라는 표현을 더하면 공부나 연구를 어떻게 해야 바람직한지를 우리에게 시사해 주는 것 같다. 공부를 즐기면서 그것도 혼자가 아닌 친구나 타인과 함께 역할 분담을 하고, 자료를 조사하고, 분석하고, 발표하는 과정에서 획득하는 지혜나 지식 그리고 성장의 즐거움을 당시는 모르지만 자기도 모르게 축적되면서 시간이 지나면 어느 새 능력, 인격 형성 등의 측면에서 많이 달라지는 자기 자신을 발견할 수 있음을 알게 된다. 세상은 혼자서 완성해 나가는 것은 아무 것도 없다. 타인과의 관계, 교류, 정보교환 그리고 끊임없는 교감 속에서 역사가 창조되고 새로운 혁신 제품이 탄생되면서 우리 인류의 삶을 풍성하게 만들어 준다고 생각한다. 또 다른 한편으로 함께 하기 전에 혼자서 골똘히 산속 같은 깊은 처소에 은거하면서 수많은 밤을 새는 노력이 전제되어야 할 것이다. 각자의 아이디어와 기발한 착상들을 들고 나와 세상 사람과 공유할 때 쓸모 있는 작품이 탄생되고 마침내 뭔가 우리 사회의 진보를 가져올 것이라는 믿음을 갖는다. 혼자만의 고독을 즐기는 공부는 소진에서 찾아볼 수 있다. 그가 말한 공부의 방법은 '두현량(頭懸梁) 추자고(錐刺股)'로 표현되는데 즉 잠을 쫓기 위해 머리카락을 대들보에 묶고, 공부하다가 졸음이 오면 송곳으로 허벅지를 찌르는 것인데 본인의 원대한 뜻을 이루기 위해 학문에 임하는 남다른 투지를 읽을 수 있다.

소진은 전국시대에 진나라에 의해 통일이 대세로 되어가던 시기에 진나라에 맞서 나머지 6개국이 남북으로 합종하여 대항하자는 외교정책을 제시하여 6개국 제상이 되었던 개방적이고 글로벌한 인물이었지만 그러한 자리에 올라가기까지 수많은 좌절과 가족의 냉대가 있었다.

사마천의 사기에서 소개하는 인물 평가와 시사점은 소진에 이어 계속 연결되는데 소개 되지 않은 인물 관련 스토리는 여기서는 제목 정도로만 나열하고 기회가 되면 차후에 기술하기로 한다. 제목을 보면 '지독한 고독을 먹고 탄생한 생각 공부법', '법이란 다스림의 근거다', '한 번의 약속이 억만금의 가치를 갖는다', '삶과 죽음의 가치를 어디에 둘 것인가', '아첨의 달인들', '말은 마음의 소리이다', '원칙에 살고 원칙에 죽다' '말의 무게는 그 사람 인격의 무게', '성공을 거둔 곳에서는 오래 머물지 말라', '부끄러움을 아는 용기', '인재를 알아보는 혜안', '삶에도 죽음에도 당당한 이유가 있어야 한다' 등이다. 우연히 접한 김영수 저서를 통하여 사마천과 조우했지만, 사마천의 역작 사기에 나오는 다양한 군상들에 대한 행적과 평가는 나로 하여금 바람직한 공직자 상을 어떻게 만들어가야 할지에 대한 답을 제시해 주는 거울 역할을 해 주고 있다.

바울을 통해 올바른 신앙의 길을 가다

고전인 사마천의 <사기>는 다양한 인물들을 통하여 기복이 심한 난세의 삶을 개척해 나가는데 있어 여러 가지 생존의 방식이나 철학 또는 가치관을 제시하고 있어 세상을 살아가는데 나름대로 유익한 길잡이 역할을 해 준다고 볼 수 있다. 그러나 여기에는 어디까지나 육체적인 죽음에 이르기까지 현세의 삶의 이야기에만 초점을 맞추지 영혼의 문제, 죽음 이후 내세의 세계에 대해서는 언급이 전혀 없다. 그래서 또 다른 거울이 필요했다. 어설픈, 믿음이 없는 종교생활을 흉내 내면서 현세의 욕망에만 사로잡혀 있던 나에게 술을 끊으면서 본격적으로 하나님을 만나게 되었다. 그러면서 삶에 변화가 오고 죽음 이후의 내세관이 서서히 자리 잡기 시작하면서 다음으로 거울로 삼고 싶은 사람은 예수님 다음인 사도 바울이다. 예수님을 매일, 매순간 기도로 만나기에 여기에서는 나의 지나온 처지와 비교해서 기독교 박해자에서 하나님 말씀의 전도자로 완전히 변신하여 끝내 순교한 사도 바울을 소개하고 싶다.

최근 기도의 빈도가 과거보다 많아지고 기도가 삶의 아픔을 치유하는데 긍정적 효과를 주기에 자주 기도하는 습관이 몸에 배어 가고 있다. 삶의 아픔뿐만 아니라 제대로 된 삶을 창조해 나가는 데에도 신앙생활이 주는 플러스 효과는 크다고 생각한다. 과거 기독교를 배척하던 사람이 이제 신앙인으로서 교인으로 변신하여 성경책을 자주 접하고 주옥같은 명언을 삶에 대입하여 적용하고 실천하고자 노력하고 있는데 이렇게 나 자신의 변화에는 예수님 다음으로 사도 바울도 한 몫을 하고 있다.

사도 바울은 기독교를 믿기 전에는 사울[13]이라는 열혈 유대교 신자로 예수 박해의 선두대열에 선 자였다. 자기 손으로 예수를 믿는 사람들을 돌로 쳐 죽이는 일에 앞장섰으며, 살기가 등등하

---

13) 히브리 본명은 '사울'이고 '바울'은 로마명이다

여 예루살렘 밖 먼 곳에서 신앙생활을 하고 있던 그리스도인들까지 원정대를 조직하여 끝까지 추적하여 예루살렘으로 끌고 와서 종교재판을 통해 사형을 시켰던 이가 바로 사도 바울이었다.

이러한 사울이 예수를 제대로 알고 난 뒤에 전혀 다른 사람으로 탈바꿈 하였고 죽을 때까지 조금도 흔들림 없이 참된 신앙의 길을 걸었다. 모든 길에는 반드시 출발 지점과 과정 그리고 도착 지점이 있다. 신앙의 길을 걷는 이들의 출발 지점은 동일하지 않다. 그러나 일단 그 길에 들어선 사람들은 모두 동일한 도착 지점이 있음을 확신하고 세속적인 삶 속에서도 세파에 좌우되지 않고 정도를 걸어가고 있는 거울로 삶고 싶은 사람들을 볼 수 있다. 사울은 비록 다른 신앙인에 비하여 조금 늦게 합류했지만, 세상으로부터 미련하다고 조롱받고, 온갖 박해를 당하다가 끝내 참수형을 당하면서도 신앙의 길을 포기하지 않았다. 이는 그가 상황과 환경에 휩쓸려 한 눈 팔지 않고 참된 신앙의 길을 갔기 때문이다.

거울로 삼고 싶은 사람은 사마천이나 사도 바울처럼 자신들의 말과 행동 그리고 남긴 발자국들이 자신들이 살았던 당대만을 생각하는 것뿐만 아니라 본인들 사후에도 어떻게 처신하신 것이 후손들에게 올바르고 바람직한 영향을 줄까를 늘 고민하면서 자기들의 삶을 만들어 나갔던 것 같다. 당시 대다수 백성들의 삶을 피폐하게 만들고 그들의 일방적인 희생을 등에 업고 기득권 세력들이 탐욕에 눈이 멀고 무자비한 권력을 휘두르며 비이성적으로 국가를 경영할 때, 이들은 긴 역사적인 안목에서 자신들의 소신과 이상을 실현하기 위해 희생도 마다하지 않았다. 사도 바울은 그리스도를 철저하게 박해하고 핍박하던 위치에서 어느 날 '나는 네가 박해하는 예수다'라는 음성을 듣고 사흘 동안 금식하며 지난날의 잘못에 대해 처절히 반성을 하면서 이제는 신앙의 삶속에서 제대로 된 진리의 길을 걸어가겠다고 결심했다. 이는 다시 말하면 위대한 사도의 길을 걸어갔기에 거울로 삼고 싶은 사람으로 거듭 태어났으며 진리를 따라 무질서를 질서로 바꾸며 자신의 신앙 그리고 무엇보다도 자신에게 부끄럽지 않는 삶을 살았다.

아름다운 인생을 위해서는 우리의 곁에 자신을 돌아볼 수 있는 거울이 되어 줄 사마천과 바울 같은 사람이 필요하지 않을까? 이러한 거울을 통하여 바른 길을 걷고 타인에게도 정의의 길, 올바른 길로 안내해 주며, 나 자신 또한 어떠한 상황 속에서도 끝까지 포기하지 않고 승리의 길로 나아가는 타인으로부터 거울로 삼고 싶은 사람이 되고자 노력하고 있다.

위에서 소개한 인류 역사에 지대한 공헌을 한 위대한 인물은 아니더라도 평상 시 거울로 삼고 싶은 친구를 모델로 삼아 삶의 동반자로 같이 걸어간다면 그 또한 아름다운 인생 여정이 될 것이라 생각한다. 아프리카 속담에 "빨리 가고 싶으면 혼자서 가고, 멀리 가고 싶으면 함께 가라"라는 말이 있다. 아름다운 인생을 위해서는 우리의 곁에 자신을 돌아볼 수 있도록 거울이 되어 줄 사람이 있다면 삶이 안정되고 평화로울 것이다.

사물놀이의 창시자, 김덕수에게는 참 좋은 친구 용배가 있었다고 한다.[14] 두 사람은 사물놀이패를 함께 만들고 키우면서 10

14) 내가 다니는 삼락교회 주보 내용 참조

년 간 동고동락을 했기 때문에 서로의 눈빛만 봐도 무엇을 생각하고 있는지 알 정도로 친밀했다고 한다. 그러던 어느 날, 용배가 '덕수야, 나는 이제 안정적인 삶을 살고 싶어. 사물놀이를 떠나고 싶다.'고 했다. 호흡이 무엇보다 중요한 사물놀이에서 절친하면서 함께 호흡을 맞추어 오던 오랜 동료를 잃는다는 것은 엄청난 비극이었기 때문에 덕수는 친구의 갑작스런 통보에 당황했고, 너무 화가 났다. 그래서 용배에게 '내가 너한테 준거 다 두고 가라.'며 분노했다. 그렇게 헤어져 아무런 연락도 없이 지내던 2년 후 어느 날, 친구 용배의 사망 소식이 거짓말처럼 들려왔다. 화해할 시간도 주지 않은 채, 오해를 풀 기회도 주지 않은 채, 친구는 그렇게 영원히 떠나버린 것이다. 2006년 김덕수는 20년이 지나도 잊지 못한 친구를 그리워하며 추모공연을 개최하고 그 자리에서 '그가 우리를 떠난다고 했을 때, 이해해 주지 못했던 점, 그리고 그로 인해 생긴 오해를 풀지 못하고 그를 떠나보낸 것이 한없이 후회스럽다.'며 눈물을 흘리며 아파했다.

아메리칸 소셜로지컬 리뷰에 의하면, 1985년 마음이 통하는 친구가 평균 3명이었는데 2004년 조사 결과 20년 만에 평균 절반으로 감소되었고 1/4은 아예 친구가 없다고 한다.[15)] 지금 시점에서 조사한다는 어떤 결과가 나올까 자못 궁금하다. 현대인은 진정한 친구를 자존심 때문에 또는 나와 생각이 다르다는 이유로 밀어내며 서로 등을 지고 있다는 것이다. 가족은 하늘이 정해준 인연이라면, 친구는 내가 선택한 가족이라고 생각한다. 힘들다고 가족을 버리지 않는 것처럼 친구도 잃어버려서는 안 되는 소중한

---

15) 주간경향 2006.8.11

가족인데 오늘날은 스마트폰이 대신하고 있으니 불행이라 아니할 수 없다. 친구가 많다는 것은 좋은 일이지만, 자랑할 것까지는 없다. 자랑할 만한 것은 많은 친구를 갖는 것이 아니라 마음으로부터 신뢰할 수 있고, 힘들 때 의지할 수 있는 친구를 단 한 명이라도 갖는 것이리라. 대인 관계의 성공과 실패를 가늠해 볼 수 있는 한 기준은 '친구가 몇 명이나 되느냐?'가 아니라 '그러한 친구가 있는가?'하는 것인데 이러한 면에서 반성이 앞선다.

이제부터는 삶에서 놓치고 있는 소중한 것들을 챙기면서 가슴을 치며 후회하는 일을 줄여 갔으면 한다. 더 늦기 전에 건강, 가족, 친구 등과 같은 소중한 것들, 거울로 삼고 싶은 것을 지켜냄으로 행복의 문을 활짝 열고 내일을 맞이하는 우리가 되기를 꿈꾸어 본다.

제4장
기적의 드라마 주인공

성경책을 늘 가지고 다니며 실천적인 삶을 추구하다

작게는 본인 개인의 삶의 역사에서 어느 순간에 기적을 탄생시키면서 주위 사람을 깜짝 놀라게 하는 경우도 있고, 크게는 인류 역사에 한 획을 그으면서 그 전과는 전혀 다른 모습으로 세상을 바꾸어 놓으면서 인류의 삶에 지대하게 공헌한 기적의 드라마 주인공들이 많다.

전자의 경우, 정치, 경제, 사회, 문화, 교육, 예·체능 등 수많은 다양한 영역에서 독보적 존재로 우뚝 서면서도 겸손하고 봉사와 기부를 통하여 우리 사회에 빛과 소금의 역할을 하는 진정한 영웅들이 많다. 여기서는 엄청난 사례들로 넘쳐나는 스토리들은 생략하고 이 글이 나 본인의 자서전적 성격이 강하기 때문에 나 자신의 경우를 예로 들면서 조심스럽게 본인의 과거, 현재에 만들어진 기적들과 향후 만들어 나갈 기적들을 간략하게 기술해 보고자 한다. 잠깐 언급했지만 나 개인의 지난 역사와 현재 진행하고 있는 삶을 독자들에게 드러내면서 서술한다는 것은 정말로 낯 뜨거운 일이라 굉장히 조심조심 접근할 수밖에 없고 양해를 구할 것은 자서전이라는 점을 이해하여 줄 것을 바라며 이 글을 쓰는 목적 중의 하나는 이렇게 글로 선언함으로써 자기 자신 및 하나님과의 약속을 지켜 미래에 기적의 삶들을 창조해 나가고 싶은 마음도 담고 있음을 고백하고자 하는 것이다.

또 조심하여야 할 것은 기적의 드라마 주인공이라고 하면서 기술한 내용으로 보아 사람마다 판단 기준이 다를 수 있고 다른 측면에서는 전혀 기적의 삶들이 아닐 수 있을 수 있다는 점도 간과할 수 없다. 하여튼 그러한 위험 요인들이 있음에도 불구하고 나 자신이 인생을 살아오면서 그리고 앞으로 몇 십 년이 될지 모르겠지만 중요한 관점 중의 하나는 제대로 된 인생, 나 자신에게도 충실하지만 남에게 보다 유익한 도움을 주고 싶다는 배려의 욕망이 있다. 그리고 뭔가 이끌리는 비전과 목적에 따라 멋있는 삶을 창조해 가고자 하는 희망을 늘 마음속에 담고자 한다.

나를 오늘날 기적의 드라마 주인공이 되게 한 첫 번째는 - 물론 이것은 나의 평가이지 다른 분들이 인정한 것은 아니지만 - 우선 신앙생활을 들 수 있다. 앞에서도 언급한 바가 있지만 20-30대 젊었을 때에는 지금 생각해 보면 왜 그렇게 어리석은 길을 걸어갔는지 이해가 되지 않을 정도로 세상적인 쾌락에 빠져 목표와 방향도 없이 매일 매일 흔들거리며 살았다. 교회를 부인했고 기독교를 배척했으며 심지어 신앙생활을 하는 그리스도인들을 마치 미친 외계인처럼 상대 했을 정도로 기독교에 대한 나의 가치관은 하나님에 대한 철저한 부인이었다. 마치 중국이나 북한 등 사회주의 국가들이 문서상으로만 종교의 자유를 말하지만 실제로는 종교를 아편으로 규정하면서 탄압하고 박해하고 신자들은 추방하고 있고 대신 그 자리에 중국인은 돈이, 북한은 부자세습 체제로 이어지는 1인 우상숭배가 자기들이 믿는 종교로 대체되고 있는 것처럼 나의 삶은 기독교 신앙에 대한 부정이었다. 나의 종교에 대한 가치관, 세계관은 중국이나 북한처럼 신앙을 철저히 부정하면서 살아있을 때 잘 먹고 잘 살자라는 저 차원의 지적 수준을 가지고 있는 사람들이 가지고 있는 인식 수준에 머물렀다.

계란으로 바위를 깬다는 것은 바보짓이고 불가능해 보이고 영원히 성공하기 힘들어 보이지만, 정말 깨겠다는 굳은 결심을 가지고 꾸준히 지속적으로 실행할 때 기독교 탄압에 선봉에 있던 사울이 사도 바울로 변화하는 기적이 찾아왔듯이 언젠가는 바위에 틈이 보일 것이다. 이와 같이 나의 경우도 40-50대를 지나면서 20-30대의 신앙적인 삶과는 달리 교회와의 접촉 빈도도 많아지고 성경책을 보는 날도 많아지고 신앙인들과의 교제가 넓어지고 그럴수록 나의 내면의 혼이 점차 친 신앙적인 삶으로 서서히 기울이어지고 있음을 가끔 느낀다. 하지만 이러한 고백을 하기엔 여전히 부끄럽고 감추고 싶은 것들이 너무 많지만 이렇게라도 선언함으로써 여생을 지금까지의 삶과는 다른 좀 더 진실한 목적과 비전이 나를 이끄는 삶으로 채우고 싶다는 마음이 간절하다. 인간은 너무나 불완전한 존재이고 나약한 존재이고 세상 유혹에 너무나 쉽게 넘어가는 정말로 바람 앞 갈대처럼 쉽게 휘어지기 쉽다. 그렇기 때문에 젊었을 때에는 자제력이 약하고 충동적이기 쉽고 미래를 내다보지 못하고 순간순간 즉흥적으로 삶을 살아가는 경우가 많다. 그러나 어느 순간에 힘이 빠지고 건강에 적신호가 오고 그래서 마음에 우울로 점점 덧칠하는 면적이 넓어질 때

나는 왜 이렇게 바보처럼 살아왔을까 후회하면서 자신의 인생을 되돌아보게 되는 것 같다. 상당수 우리 인간들은 바보스럽게 너무 늦은 나이에 철이 든다는 생각이 든다. 어떤 사람은 이 세상을 하직할 때까지도 어리석음을 간직한 채 세상 사람들의 지탄을 받으면서 한을 남긴 채 생을 마감하는 경우도 가끔 회자되곤 하는 데 이 얼마나 바보스러운 삶인가를 묻지 않을 수 없다.

요즘은 성경책 읽는 것이 습관화되었고 집사람이 매월 구독하고 있는 매일 성경도 아침에 출근하면 살며시 들추어 보는데 하루를 여는데 나침판 역할을 잘 해 주고 있다. 신이 아니기에 미완성 상태로 삶의 길을 걸어감에 있어 너무나 많은 지뢰밭이 있고 위험 요소가 곳곳에 산재하고 있는데 삶의 길목에서 만나는 이러한 불안들을 술이나 권력이나 세상의 주먹 등으로는 극복하지 못할 때가 많음을 인정하지 않을 수 없다. 첨단과학이나 의료기술이라도 갑자기 닥친 병마를 해결해 주지 못할 때도 있고, 삶의 동반자나 자녀가 예상치 못한 사고로 우환이 생길 때 또는 사람 사이의 갈등이나 업무 스트레스로 인하여 심한 우울증에 사로잡힐 때 그 어떠한 방법도 해결책이 되지 못할 때가 있음을 우리는 많이 경험하기도 한다. 2019년에 60대를 맞이하였는데, 나의 삶은 기독교 신앙에 의존하는 삶으로 점점 기울어지고 있고, 실제로 방향을 제대로 잡고 마음의 안정을 찾으며 평화를 구하는데 있어 신앙생활은 신선한 산소 공급자 역할을 해 주고 있어 늘 감사하는 마음을 갖는다. 왜 진작 성경책을 가까이 하고 몸소 실천하는 삶을 살지 않았는지 때 늦은 후회감이 몰려오지만 늦었다고 고백할 때가 가장 빠를 때라는 말이 있는 것처럼 이제라도 제대로 정신을 차리고 제대로 된 신앙의 길을 가도록 이끌어 주는 분을 만난 것은 기적이라 아니할 수 없다. 그 대표적인 예인 사도 바울을 다시 소개하지 않을 수 없다.

사도바울이 되기 전 사울은 유대교의 열혈신자로서 기독교를 믿는 기독교 교인들을 끝까지 추격하여 탄압하고 심지어 재판장에 세워 사형을 시켰던 인물이다. 교인이 있는 곳이면 어디든지 원정대를 끌고 박해할 수 있는 징표인 대제사장의 위임장을 들고 권력을 한없이 남용했던 그쪽 편에서 보면 차세대 지도자였다. 그런데 어느 날 기독교 신앙을 접하고 자신이 그동안 자랑했던 권력, 명예, 재력 등 이 모든 것을 더러운 배설물로 여기며, 비신자들에게 참된 신앙을 전파하기 위해 참수형을 당하는 자리에까지 참다운 신앙을 포기하지 않는 삶으로 기적의 드라마 주인공이 되었다. 이는 진정한 삶의 변화를 위한 도전을 멈추지 않았기에 가능했던 것이며 방황하던 인생의 길목에서 방향을 틀어 제대된 인생의 목표를 선택하여 소신껏 흔들림 없이 걸어갔기에 후손들의 존경을 받는 대열에 우뚝 서게 된 것이라 생각한다.

생각을 바꿔 사고를 바꿔 인생을 통째로 제대로 변화시키는 모습은 아름답다. 입장 바꿔 생각해보기란 말로는 쉬운데, 참 어려운 일이다. 해질녘 황혼을 등지고 소를 모는 농군의 모습에 누구나 목가적 낭만을 느끼지만, 그 농군의 마음은 그를 바라보며 낭만을 느끼는 사람들의 마음하고는 사뭇 다를 것이다. 그럼에도 세상을 사는 우리에게 있어서 다른 사람들과의 정서적 교감은 필수 아이템인 것이다. 리더십 분야의 권위자인 스티븐 코비는 동병상련의 현실적 사례를 '다른 사람의 신발에 발을 넣어 보는 것'

이라고 표현했다. 다소 지저분하고 꺼림칙한 행위를 해봄으로서 상대의 입장에서 필요를 찾고, 해결방법을 찾음으로 타인에 대한 이해의 폭을 넓히는 것이다.

'멋지게 일하기'라는 책을 쓴 베스트셀러 작가 마이클 뢰뵈프는 TV 광고모델 제의를 받고는 옷을 맞추기 위해 상점을 찾았다. 그 상점의 점원은 마이클의 기호를 알기 위해 다방면으로 연구한 후에 짙은 곤색 양복을 추천했다. 마이클은 그 점원의 추천에 매우 흡족했다. 그런데 광고업체로부터 광고의 배경화면이 어두워 그의 양복 색깔이 매치되지 않는다는 연락을 받고는 마이클은 점원에게 맞춤복은 마음에 드는데, 다른 색으로 한 벌이 더 필요하다고 했다. 그러자 점원은 회색계통의 옷을 권하면서 자신의 점포보다 더 좋은 회색계통의 옷들이 많은 경쟁 관계에 있는 다른 업체를 소개했다. 다음에 마이클이 중요한 강연을 앞두고 기성복을 사려고 점포의 매장을 다시 찾아서 마음에 드는 양복을 골랐다. 그러자 점원은 2주일 후에 세일을 하니 그때까지 기다렸다가 구매하는 것이 좋다고 귀띔해 주었다. 2주가 지나 마이클은 자기가 찍어둔 양복을 반값에 살 수 있었다고 한다. 점원은 자신만의 마케팅 전략이 당장은 아니어도 결국에는 이익을 가져온다는 굳게 믿는 그런 사람이었다. 그는 물건만을 판 것이 아니라, 팔 물건 대신 강렬한 인상과 멋진 스타일 그리고 멋진 고객 응대를 판 것이다.

상대방의 입장에서 생각하고 상대를 배려하는 자세를 가질 때 아무리 힘들어도 조직이 절대 포기할 수 없는 존재가 되고, 경제가 아무리 어려워도 망하지 않는 조직이 된다고 생각한다. 절대 포기할 수 없는 존재와 망하지 않는 조직이 되어 놀라운 인생 역전을 이룰 수 있을 것임에 틀림없다.

매일 새벽기도로 하루를 열다

다람쥐 쳇바퀴 돌 듯 틀에 박힌 일상에 안주하는 것만큼 더 나쁜 삶은 없다. 왜냐하면 무언가 새로운 인생을 기대할 수 없기 때문이다. 그래서 매일매일 새로운 변화를 위한 도전이 필요한 것이다. 50대 후반인 59세에 또 하나의 새로운 도전을 통해 기적을 만든 것은 새벽기도의 시작이었다. 그 전에 새벽기도를 한 적이 있었는지는 잘 기억이 나지 않는다. 한 때 우리 어머님은 보행에 지장이 없을 정도로 건강하실 때 앞 못 보시는 아버님과 우리 가족을 위해 열심히 새벽기도를 다니신 적이 있었다. 2019년 현재 80대 중반에 들어선 우리 어머님은 이제 기력이 쇠하여지시고, 가끔 말씀하시길 믿음이 많이 약해 지셨다고 하시면서 그리고 교인 20여 명 정도 밖에 안 되는 교회 사정으로 새벽기도를 나가시지 않으신 지 꽤 되었는데 아쉬움이 남아있다. 계속 다닐 수 있는 건강과 열정이 계시면 얼마나 좋을까하는 생각을 해 본다. 어머님의 기도는 늘 내 삶의 등대요 나침판이어서 불법과 편법, 부정의 길로 가지 않고 삶의 바른 길을 걸어가는 데 늘 힘이 되어 주셨기 때문이다. 이제는 내가 어머님의 신실하신 신앙심을 잘 이어받아 매일 매일 기적을 만들어가고 있는 중이다. 어머님께 진심으로 감사드린다.

서울 가족과 떨어져 부산에 소재하고 있는 한국해양대학교에 근무하면서 혼자 있다 보니 외로움의 영향인지는 혹 모르겠지만 그리고 나이가 들다보니 새벽 4시 30분 좀 지나서 깨는 나날이 많아졌고 뭔가 유용한 아침 시간 보내기가 없을까 고민한 것이 계기가 되어 새벽기도를 나가게 되었다.

역대하 5:2~14

오늘의 찬송 (새 331 통 375 영광을 받으신 만유의 주여)

영광을 받으신 만유의 주여 우리가 명령을 따르리다 베푸신 은혜를 감사히 알고 진실한 맘으로 섬기겠네 구주의 은혜 주시는 대로 영원히 받들어 섬기겠네 찬송하겠네 찬송하겠네 생명을 주시는 구주로다

5:24 도착

that their ends, extending from the ark, could be seen from in front of the inner sanctuary, but not from outside the Holy Place, and they are still there today.
10 There was nothing in the ark except the two tablets that Moses had placed in it at Horeb, where the LORD made a covenant with the Israelites after they came out of Egypt.

11 이때에는 제사장들이 그 반열대로 하지 아니하고 스
스로 정결하게 하고 성소에 있다가 나오매 12 노래하는
레위 사람 아삽과 헤만과 여두둔과 그의 아들들과 형제
들이 다 세마포를 입고 제단 동쪽에 서서 제금과 비파와
수금을 잡고 또 나팔 부는 제사장 백이십 명이 함께 서
있다가

11 The priests then withdrew from the Holy Place. All the priests who were there had consecrated themselves, regardless of their divisions.
12 All the Levites who were musicians—Asaph, Heman, Jeduthun and their sons and relatives—stood on the east side of the altar, dressed in fine linen and playing cymbals, harps and lyres. They were accompanied by 120 priests sounding trumpets.

13 나팔 부는 자와 노래하는 자들이 일제히 소리를 내어
여호와를 찬송하며 감사하는데 나팔 불고 제금 치고 모
든 악기를 울리며 소리를 높여 여호와를 찬송하여 이르
되 선하시도다 그의 자비하심이 영원히 있도다 하매 그
때에 여호와의 전에 구름이 가득한지라 14 제사장들이
그 구름으로 말미암아 능히 서서 섬기지 못하였으니 이
는 여호와의 영광이 하나님의 전에 가득함이었더라

13 The trumpeters and musicians joined in unison to give praise and thanks to the LORD. Accompanied by trumpets, cymbals and other instruments, the singers raised their voices in praise to the LORD and sang: "He is good; his love endures forever." Then the temple of the LORD was filled with the cloud,
14 and the priests could not perform their service because of the cloud, for the glory of the LORD filled the temple of God.

오늘의 말씀 요약

솔로몬이 언약궤를 성전으로 메어 올리려고 이스라엘 지도자들을 소집합니다. 레위 제사장들이 궤를 메고 왕과 회중이 궤 앞에서 제사를 드립니다. 언약궤를 지성소에 모신 후에 레위 사람들이 악기를 연주하며 하나님을 찬송합니다. 하나님의 영광이 성전에 가득합니다.

<하나님 영광 가득한 예배>

- 성전 준공 후 언약궤를 옮기는 역사는 주님을 영접하는 가장 중요한 미션 중 하나임
- 예배 안에 모든 것이 들어있기 때문에 예배를 통하여 회복의 역사가 있는 것임
- 우리 몸이 성전인데 몸과 마음안에 하나님의 말씀으로 가득차야 하며, 무엇을 하든 주님께 영광을 돌려야 함
- 가장 중요한 가치를 내 마음에 둘 때 하나님의 영광이 내게 임함
- 신구약 완전 계시의 말씀이 하나님 임재의 구름으로 가득한 우리의 삶이 되어야!
- 가정에서 예배할 때 부모, 자녀가 함께 기도할 때 착한 행실로 실천할 때 주님 영광 나타난 것임

악은 없애되 당당한 크리스천 되라!

165

새벽기도에 참석하여 하나님이 주신
말씀으로 하루를 시작하다

이제는 다닌 지 꽤나 되었고, 매일 성경을 통해서 하나님 말씀을 접하고 위 '생명의 삶' 책에서 보듯 목사님 설교를 요약정리 하면서 얻은 영감과 깊어지는 영성 그리고 보석같이 빛나는 교훈을 하루하루의 삶에 적용하고자 힘쓰고 있으며 제대로 된 길을 걸어가고자 발버둥치고 있다.

사실 새벽 5시 전에 일어난 것은 절대 쉬운 일이 아니다. 그 전에도 일찍 일어나는 편이었는데, 잠의 유혹이야말로 그 어떤 것보다 강력함에도, 1주일 지나고, 1달 지나고, 1년 지나다 보니 이제는 몸에 완전히 배어 자동으로 깨게 되어서 이 또한 감사할 일이다. 관사에서 가까운 동삼교회는 신앙 성숙의 터전이 되었다. 새벽예배는 목사님께서 5시 30분부터 '생명의 삶' 이라는 교재를 중심으로 당일 성경구절을 성도와 함께 통독하고, 관련 설교 말씀을 30분 정도 하며 마지막으로 각자 기도 시간을 갖는 순으로 진행하였다. 하루의 기적과 역사는 새벽예배로부터 시작된다는 깨달음으로 오늘도 변함없이 교회문을 열심히 노크하고 있고 목숨 다할 때까지 행진하고자 한다.

놀라운 인생역전은 지금까지 생명을 보존하며 숨을 쉬고 움직일 수 있게 만든 이들에게 감사하는 마음을 가질 때부터라고 생각한다. 그 감동과 그 느낌으로 타인을 도와주고 힘들어하는 이에게 미력하나마 어깨가 되고 가진 것을 베풀 수 있는 삶을 시작하는 것이라 믿는다. 함께 바른 길, 의로운 길을 완주하는 도전으로 놀라운 인생역전을 이루는 기적의 드라마 주인공이 함께 되고 싶다. 그러한 기적을 만들어 나가기 위해 아래 성경구절(데살로니가전서 5:16-18)을 늘 읊조리면서 실천하고자 한다.

항상 기뻐하라, 쉬지 말고 기도하라, 범사에 감사하라 이것이 그리스도 예수 안에서 너희를 향하신 하나님의 뜻이니라
Rejoice always, pray constantly, give thanks in all circumstances; for this is the will of God in Christ Jesus for you
要常常喜乐，不住地祷告，凡是谢恩，因为这是神在基督耶稣里向你们所定的旨意。

제5장
선물을 받는 사람

술 끊은 후 건강한 삶을 영위하다

지금, 현재 또는 오늘이라는 말을 영어 단어로는 present라고 하는데 이 영어 단어에는 선물이라는 의미도 내포하고 있음을 안 지 그리 오래되지 않았다. 사실 공직 생활을 38년 이상 하면서 아침에 겨우 마지못해 일어나 지친 몸을 이끌 듯 출근하여 하루 하루 힘들게 업무 처리하면서 시간이 흘러가는 대로 몸과 마음을 의탁하면서 방향 감각도 없이 어디로 가는지도 모르게 화살이 지나가듯 여기까지 왔다는 생각이 든다.

하지만 철이 늦게 들었는지 50대에 들어와서는 매일 아침 눈을 뜰 때마다 우리는 '하루'라는 포장 속에 담겨진 많은 선물을 받게 된다는 사실을 발견하게 되었다. 그런데 어떤 이는 주신 분의 마음도 헤아리지 못하고, 별 관심 없이 습관적으로 선물 꾸러미를 열어본 후에 별 신통한 것이 없다며 한쪽으로 밀쳐 두는 것이다. 또 어떤 이는 값비싼 선물만을 잔뜩 기대하다가, 그렇지 않음을 보고 실망하여 주신 분을 원망하는 것이다. 하지만, 마음에 들지 않아 부정할지라도 그 누구도 매일 선물로 가득 찬 하루라는 선물 꾸러미를 부인할 수 없는 것이다.

매일 받아보는 이 선물 꾸러미 속에 담긴 내용물들은 생애 연령 단계별로 달라지는 것 같다. 20대는 취업의 꿈과 기회를 30대는 가정생활과 자녀를 40대는 재산형성과 안정된 직장 생활을 50대는 건강과 자녀 성공 등을 예로 들 수 있다. 이와 같이 연령대별 선물 내용이 달라지지만 직장을 잡은 이후 받아보는 공통 선물 목록은 건강관리, 시간관리, 도전정신, 사람관리, 업무관리, 신앙생활, 자녀교육, 배우자와의 관계, 부모님 공경, 일기쓰기, 직장생활 설계, 전문성 개발 등을 열거할 수 있다. 이러한 선물보따리를 매일 받음에도 불구하고 그러한 선물이 있는지도 인지하지 못하고 구석에 쌓아 놓거나 방치하는 경우가 많았다. 그러다보니 소중한 가치를 지닌 선물에 대해 제대로 활용도 못하고 삶의 목적과 방향 감각이 없이 그날그날 주어진 삶을 대충 소화하기에 바빴던 나날이었음을 고백한다.

교육부 본부에 입성한 1997년 당시 만37세였는데 매일 건강이라는 선물을 주었음에도 소중하게 다루지 않고 아직 젊으니까 젊음 혈기로 야근을 밥 먹듯 했으며 업무 추진과정에 누적된 스트레스를 해소하기 위해 밤새워 술을 마시기도 하였다. 술에 대해 자주 하는 말 중에 처음에는 사람이 술을 마시고 다음 단계는 술이 술을 마시고 마지막으로는 술이 사람을 마신다고 하는데 마지막 단계까지 가는 경우가 적지 않았다. 다음 날 정신력으로 견딘다고 하지만 술에 장사가 없고 전신에 퍼진 알코올의 여파가 있다 보니 두통 속에 하루 종일 알코올 성분 배출을 위한 전쟁을 벌일 수밖에 없었다. 고등학교 때까지는 술 자체를 몰랐고 술 마시고 실수하는 사람을 이해할 수 없었던 내가 대학에 들어오면서 술로 철저하게 망가지기 시작하여 2015년 1월 1일 금주 할 때까지 무려 33년을 마셨으니 국세청장으로부터 주세를 많이 냈으니 표창장을 받을 만하다 하겠다.

기분 좋아 술을 마시든 스트레스 해소 차원에서 술을 마시던 우리 몸 안에 수십 년간 누적되다 보면 일종의 술에 대해 관대해 지면서 자기도 모르게 일종의 중독 현상에 빠져드는데 문제는 그러한 상태로 악화되고 있음을 본인은 잘 모른다는 것에 있다. 우리 사회가 술에 워낙 의존적이고 술을 매개로 하는 정(情)의 사회이고 학연이든, 지연이든 이런 저런 이유로 술 모임을 통한 인연을 맺어 일종의 안심 보험을 들어놔야 인생살이에 플러스가 됨은 누구나 인정할 것이다. 적정량의 음주는 삶의 활력소가 되고 합리적인 범위 내에서 잘만 이용한다면 생활의 윤활유 역할을 함에는 틀림없다. 하지만 술에 대한 관대한 사회문화로 인하여 음주로 빚어지는 각종 사건사고에서부터 간암 등 건강에 유해한 영향을 미치기까지 술을 잘 다스리지 못해 평생 후회하는 경우를 우리는 주위에서 가끔 본다.

33년간 술을 사랑했던 나는 2015년 1월 1일부터 술과 영원히 이별을 고하였다. 내 평생 2015.1.1은 절대 잊을 수 없고 내 인생의 중요한 전환점을 가져온 날로 제2의 생일이라 생각하고 이 날을 축복하면서 기념하고 싶다. 이 글을 쓰고 있는 현재 술과 이혼한지 어언 4년째를 넘기고 있는데 술을 안 마심으로 인하여 찾아오는 기쁨과 행복을 혼자 간직하기엔 아깝다.

술을 끊은 후 처음 얼마 기간 동안 술의 유혹은 대단하였고,

옛 습관이 알게 모르게 작동하여 술에 굴복을 당할 위험에 처하기도 하였다. 특히 상사를 모시는 저녁 회식 자리에서 폭탄주를 돌리면서 다 함께 건배하고 다 비웠는지를 확인하는 확인 사살까지 가는 경우도 있었는데 이 때 마시는 척 하면서 몰래 빨리 잔을 비우기도 하였다. 어떤 경우에는 솔직하게 술을 끊었다고 직설적으로 말하기도 하였는데 그 동안 쌓아온 인연의 정을 끊어버리는 것은 아닌가 하는 부담을 가지기도 했고 혹시나 향후에 조직생활에 어려움도 생기지 않을까 하는 생각도 갖곤 했다. 그럼에도 불구하고 지금까지 잘 견디면서 술과의 이혼 생활을 즐기고 있다.

술을 끊음으로 인하여 받는 첫 번째 선물이 바로 건강한 삶이다. 지속적으로 술을 멀리하고 아예 술 근처에 가지 않다보니 술 생각이 나지 않고 그래서 늘 정신이 깨어있고 머리가 아파서 업무에 지장을 초래하는 경우가 드물다는 것이다. 과거 술을 좋아해서 전날 1차, 2차 심지어 3차까지 가고 밤늦게 또는 새벽에 집어 들어가는 경우가 많았다. 나의 경우는 음주 후 새벽에 집에 들어간다고 하더라도 출근 시간은 언제나 변함없이 이른 새벽이다. 서울 광화문 청사에 둥지를 뜰 때나 세종청사에 근무할 때나 아니면 어떠한 기관에 근무하더라도 변함없이 대개 집에서 나서는 시간이 새벽 5시에서 6시 사이에 이루어진다. 아무리 술을 많이 마셨다 하더라도 다음 날 술 마신 표시를 내지 않기 위해 취할 수 있는 조치를 다 취하여 출근 시간이나 업무에 지장을 주지 않으려고 엄청난 노력을 하였다. 술에 장사가 없다고 부족한 수면을 보충하기 위해 새벽에 집에 들어온 경우에는 다음 날 일단 새벽에 출근을 하고 사무실에서 잠깐의 수면을 취하고 업무 시작

1시간 전에는 술을 전혀 안 마신 것처럼 냉수를 많이 마시고 화장품으로 냄새로 진하게 내는 등 별 짓을 다했던 씁쓸한 기억들이 검은 구름처럼 떠오른다. 그러나 아무리 쇼를 해도 몸속에 들어온 다량의 알코올이 몸 구석구석에 남아있고 계속 돌고 있기 때문에 하루 종일 피곤한 상태에서 업무를 하다 보니 가끔 짜증 아닌 짜증도 나고 업무에 효율도 오르지 않고 대인관계에도 좋은 이미지로 남지 않음에 틀림없을 것이다.

이제 이러한 행태를 더 이상 반복되지 않아 좋다. 옛날부터 전해오는 건강의 바로미터는 바로 3쾌인데 즉 쾌식(快食), 쾌면(快眠), 쾌변(快便)으로 잘 먹고, 잘 자고, 볼 일 잘 보는 것이다. 술을 끊은 이후 세끼 식사를 제 시간에 하고, 잠을 제때에 자고, 볼 일을 제 시간에 규칙적으로 하다 보니 몸과 마음의 상태가 비교적 좋고 술로 인한 피곤을 덜 느끼며 늘 깨어있는 맑은 정신을 유지하게 되었다. 이러한 결과로 업무에 효율성을 높이고 업무와 관련된 분들과의 회의나 모임에서도 자신감을 가지면서 적극적으로 참여하게 되는 등 좋은 점은 이루 말 할 수 없다.

이와 같이 술을 끊고 난 이후에 삶의 모습들이 많이 달라지고 있는데 가장 큰 변화는 '건강이 우선이다'라는 삶을 통해 업무에 보다 충실해졌다는 것이다.

술을 끊음으로써 업무에 보다 충실해졌지만 다음으로 좋은 점은 건강을 더 챙기게 되고 그래서 어떻게 하면 보다 건강한 삶을 향유하여 가치 있는 인생을 가꾸어갈 것인지 고민하게 되었다. 술을 마실 때에도 운동을 좋아했고 운동 후 온 몸이 유혹하는 술맛으로 운동을 즐기는 모순적인 행태를 보이기도 하였다. 요즘 등산객들이 과거보다 부쩍 늘고 있다는 느낌을 가지는데 사실 대다수 등산 애호가들이 술 애주가로 보인다. 등산갈 때 막걸리를 기본적으로 배낭 속에 필수품으로 가져가서 산행 중에 가볍게 한 잔한다. 여기서 그치면 정말 좋은데 정상까지 갔다 온 기념인지 아니면 장시간 누적된 피로를 풀고 동행한 일행과의 이별을 아쉬워함인지는 모르겠지만 하산 후 2차 술판이 벌어진다. 주말을 이용해 건강을 챙기기 위해 산행을 했건만 일부 등산객들은 등산 후 과음으로 인하여 오히려 등산하지 않은 것만 못한 결과를 가져오는 것이 아닌지 모르겠다. 이럴 때 매우 적절한 한자성어가 과유불급(過猶不及)이다. 술이든 운동이든 뭐든 지나치면 오히려 해가 되는 경우를 말하는 것이다.

술을 즐겼던 시절에는 위와 같이 산행과 술은 나에게는 아주 친숙한 동행이었고 질긴 우정을 유지했었다. 그러나 이제는 술을 완전히 배제하면서 건강한 삶을 어떻게 영위할 것인가에 보다 초점이 맞추어져 있다.

세종청사에 근무할 당시 건강한 삶을 위한 나의 하루 일과를 소개해 보고자 한다. 술과의 이별 후에도 2015년 교육부가 있는 세종정부청사 근처 공무원 임대 아파트에서 방한 칸 빌려 계속 둥지를 틀고 있었다. 아침 기상 시간은 대개 6시 전으로 먼저 아침에 일어나 먼저 쾌면과 쾌변을 확인하는데 술을 끊은 이후에는 신기하게도 아침 일어나면 동시에 쾌변이 따른다. 술과 동행하던 시절에는 시간대 관계없이 불규칙 했었고 어떤 경우에는 하루에 3회까지 볼일을 보기도 하였는데 그런 현상이 사라졌다. 6시 전 사무실을 향해 천천히 걸어가면 교육부 14-1동 5층까지 약 20분 채 안 걸리는데 비나 눈을 피하기 위해 불가피하게 차를 이용하는 경우 외는 무조건 걷는 것을 원칙으로 하였다. 2014년 3월 19일부터 세종청사 근무를 시작하였는데 당시 아파트나 상가가 계속 들어서고 있었지만 여전히 시골냄새가 풍기고 도시에 비해 공기도 신선하고 그래서 걷는 자체가 하나의 즐거움이 되었다. 왜냐하면 사무실까지 걸어오면서 무조건 걷는 것이 아니라 나의 삶과 가족에 대해 진지하게 사색해 보는 아주 좋은 기회로 활용하고 있기 때문이었다.

청사로 걸어오면서 나 자신과 하나님과 대화를 시작하는데 먼저 나의 몸 상태부터 점검한다. 몸과의 대화를 통해 머리끝부터 발끝까지 몸의 구석구석에 문제는 없는지, 감기 등 이상 증세가 나타났는지, 두통 없이 맑은 정신을 유지하고 있는지 등에 대해 피드백 받는다. 몸과 마음 상태 즉 건강 이상 유무를 확인하고 다음으로 나와의 대화를 포함하여 하나님과의 대화를 시작한다. 오늘도 새로운 역사를 써 내려가기 위해 하루라는 선물을 새로 주셔서 감사하다는 표시를 하고, 가치 있고 목적 있고 의미 있는 삶을 살기 위해 어떠한 삶의 길을 갈 것인가에 대해 질의하면서 답변을 스스로 해 본다. 시간관리, 업무관리, 인간관계 등 하루 동안에 일어나는 모든 일에 겸손하고 성실하게 잘 하겠다는 다짐과 결의를 한다. 사무실로 걸어가는 노선에서 중간쯤부터는 부모님과 이미 고인이 되신 장모님을 위해, 두 자녀와 처를 위해 그리고 가끔은 부총리를 비롯한 우리 교육부 가족을 위해 하나님께 기도드린다. 각 대상자 마다 기도 내용이 물론 다르지만 대개 공통점은 각자의 길에서 주어진 삶에 최선을 다하면서 서로 사랑하고 좀 더 양보하고 산적한 업무로 건강관리를 잘 해주시길 간구하는 내용이다. 이러한 대화를 마음속으로만 중얼거리는 것이 아니라 입 밖으로 소리를 내면서 하다보면 어느 새 교육부 청사 내 사무실에 도착하게 되는데 지금도 습관이 되어 버렸다.

대개 아침 6시 30분 전에 내 자리에 도착하게 되는데 이 시간대에는 특별한 현안 사안을 긴급 처리하기 위해 새벽에 오는 직원이 출근하는 경우 외에는 일반적으로 아무도 없는 적막감이 감도는 가운데 혼자만의 시간을 갖게 된다. 교육부뿐만 아니라 그 전에 근무했던 국립국제교육원이나 중국에 있을 때나 어느 기관에 근무하던 나의 이러한 습관은 거의 변함이 없이 일관되게 유지되었다. 새벽과의 만남이 좋고 새벽의 기운이 온몸을 감싸 안은 느낌을 오래 지속하고 싶고 하루의 출발을 떠오르는 태양과 함께 하면서 태양이 뿜어내는 그 열정을 공유해서 좋다.

새벽의 기운을 얻어 운동복을 들고 청사 3층에 있는 체력단련실로 향한다. 세종청사 건물에 대해 긍정적으로 보기 보다는 부정적 평가를 많이 하는데 하지만 공무원들의 체력 단련과 건강관리 측면에서 다양한 운동기구를 구비한 체력단련실은 공무원들의 사랑을 받는 공간으로 활용되고 있다. 나의 경우는 행사나 회의 참여로 인한 외부 출장의 경우를 제외하고는 거의 매일 이 체력단련실을 이용하고 있는데 이 때 운동에 투자하는 시간은 대략 40분 정도가 된다. 하루아침에 영어나 중국어 등 외국어를 잘 할 수 없고 장기간의 꾸준한 시간 투자가 착실하게 이루어져야 외국인을 만났을 때 빛을 발하듯, 체력 또한 장기간에 거친 투자가 있어야 내, 외부 질병이나 바이러스 침입을 이겨내고 건강한 삶을 영위할 있을 것이다. 몇 가지 기구를 이용 근육운동을 짧게 한 뒤, 러닝머신(running machine)으로 일정한 속도를 유지하면서 약 30분 간 뛰는데 끝날 무렵에는 온 몸과 옷이 땀으로 스며든다. 땀을 흘릴 정도의 유산소 운동을 하고 샤워할 때의 기분은 마치 세상이 내 것 같은 그 어느 것과의 행복감과 비교할 수 없는 상태에 빠지는데 나는 이런 느낌을 너무 좋아한다. 운동 후 구내식당에서 대략 7시 30분 경 아침 식사를 하는데 운동 후 온 몸이 운동으로 인하여 소진된 에너지를 빨리 채워달라는 온 몸 사방의 요구로 인하여 맛있는 식사를 즐길 수 있다.

운동은 아침에만 끝나는 것이 아니라 점심시간 후 가볍게 즐기는 도보여행, 저녁 시간 후 청사 옥상에서 단소와 짝하여 산책을 하며, 밤늦은 시간에 퇴근하면서 숙소로 돌아갈 때의 몸의 움직임 등을 포함하여 늘 걷는 것을 좋아한다. 핸드폰에 만보기 애플리케이션을 설치하여 매일 걸음수를 측정하는데 대개 12,000보에서 14,000보 정도를 걷는 것 같다. 아침에 정기적으로 운동하는 정기적인 체력 단련 뿐만 아니라 부지런히 걷는 걸음수도 운동량에 포함하여 운동에 상당 시간을 투자하는 셈인데 체력이 국력이라는 말이 있듯이 지속적이고 규칙적인 운동을 통한 건강관리와 같은 적극적인 삶이야말로 내게 주어진 선물이 아닐 수 없다. 오늘도 이 선물을 소중히 여기고 잘 보존하기 위해 아낌없는 투자를 하고 있다.

안정된 직장이 가정의 울타리가 되다

두 번째 선물은 경제생활을 영위할 수 있는 든든한 직장이 있다는 것이다. 공직에 입문해서 2019년 올해로 38년 째 공무원 생활을 하고 있는데 특히 50대 이후 들어와서 최근에는 이 선물이 너무나 보배로운 가치가 있다는 것을 더욱 절실하게 깨닫고 있다. 아침에 깨어나 사무실로 향할 때 예전 같으면 마지못해 발걸음을 옮기면서 어깨에 무거운 짐을 진 듯 힘든 모습으로 생기 없는 얼굴로 출근했는데 요즘은 마음의 자세를 바꾸었다. 뒤 늦게 철이 들었는지 아니면 퇴임을 앞두고 아쉬움이 남아서 그런지는 모르겠지만 주어진 하루하루에 최선을 다해 업무에 임하고 있다. 직원들과 좋은 관계를 유지하기 위해 애쓰고 타 부서 직원들과 융합하려는 진정성을 보이고자 힘을 쏟는 등 주어진 하루라는 시간을 잘 관리하고자 애쓴다. 공직생활 처음 입문할 때부터 이와 같은 마음 자세로 임했다면 아마 지금의 나보다 훨씬 성숙된 모습과 위치로 변해 있을 것이라는 생각을 해 본다.

이제는 이미 지나간 과거에 집착하고 싶지 않다. "너희는 이전 일을 기억하지 말며 옛날 일을 생각하지 말라"(이사야 43:18)라는 성경 구절이 있는데 너무 마음에 와 닿는다. 이미 엎질러진 물을 다시 담을 수 없기에 그리고 지나간 삶에 대해 집착해 봤자 정신 건강에 전혀 도움이 되지 않기에 지나간 버스에 미련을 둘 필요가 없다고 생각한다. 과거는 과거라는 강물로 이미 흘러갔기에 그것으로 족하고 현재 흘러가고 있는 시간에서 매 순간 순간 더욱 충실한 삶을 만들어 나가는 자세가 바람직하다고 생각한다. 그래서 요즘은 매일 매일이 이 생애에 마지막 날인 것처럼 직장생활에 충실하고 인간관계를 원만히 하려고 노력하면서 목적 있고 의미 있는 날들을 창조하고자 힘쓰고 있다.

직장에 다니면서 매월 정해진 날에 월급을 받는다는 것과 이 월급으로 의식주를 해결하고 자녀교육에 힘쓰며 부모님을 봉양하고 그리고 일부를 쪼개어 교회에 기부하는 데 잘 쓰고 있다. 공무원 생활을 하면서 늦게나마 아담한 아파트도 마련하고 자녀를 대학교육 시키기 위해 연금을 담보로 대출을 받을 수 있으니 이 또한 행복이라 생각한다. 남과 비교해서 자신의 초라함과 모자람 때문에 열등감을 가지고 불행한 마음과 자세로 인생을 살고 싶지는 않다. 그렇다고 더 나은 환경에서 보다 멋진 삶을 살고 싶다는 욕망을 포기는 하지 않는다. 현실 앞에 양보하고 자족하면서 어려운 처지에 있는 분들을 생각하면서 분수를 지키며 살아가고 싶은 것이 솔직한 심정이다. 이 모든 것이 직장이라는 선물이 주어졌기에 가능하고 하루의 대부분의 시간을 직장에 투자하기에 오늘도 국가를 위해, 몸담고 있는 조직을 위해 우공이산(愚公移山)의 자세로 일하고 있다.

직장생활을 통하여 얻는 행복은 일일이 열거할 수 없을 정도로 많은 것 같다. 승진, 승급, 포상, 교육훈련 등에 따른 보람과 사기 진작도 좋지만, 능력에 따른 유학 기회나 한국대사관 등 외국 주재 한국기관 근무도 매력적이다. 더 나아가 순환 보직에 따른 새로운 사람과의 인연을 맺고 다양한 업무 경험에서 오는 노하우 축적 등 여러 면에서 마음에 든다. 직장생활을 하면서 본인의 노력 여하에 따라 삶의 질이 완전히 달라질 수 있고, 본인이 체감하는 만족도도 높일 수 있다고 생각한다. “너는 잠자기를 좋아하지 말라 네가 빈궁하게 될까 두려우니라 네 눈을 뜨라 그리하면 양식이 족하리라(잠언 20:13)”는 성경 말씀을 명심하면서 성실한 직장생활이야 말로 참된 행복이라고 본다. 졸린 눈을 비비며 기상하는데 조금 힘들지만 아침에 눈을 뜨면 나를 맞이해주는 직장이 있다는 사실에 늘 기뻐하는 마음을 갖는다.

성경을 가까이 하다

세 번째 선물은 매일 성경책을 읽고 일요일마다 교회를 다니는 신앙생활을 통해 정신적 안정과 참다운 영적 기쁨을 누리는 것이다. 신앙생활을 반복하여 쓰고 강조하는 것은 어떠한 가치관을 가지고 일생을 이끌고 가느냐가 그 어느 것보다 우선순위에 두어야 하기 때문이다. 연령의 단계마다 받는 선물은 달라질 수 있는데 나의 경우 교회 다니는 기간은 길었다고 할지라도 제대로

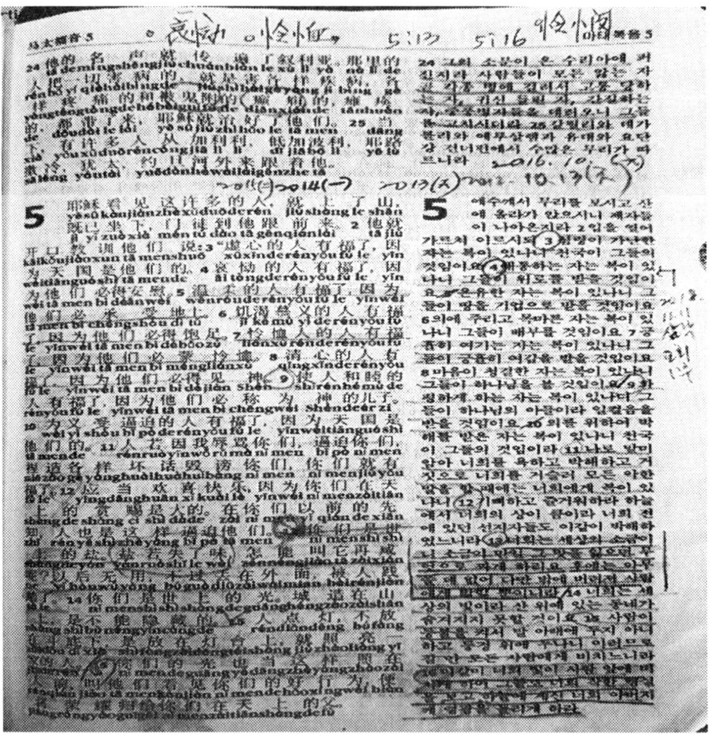

인생의 진정한 성공의 길은 성경책에 있음을
나이 들어 깨닫다

된 믿음 생활을 한 적은 50대 들어와 50대 후반에야 제대로 시작했다고 볼 수 있다. 30대 후반부터 교회 근처를 배회하면서 일요일 마다 남이 가니까 한번 가볼까 하는 마음으로 형식적으로 신앙생활을 했다. 토요일 술을 엄청 마셔 다음 날 아침에 술이 덜 깬 상태에서 냄새를 풍기면서도 교회를 나가는 이유는 하나님께 기도를 하고 용서를 빌면 술로 인한 죄를 깨끗하게 씻어준다는 믿음이 마음 한구석에 잡고 있었기 때문이었다. 지금 생각하면 얼마나 어리석고 바보스러운 삶의 자세인지 철저하게 반성하게 된다. 잘못된 옛 자아를 버리고 새롭게 태어난 기분으로 그리고 제대로 된 신앙인의 모습을 보여주는 여정이 진짜 선물이라 생각한다. 이 선물을 잘 다루고 가꾸고 귀한 존재로 만들어 평생 같이 동고동락을 하고 싶은 마음이다.

남자가 술을 접고 담배를 멀리하면 무슨 재미로 사느냐 하는 말을 우리는 즐겨 사용한다. 33년 즐겨 마신던 술을 끊은 지 이제 수년이 되어가고 있는데 술이 없는 세상이 이렇게 좋은 줄을 왜 진작 몰랐을까 하는 후회가 앞선다. 지금까지 술에 의존한 삶은 거창하게 말하면 프란시스 베이컨(Prancis Bacon)이 말한 인간의 이성을 잘못 이끌게 만드는 4가지 우상[16)]에 의해 지배된 몸과 마음의 상태였다. '종족의 우상'에 사로잡혀 우주의 진리에 기반을 둔 판단이 아니라 인간을 기준으로 한 왜곡된 척도에 의해 남을 판단하는 우를 범하고 있음을 우리는 모를 때가 많다. '동굴의 우상'에 메몰 되어 동굴 속에서 바라본 세계가 마치 전체 세계인 것인 양 판단하여 인간의 얕은 경험, 편협한 지식 또는 가치관

16) 안진훈 외 1인(2014). 고전은 내 친구.

등으로 사물이나 사람을 재단하는 경우가 많다. '술을 잘 마시는 사람이 일도 잘한다' 등 검증되지 않는 논리가 세상의 진리인 양 만연되어 있는 것이 대표적인 예라 볼 수 있다.

술에 관대한 문화나 분위기 조성은 '시장의 우상'이나 '극장의 우상'의 논리로도 잘 포장되기도 한다. 술 한 잔 하면서 사람들 사이에 오고가는 의사소통이나 정보의 흐름에서 형성되는 일반적인 주류 논점이 지성을 위협하는 경우가 많다. 대개 술자리에서 주량을 자랑하고 술과 연관된 무용담에 여자 얘기까지 포함하여 안주 삼아 술 세계 논리를 일반화하여 유포하는 경우가 많다. 이른 바 '시장의 우상'에 함몰되어 사람들 사이에 주고받은 정보를 진리인 양 확신하는 그러한 잘못이 오해를 가져오는 경우가 있다. 업무를 하면서 부딪치게 되는 수많은 희노애락의 일화가 등장하고 상사나 동료 또는 부하에 대한 험담에서부터 승진 인사까지도 이루어지는 등 여러 가지 정보가 실제 진실이 무엇인지도 모른 채 유통되면서 눈덩이처럼 번지기도 한다. 일부는 경청할 만한 삶의 나침반 역할을 하는 교훈도 있지만 검증되지 않는 오류들로 인해 이성을 마비시키고 판단을 흐리게 하는 경우가 많음을 경험하였다.

한 때 술을 마실 때 특히 상사를 모시고 회식에 참석할 때 본인의 의사 여부에 관계없이 상사의 반강제 권유에 따라 억지로 마시는 경우가 많았다. 지금은 회식 문화도 많이 바뀌었고 건강을 위해 사전 양해를 구하면 과거처럼 거의 반강제로 마시는 경향은 없어져서 음주 문화가 어느 정도 바뀐 것은 사실이다. 그럼에도 불구하고 과거 문제 있는 음주 문화 행태가 아직도 우리 사회에 잔존하고 있는데 특히 직급이나 권위를 이용하여 강제하는 경우로 그러한 문화를 거부할 경우 불이익을 받거나 왕따 당하거나 또는 저항을 하지 못하고 시간이 흘러가면서 본인도 자연스럽게 동화되어 간다는 것이 문제이다. 잘못된 조직문화나 문제 있는 권위주의에 대해 비판을 통하여 바로 잡을 때 개인이나 조직이 발전할 수 있을 텐데 기존의 권위에 무비판적으로 좇음으로써 이른바 '극장의 우상' 상태에 놓이는 것이다. 이제 술과는 이별이고 이러한 우상들과는 더 이상 상대하지 않게 되고 그 대신 신앙생활에 보다 몰입하게 되니 얼마나 좋은 선물을 받았는지 모른다.

요즘은 새벽 5시 전에 일어나 새벽 공기를 마시면서 새벽예배에 참석하는 것이 습관이 되었다. 성경책과 목사님과의 만남을 통하여 가슴 속에 새기는 메시지를 가지고 매일 나의 삶을 점검하고 제대로 된 길을 가고 있는지 확인하는 것도 멋진 선물임에 틀림없다. 잘 가꾸고 다듬어 보석을 만들고 싶다.

매일 학습하는 습관이야말로 멋진 삶이다

끊임없는 배움의 기회가 주어진 것도 매일 받는 네 번째 선물 목록 속에 포함되어 있다. 공직생활을 해 오면서 업무에 전문성을 발휘하여 능력을 인정받는 것은 중요한 요소임에 틀림없다. 우리 공무원 시스템이 최근 전문성에 기초하여 보직을 부여하는 방향으로 가고 있지만, 지금까지 경험한 바에 의하면, 승진 등 인사 요인을 감안하여 순환 보직이 이루어지는 면이 있었다. 이에 대해 여러 가지 비판과 분석이 있다 보니 최근 들어서는 법령과 제도화를 통해 전문성과 능력에 기초한 인사체계를 정착시켜 나가기 위한 발걸음이 인사혁신처를 중심으로 바쁘게 움직이고 있다. 경쟁력을 갖춘 유능한 공무원 육성이라는 측면에서 매우 바람직한 방향이라고 생각한다.

이제는 전문화 시대이고 전문성을 갖춘 역량이 있고 인성을 구비한 공무원이 대우를 받는 방향으로 인사시스템을 혁신해 나가야 한다는 생각을 오래 전부터 가지고 있었다. 이러한 방향 중의 하나가 공무원의 생애단계별, 직급별, 전문 영역별로 교육훈련이 부단히 이루어져 본인의 해당 분야에 대한 전문적인 역량을 구비해야 할 것이다. 이와 아울러 조직의 비전과 목표를 공유하면서 본인이 추진하는 구체적 사업과 연계하여 거시적, 미시적 측면에서 정책을 추진해 나가는 역량 또한 필요하다고 생각한다.

국가공무원인재개발원(구 중앙공무원교육원)뿐만 아니라 각 부처 연수원을 중심으로 위와 같은 공무원 역량 배양을 위한 각종 프로그램 운영이 활발하게 이루어져야 함은 당연한 귀결이다. 그리고 다른 한편으로 정부 각 부처가 실시하는 여러 가지 형태의 공모전에 공무원이 개인적으로 응모하여 본인의 능력을 검증받아 보는 것도 능력 개발의 하나로 적극 추천하고자 한다. 본인의 경우도 청렴, 정보화, 평생학습, 논문 등 각 부처에서 실시하는 각종 응모에 도전하여 공무원 정보화 능력 경진대회에서 입상한 경우도 있지만, 입상에 미치지 못한 경우가 더 많았다. 하지만 응모하는 가운데 소정양식에 의한 서류제출, 모의 연습, 정보수집 등의 정성과 노력이 들어가는 만큼 본인의 성장과 발전에도 도움을 준다는 생각을 많이 가져보았다. 본인의 학습 이력과 꿈은 2014년 9월 12일, 2018년 8월 8일 교육부 주관 제11, 15회 대한민국 평생학습대상 개인 부문, 올해의 평생학습인 부문에 응모했던 작품 중에 담겨져 있는데 특히, 2018년 내용을 소개한다.

1 평생학습 참여동기 및 학습경험(지식습득 및 학습의 지속)

평상시 제 자신에게 뿐만 아니라 주변 사람들에게 성공적인 삶을 만들어 가기 위해서는 평생학습의 중요성을 항상 강조하는데, 저의 학습경험을 통해 얻은 지식습득에 따른 성취감 그리고 평생학습에 대한 사랑을 간략히 소개하고자 합니다.

평생학습호의 출발과 순항, 가보지 않았던 낯선 곳으로의 여행

2년제 서울교대를 졸업하고 12년 간 교직에 있으면서, 학생들을 가르치는 즐거움과 함께 끊임없이 배우고자 힘썼습니다. 현직에 있으면서 4년 수학 끝에 학사학위를 취득하였습니다. 학교현장에서 학생을 가르치는 일보다 교육행정 분야가 더 잘 맞는다는 판단을 하여, 한국교원대학교에서 교육행정 석사과정을 밟으면서 행정고시 목표를 향해 도전 하였습니다. 말할 수 없는 고난과 밤을 새는 눈물의 고통 뒤 따라오는 열매는 달콤하였고, 세상의 어떠한 어려운 일도 해 낼 수 있다는 자신감을 갖게 되었습니다. 미지의 세계 탐험을 위한 평생학습호의 항해는 계속 진행되었습니다.

사무관 시절, 主6일제 업무를 하고 심지어 일요일까지도 출근하여 각종 보고서를 작성하는 등의 업무 조건 속에서도 한국외대 중국어 6개월 야간과정을 이수하면서 중국 탐험이 시작되었습니다. 미국 Ohio State Univ. 유학을 통해 교육행정 석사학위를 취득하였고 이를 계기로 영어로 된 각종 자료를 빨리 이해하는데 큰 도움이 되었는데, 다시 중국으로 눈길을 돌리면서 평생학습호 항해 목표 목록이 하나 더 추가된 것입니다. 외대 과정 후 본격적인 중국 이해를 위해 한국방송통신대학원 중문학과에 편입하여 본격적인 중국 공부에 몰입하였고 이를 통한 또 다른 하나의 학사학위 취득은 학업에 대한 성취감을 안겨 주기에 충분하였습니다.

중국어와의 인연을 바탕으로 과장급 직무연수를 북경사범대학교에서 하였고, "기회는 준비된 자에게 온다"라는 말이 있듯이, 2010년부터 3년 간 주상하이한국총영사관에서 외교관으로서 직책을 맡아 국익을 대표하는 일에도 최선을 다했습니다. 중국유학생 유치 등 한중간 교육교류 업무 경험을 토대로 <발로 뛰는 영사의 일기> 저서를 남겼는데, 서재에 비치된 저의 작품을 볼 때마다 감회가 새롭습니다.

평생학습호 항해 과정에서 미지의 땅을 개척하고자 하는 도전정신은 계속되고 있습니다. 교육부 주관 전국 정보화경진대회 입상, 국립국제교육원 기획력 평가 1등 경험도 있고, 늦게 시작한 박사과정은 논문을 남겨두고 있는데, 공로연수 기간 중 완성할 예정입니다. 은퇴 후 봉사하는 삶을 위해 단소, 하모니카, 색소폰, 기타 악기에 심취하여 매일 연습하고 있는데, 요즘은 음악이 있는 삶으로 인하여 항해가 즐겁습니다. 그리고 항해 일지를 매일 중국어로 쓰고 있는데, 이 또한 학습하는 삶이며, 배움의 즐거움으로 가득 찬 흔적을 담는 작업이라 삶의 마지막 날까지 이어질 것입니다.

2 학습을 통한 자기계발 및 혁신

성공을 부르는 핵심 요소를 발견하다, "知之者不如好之者, 好之者不如樂之者

저로 하여금 현실에 안주하지 않고 목표를 설정하여 지속적으로 공부하게 하고 도전하게 만든 것은 무엇보다도 배움에 대한 열정과 그 열정을 통한 성취감이었습니다. 논어에 "知之者不如好之者 , 好之者不如樂之者"라는 구절이 있는데 즉 "아는 것은 좋아하는 것만 못하고 좋아하는 것은 즐기는 것만 못하다."라는 뜻으로 뭔가 새로운 것을 배우거나 기존의 학습을 계속 보강해 나갈 때 따르는 즐거움이야말로 평생학습 촉진제였습니다. 도전적인 목표를 정하여 자격증을 따고, 상위 학위를 취득하고, 악기를 연주할 수 있을 때 희열감은 그 어떤 것과도 바꿀 수 없고, 이를 통해 얻는 자기 만족감이나 성취감은 더 높은 목표를 향하게 도전하게 하는 동기 요인이 되었습니다.

제 평생학습 여행길은 늘 배움에 목말라 갈증을 해소하고, 무언가 도전하여 제 삶에 활력을 불어넣는 필요한 마중물을 마련하는 과정이라 볼 수 있습니다. 영어를 더 잘해 보겠다는 갈증이 미국 유학을 하게 되었고, 중국 전문가가 되고 싶다는 일념이 외교관도 되게 하였고 지금도 중국어로 매일 일기를 쓰고 중국인과 교제하면서 중국 학습에 대한 끈을 놓지 않고 있습니다. 박사학위가 필요하겠다는 동기가 박사과정을 다니면서 깊이 있는 학문의 세계를 접하게 했습니다.

미래의 흐름을 예측하고 읽어내는 눈

급격하게 변화하고 있는 시대의 흐름을 읽고 미래의 사회, 경제적 변동에 대비한 평생학습 전략 수립과 실천은 삶을 행복하게 만든다고 생각합니다. 이는 조직적 차원에서뿐만 아니라 개인적 차원에도 적용할 수 있을 것입니다.

토지, 노동, 자본 요소를 투입하여 대량생산을 하는 산업화 시스템에서는 미래 예측이 가능하고 숙련된 노동자에 의한 생산의 효율성이 중요시되기 때문에 평생직장 개념이 강했습니다. 그러나 21세기 국가 간 상품과 서비스가 자유롭게 유통되는 글로벌 시대에서는 미래 예측이 어렵게 되었고, 조직은 이에 대비한 인재 확보가 관건이 되었습니다. 국가, 사회가 필요로 하는 인재상의 변화에 따라 개인도 그에 부응한 전문성과 자격을 구비하여 환경 변화에 대응하지 않을 수 없을 것입니다.

중국 당나라 王之渙의 대표적인 시 '登鸛雀樓'는 "白日依山盡，黃河入海流，欲窮千裏目，更上一層樓。"라는 시구를 담았는데, "해는 서산너머로 지고 황하는 바다로 흘러들어가는구나, 천리 밖을 보기 위해선 한층 더 올라가서 보아라"라고 해석됩니다. 현실에 안주하지 말고 미래에 전개되는 새로운 상황을 맞이하기 위해 더욱 분발하라는 뜻으로, 평생학습을 실천하기 위한 우리의 자세를 잘 표현해 주고 있습니다.

3 학습을 통한 사회에의 공헌

'배워서 남 주나'에서 '배워서 남 주자'로

우리 옛 어른들은 자녀나 청소년들의 학습 의욕을 자극해서 경쟁에서 남을 이기고 출세하라고 '배워서 남 주나'라는 말을 자주 했습니다. 이러한 가치관은 바뀌어야하고, 요즘 '배워서 남 주자'라는 바람직한 학습관이 우리 사회에 스며들고 있고, 지식과 경험을 타인과 공유하는 사례들이 많아지고 있습니다. 부의 불평등을 줄이려는 정부나 민간의 개입처럼, 우리 모두가 다양한 학습 수단을 통해, 지식격차를 줄이는 노력이 있을 때, 삶의 질은 개선될 것임에 틀림없습니다.

평소 꾸준한 학습을 바탕으로 지역사회와 협력, 사회에 기여하고자 하는 평생학습의 실천이 있었습니다. 2014, 2015년 자유학기제 일환으로 세종시 근처 중학생들이 매년 정기적으로 교육부를 방문했습니다. 교육정책 이해와 공무원들이 일하는 모습을 통해 학생들의 미래 설계에 도움을 주는 진로·직업 체험 행사의 날 프로그램에 그들의 멘토가 되어 함께 참여했던 것입니다. 바쁜 업무 중에도 자원하여 교육부의 다양한 업무에 대해 알려주고, 여러 부서를 돌면서 소개하고, 그들의 고민과 진로에 대해 경청하고 격려해 주었는데 멘티 학생들로부터 편지를 받을 때 보람을 느꼈습니다.

한국해양대학교 사무국장으로 근무하면서 지역사회와 협력하는 사회봉사 동아리인 '아치맥가이버' 활동에도 참여하였습니다.

전기, 기계설비, 소방, 건축, 통신 등 시설 분야 자격증을 가지고 있는 직원과 건축 전공 학생들로 구성된 이 팀은 주민자치센터 또는 복시센터와 긴밀하게 소통하면서 즐거운 마음으로 도움의 손길을 내미는데 주저치 않았습니다. 지역 독거노인이나 저소득층 가정을 방문, 도배를 새로 하고 희미한 전등을 LED등으로 교체하며, 장판을 모양새 있는 것으로 바꾸는 등 집안 분위기를 완전히 리모델링하는 작업에 지도자였습니다. 임무를 마치고 떠날 때, 어느 독거노인 할머님께서 환한 미소를 지으면서 연신 감사의 표시를 하실 때, 봉사에서 오는 기쁨의 물결을 확인할 수 있었습니다. 그 밖에 북한이탈주민 자녀에게 영어를 가르쳐주거나, 외국인 대상 한국어를 가르쳐 본 경험을 포함 여러 봉사 활동을 펼쳤습니다.

마지막으로, 단소, 하모니카, 색소폰 연주 등 음악을 통한 활동은 조직 구성원 사이, 지역사회와의 벽을 허무는데 조그만 보탬을 주고 있습니다. 2013년부터 동아리 모임을 통해 만난 단소와의 짝사랑, 청년 시절 잠깐 흉내를 냈고 한 때 헤어졌다가 다시 만난 하모니카와의 조우 그리고 2017년 4월부터 강습을 통해 친구로 맺은 색소폰의 등장은 제 삶의 활력소가 되고 있습니다. 혼자만의 연주가 아닌 대학 내 음악동아리로 확대되어 삭막한 캠퍼스를 문화가 공존하는 캠퍼스 사업으로 폭을 넓혔고 이제는 송년 음악회 행사를 포함 여러 행사를 개최, 학내 구성원, 지역주민과 함께 만들어나감으로써 상호 협력하고 소통하는 가교 역할을 하고 있습니다. 이러한 활동은 지속될 것입니다.

4 학습을 통해 타인에 미친 긍정적인 영향

나의 목표 : 평생학습 전도사가 되다

쉬지 않고 배움에 목말라하고, 좀 더 알고 싶어 하는 갈증을 느끼면서 학습할 때 저 자신의 부단한 진보가 있음에 행복할 뿐만 아니라, 이 기쁨을 타인과 함께 누리고 싶어서 평생교육의 전도사로 열심히 뛰고 있습니다.

저 자신의 끊임없는 배움에 대한 열망은 우선 자녀들에게 그대로 전염되어 어릴 때부터 책을 가까이하고, 더 높은 단계로 올라가고자 하는 성취동기를 심어주었던 것 같습니다. 주말, 야근을 잊고 바쁜 와 중에도 한국방송통신대학교를 다닐 때, 중국어 카세트테이프를 틀어놓고 중국어 문장을 끊임없이 중얼거리는 걸 옆에서 지켜보거나, 박사과정을 공부할 때 대학 도서관에서 함께 공부했던 광경이 지금도 선하게 또 오릅니다. 자녀들에게 공부하라는 얘기를 해 본적이 없음에도 본인들이 알아서 자기주도 학습을 통해 아들은 직업설계도에 따라 의대에 잘 다니고 있고, 딸은 본인이 원하는 사학과에 진학하여 연구원 또는 교수의 길을 걸어가고자 노력하고 있습니다.

가족을 뛰어 넘어 누구에게나 평생교육을 실천하게 만드는 것이 저의 사명입니다. 아침에 출근하면 직원 분들에게 'Good morning' 하는데, 외국인이나 누구를 만나든 영어인사가 습관이 되었습니다. 원어민과 화상 영어수업을 매일 20분하고, 일본어 공부에도 관심을 가지고 있고, 중국어로 일기를 매일 쓰고 있는데, 저의 이러한 도전적인 학습경험을 많은 분들께 열심히 권장하고 있습니다. 평생학습 전도로 학습하는 직장 분위기를 만드는데 기여하고 있다는 평가를 받고 있으며, 업무일지를 공유하고, 보고서 작성 코칭을 하다 보니 기록의 중요성을 인식하는 분들이 늘어나고 있습니다.

특정 분야 전문가가 되기 위해 박사학위나 상위 자격증 취득, 각종 교육 참석, 보고서 작성 등 끊임없이 공부하고 연구하고 토론하는 학습인의 길을 갈 것을 주위 분들에게 늘 권유하고 있습니다. 이러한 저의 열정적인 평생학습 전도로 행동으로 옮기는 분들이 많아지고 있어 행복감을 느낄 때가 많습니다.

저의 평생학습 개척 분야는 음악활동에까지 확대되고 있습니다. 4년 전부터 단소동아리에서 시작된 단소 짝사랑은 지금도 계속되고 있고, 작년 색소폰과의 만남은 매일 동반자 관계를 유지하고 있습니다. 이런 활동은 직장 음악동아리 활성화와 음악회 행사로 확대되고 있고, 이를 통해 구성원 간 벽을 허물고 하나가 되는데 긍정적인 기여를 하고 있습니다. 마지막으로 공직 38년을 마감하는 자서전을 쓰고 있는데, 평생학습의 중요성을 강조하여 학습의 즐거움이 삶의 희망이라는 메시지를 전달할 예정입니다. 이상은 공모전 작품 내용인데 은퇴 후에도 공모전에 계속 도전하고자 한다. 이제 또 다른 선물을 소개한다.

청렴은 공직생활에 있어 가장 기본이다

이 세상에 사는 동안 청렴하고 깨끗한 삶을 살아가겠다고 매일 아침 다짐하고 약속하고 있다. 어떠한 유혹에도 흔들리지 않겠다는 자기 자신과 하나님에 대한 맹세이다. 매일 받는 선물은 위에서 서술하였듯이 앞에서 언급한 다섯 가지 외에 많은데 다음 책을 쓸 기회에 추가하기로 하고 여기서는 청렴이라는 선물을 언급하는 것으로 마무리 짓고자 한다.

공무원으로 살아가면서 업무와 관련하여 직, 간접적으로 수많은 유혹에 노출될 수 있고 가끔 본인이 유혹할 수 있는 위치에 있을 수도 있다. 공무원으로 입직하여 일반 공무원은 60세 정년까지 교사는 62세 대학교수는 65세까지 아무 탈 없이 정년퇴직을 한다는 것은 정말로 대단한 일이며 존경받을 만한 일이다. 재직기간 어렵고 힘들고 아래위로 치이는 갈등과 번민 속에서 스트레스를 받는 일이 어디 한 두 번이며, 업무와 관련하여 수많은 민원인이나 이해관계자를 만나면서 겪게 되는 희노애락의 일화가 어디 한두 가지일 것인가? 특히 각종 부정한 청탁이나 이권개입의 유혹에 빠질 수 있는 함정에 놓이거나 금품수수 또는 지나친 향응으로 인하여 곤란을 겪게 되는 경우도 발생할 수 있다. 이러한 적들을 만났을 때 전략을 세우고 전술을 구사하여 위기를 극복하고 전쟁에 승리할 수 있는 길은 그냥 얻어지는 것이 아니며 평상 시 부단한 훈련과 정신적 무장으로 만반의 대비가 되어 있을 때만이 자신 있게 승전가를 부를 수 있을 것이라는 생각이 든다.

교육부 본부에 근무하면서 승전가 대신에 전국에 애가를 들려준 대형 사연들을 몇 번 접했는데 특히 최근 시점을 기준으로 2007년, 2015년 발생한 불미스러운 건은 나에게 청렴한 공직의 길을 가기 위해 다시 한 번 정신적 무장을 강화하게 만든 계기가 되었다. 그리고 국민들에게 피눈물을 흘리게 한 박근혜, 이명박

전 대통령과 그의 측근들이 저지른 부정과 비리는 우리의 국격을 한없이 추락하게 만들었다. 국민의 마음을 아프게 하고 정부에 대한 신뢰감을 떨어뜨리게 하며 정당하게 노력하기 보다는 부정과 반칙으로 공익보다 사익을 추구하는 공직 문화는 어떠한 경우라도 우리 곁에 근접하게 두어서는 안 될 것이다.

이러한 청렴 실천을 생애가 끝나는 날까지 영원히 이어가겠다는 마음에서 2015년 8월 국민권익위원회가 주관하는 국민 참여 청렴콘텐츠 공모전에 제출했던 작품을 아래와 같이 소개하고자 한다. 비록 수상작품으로 선정되지는 않았지만 이러한 응모를 통하여 깨끗한 공직의 길을 가겠다는 각오를 새롭게 하게 되었다.

내 마음의 신호등

국민권익위원회가 주관하는 청렴수기 공모전 참여는 공직자인 본인 자신뿐만 아니라 내 가정 더 나아가 내가 몸담고 있는 조직과 국가에 대해 깨끗하고 양심적인 공직자로서 조금도 부끄러움이 없는 삶을 살아가겠다는 일종의 선언이라 생각한다. 이러한 선언이 몸에 밴 실천으로 옮겨지기 위해서는 각자 마음속에 지니고 있는 신호등이 잘 작동될 수 있도록 평소 관리를 잘 해야 한다는 의미를 내포하고 있다.

뇌물수수, 부패와 부정 청탁 등 정의롭지 못한 유혹에 대해선 빨간등을 켜서 그러한 길을 가지 말아야 하며, 청렴을 실천하고 확산하는 움직임에 대해선 녹색등을 켜서 다 함께 동조하는 마음의 신호등을 간직하고 싶다.

청렴(淸廉)이란 성품이 맑고 깨끗하며(淸) 검소하여 탐욕이 없는(廉) 상태를 말한다고 나름대로 정의 해본다. 청렴한 공직생활과 연관 지어 '윗물이 맑아야 아랫물이 맑다'라는 말을 자주 한다. 그러나 35년 이상 공무원 생활을 하면서 경험하고 느낀 바에 의하면 위 표현과는 상반된 사례들을 접한 경우가 많았고, 지위와 권한을 악용하여 불법, 부당하게 지시하거나 방조 내지 묵인 또는 적극 관여하다가 징계를 받거나 감옥행으로 인하여 평생 불명예를 안고 사는 우울한 경우를 접한 경우가 많았다. 빨간등이 작동되지 않은 결과이다.

하지만 국제사회 반부패 감시 강화와 함께 시대의 변화에 따라 법과 제도가 점차 정비되고 청렴교육 참여로 검은 돈의 유혹이나 불법, 부당한 업무 처리가 확실하게 줄어들게 하는 녹색등이 작동되고 있어 고무적이다. 국민권익위원회의 매년 공공기관 청렴도 평가 발표, 일부 교육청이나 지자체가 실시하는 공금횡령이나 금품수수의 경우 원스트라이크 아웃제 도입 등은 그 좋은 예이다. 이러한 시대의 흐름은 나의 경우에도 적용되어 왔고 부패의 유혹이 다가와서 정의와 불의, 참과 거짓, 명예와 불명예, 행복과 불행 사이라는 갈림길에 서 있을 때, 내 마음의 신호등을 잘 작동하여 신호등의 지시에 따르고자 노력하고 있다.

삶의 여정에서 선택과 관련하여 학창시절에 읊조렸던 지금도 삶의 갈림길에 방향타 역할을 해 주는 미국 시인 로버트 프로스트의 가지 않은 길(the road not taken)이라는 시를 좋아한다. 특히 마지막 부분이 마음에 끌리는데 숲속에 두 갈래 길이 있었고, 나는--/사람들이 적게 간 길을 택했다고/그리고 그것이 내 모든 것을 바꾸어 놓았다/라는 표현이 좋다.

우리는 살아가면서 매 순간 선택에 직면할 수밖에 없고 어떠한 선택을 하느냐에 따라 우리 삶이 완전히 달라지는 운명을 맞게 된다. 정도를 걷는 공직자, 어떠한 유혹에도 흔들리지 않는 공직자 그리고 자기 자신과 하늘에 양심에 부끄러움이 없는 공직자의 길을 가느냐 아니면 그 반대의 길을 가느냐는 공직자 자신의 신호등 작동의 문제이고 그 결과 또한 본인이 책임질 수밖에 없다.

공직에 입문해서 35년 이상 짧지 않은 공직 기간 동안 업무와 관련하여 위 프로스트의 시에서 말하는 두 갈래 길이 항상 내 앞에 놓여 있었던 것 같았다. 80년대는 교직에 몸담고 있었는데 당시 공무원의 보수는 너무나 박했고 사방에서 뻗쳐오는 유혹의 손길은 거침없이 다가와 이 전쟁에서 가끔 진적이 있었음을 솔직히 고백한다. 당시 권위적인 정부체제에서 시민사회 운동이나 민의 역할이 약하고 관료를 중심으로 한 정부주도형 국가 발전을 지향하는 구조 속에서 사회 전반에 부패 문화가 형성되어 있었다. 당시 별 다른 의식 없이 방조했던 빨간등을 작동하지 못한 것에 대해 지금도 늘 반성하고 참담함을 느끼고 있으며, 그렇기에 항상 정신을 바싹 차리고 부정과 부패의 고리를 끊고 양심에 비추어 부끄러움이 없는 길을 선택하여 걸어가고자 노력하고 있다.

공무원 개인의 자세와 실천도 중요하지만, 가족을 부양하는 공무원이자 생활인으로서의 기본적인 삶의 조건들이 제도적으로 보장되지 않을 때 부정과 부패가 창궐하는 토양은 형성되기 쉬울 것이다. 그래서 국가 경제력이 밑받침되어 공직자가 업무에 전념하여 국가를 위해 봉사자로서의 제대된 역할을 할 수 있는 대우 측면의 제도적 보장은 필요하며, 정부는 그동안 실질적인 정책적 노력을 기울여 왔던 것은 사실이다. 공무원들의 국익 창출을 위한 헌신이 경제력 향상으로 이어지고 그래서 국민적 공감대에 기초하여 점진적으로 처우개선을 해왔던 점은 녹색등 작동을 위해서라도 잘한 것 같다.

90년대 교직을 떠나 지금까지 교육현장을 지원하는 교육부 본부나 산하기관에 근무하면서 느끼는 것은 공직자 대다수가 공직부패 오염의 길을 멀리하고, 과거에 비해 법령과 제도를 강화한 노력 덕분에 바른 길을 선택하여 제대로 된 발걸음을 옮기고 있다는 생각을 늘 해왔다. 그럼에도 정치권과 연계된 대형 비리사건에서부터 몸담고 있는 조직 내에서의 이런 저런 뇌물 수수 등 작은 사안에 이르기까지 언론보도를 통하여 우리의 부끄러운 치부를 드러내는 경우도 많이 접할 수 있었다. 법령이나 제도가 충분히 완비되지 않고 과거로부터의 관행이라는 이유로 권한을 이용하여 부당, 위법하게 금품을 수수하다가 암행 감사반에 적발되어 하루아침에 공직을 떠나거나, 어떤 경우에는 형사고발까지 당하여 지금도 교도소에서 죄의 값을 치르고 있는 등 불명예스러운 사안들을 열거하자면 비일비재하다. 빨간등을 무시하고 잘못된 길을 선택하여 계속 그러한 길을 걷다가 깊은 수렁텅이에 빠져 허우적거리다 본인뿐만 아니라 가족, 친족들이 겪어야 할 고통도 생각해 보지 않을 수 없다.

부정과 부패라는 토양은 인간의 약점을 파고든다. 한번쯤은 괜찮겠지, 아무도 모르겠지 등으로 위안삼아 정도를 벗어날 때가 있다. 그러한 환경을 정화시키고자 하는 정책, 제도, 교육 그리고 무엇보다 공직자 본인의 자정 노력이 있어야 가족에게 고통을 주는 아픔은 탄생하지 않을 것이다. 소위 김영란법 제정은 우리 사회가 전반적으로 부패 사슬의 연계 고리를 끊고 그리하여 다른 나라로부터 한국은 부정이 통하지 않고 뇌물이 필요 없고 공정한 경쟁이 보장되어 투명하기 때문에 투자하기 좋은 나라로 인식되어 우리의 경쟁력을 한껏 높이는 계기가 될 것으로 확신한다.

법령이나 제도에 의한 타율적 기제와 함께 자기 마음의 신호등을 잘 작동하게 하여 불의와 부패에 대해선 빨간 신호등을 켜서 잘못된 길을 건너지 말아야 하며, 공직의 참다운 가치를 지향하면서 공정과 정의의 길로 가는 길목에선 녹색등이 켜지는 내부 시스템이 잘 작동되어야 할 것이다.

중국의 대문호 루쉰(魯迅)은 암울한 중국의 현실을 보면서도 희망을 노래했는데 즉 希望是本無所謂有，無所謂無，這正如地上的路，其實地上沒有路，走的人多了，也變成了路라는 표현이다. '희망이란 있기도 하고 없기도 하는데 마치 땅위의 길과 같은 것이다. 사실 땅위에는 길이란 게 없었는데 걸어 다니는 사람들이 많아지면 길이 된다' 라고 했다. 부정과 불법, 부패가 아닌 청렴의 길로 다니는 사람이 많아질 때 희망은 우리 곁에 있을 것이라는 믿음을 갖는다. 이순신 장군이 발포만호 재임 당시 직속상관이었던 전라좌수사가 거문고를 만들 욕심으로 오동나무를 베어가려 하자 "이 나무는 관청의 재물로 누구도 함부로 베어갈 수 없다." 라고 단호한 올바른 입장을 취했는데 얼마나 멋진 길인가! 탐관오리가 설치고 부패가 만연했던 세상에서 깨끗하며 탐심이 없는 길을 선택하여 후손들에게 참다운 청렴의 가치를 남겼는데, 후배 공무원이든 누구든 이순신 장군의 삶을 이어받아 가슴 속에 간직하고 생활 속에 실천했으면 한다. 오늘도 청렴에 대한 알람 역할을 하는 마음의 신호등을 잘 관리하면서 나에게 맡겨진 업무에 최선을 다하고자 한다.

더러운 물로 가득 차 있는 물통이 있었습니다.
그곳에 한 사람이
깨끗한 물을 부었습니다.

그래도 물통은 여전히 더러운 물로 가득 차
있었습니다.
하지만, 그 사람은 실망하는 기색이 없이,
계속해서 물컵으로 깨끗한 물을 부었습니다.

그렇게 한참을 되풀이한 후 물통을 바라보자
그 물통은 이제 더러운 물이 아니라,
맑고 깨끗한 물로 가득 찬 물통이 되어 있었습니다.
만일 그 사람이
깨끗한 물을 꾸준히 붓지 않고, 지겹다고 포기했다면
과연 그 물통에는 어떤 물이 들어 있었을까요?

나는 아침에 잠이 깨면 눈을 감은 채로 일어나 앉아 잠시 "하나님! 오늘 하루를 선물로 주셔서 고맙습니다. 오늘도 눈을 뜨게 해 주셔서 감사합니다. 오늘도 승리하는 하루가 되게 해 주십시요"라며 감사의 기도로 선물 꾸러미를 받는다. 그리고 살며시 눈을 뜨면, 눈앞에 하루라는 포장 속에 담겨진 선물함이 열리면서 소망의 오늘이 시작되길 기대한다. 우리가 오늘이라는 선물을 어떻게 쓰느냐에 따라 우리의 고유한 인격이 형성되고, 삶의 모습과 빛깔이 결정됨에는 틀림없다. 오늘을 바쁘게 사용하면 그 사람은 바쁜 사람이 되고, 오늘을 미워하며 살면 미움의 사람이 될 것이다. 그러므로 지금 우리 자신의 모습과 현실은 그동안 우리가 '오늘'이라는 선물을 지속적으로 어떻게 사용하였는가를 잘 보여주는 열매일 것이다. 신앙생활과 연계하여 볼 때, 오늘이 늘 반복되는 지루한 일상처럼 보일지라도 하나님과 함께 동행하며 부지런한 삶을 살면, 거저 주시는 '하늘자원'으로 풍성하고 넉넉한 '오늘'이 될 것이고, 이 세상 자원을 의지하여 산다면 뺏고 빼앗기는 치열한 싸움을 통해 쟁취해야 하는 고달픈 '오늘'이 될 것이라는 것을 나이를 들면 들수록 더 절실하게 깨닫는다. 하늘이 준 보석 같은 선물을 받고도 그 가치를 모르거나 내팽개쳐 버린다면 참으로 우둔한 것이며, 그 우둔한 일을 하루하루 반복한다면 더욱 한심하게 되기에 깨어있는 하루를 만들고 싶다. 오늘 하루 우리에게 주어진 삶이 얼마나 소중하고 값진 것인지를 깨닫는 순간부터 우리의 삶은 달라진다고 믿는다.

하루라는 선물꾸러미를 감사와 기쁨으로 받아 제대로 사용함으로 그 선물의 가치를 높이도록 노력하는 게 우리네 삶을 아름답게 만들어 나가는 것이라 생각한다.

제6장 사랑의 연결고리

봉사활동은 자신을 기쁨으로 넘치게 한다

공직의 길을 걸어오면서 지나온 과거를 회상하여 볼 때 자기 본위의 이기적인 삶을 살아왔음을 솔직히 고백하지 않을 수 없다. 부끄러운 반성이지만 제대로 된 봉사활동을 한 적도 없고, 봉사와 연관된 동아리 활동을 하면서 회원끼리 연합하여 뭔가 가치 있는 일을 해 본 경험이 거의 전무하다.

20대에는 세상 쾌락에 사로잡혀 술과 잡기 등으로 자기 일신의 몸과 마음만을 즐겁게 하는 육체 지향의 삶에 몰두했던 것 같다. 조금 정신을 차리기 시작했던 30대에는 가정을 꾸려 자녀 양육을 위해 직업 전선에서 바쁘게 전투적인 삶을 살다보니 자기중심 또는 가족 중심의 이기적인 삶의 경계를 벗어나지 못했다. 이 시기에는 '봉사', '기부', '희생', '이타적인 삶' 등의 단어가 암시하는 보다 고차원적인 삶의 방정식을 활용하여 가치 지향적인 삶의 문제를 다루려고 하지는 않았다. 먹고 살기 바쁜 1차원적 생활 또는 직장에서의 치열한 업무 처리 등을 포함하여 기껏 2차원적인 방정식을 가지고 하루하루의 삶을 다람쥐 쳇바퀴 돌 듯 별 다른 생각 없이 보냈던 시기였다.

40대에 들어서니까 흔히 말하는 공무원으로서 짠밥을 먹은 지도 어느 정도 되고 나이 먹으면서 지나온 삶을 관조하는 시간을 좀 더 갖기 시작하니까 삶의 의미와 목적이 무엇인지에 대해 눈을 뜨기 시작하였지만 마음속에만 뱅뱅 도는 수준에 머물렀다.

교회를 다니고 신앙생활을 하면서 소외되고 어려운 처지에 있는 이웃에 관심을 가지지만 행동으로 옮기지는 못했다. 직장에서든 교회에서든 그저 각종 헌금을 내면서 나도 이웃돕기 캠페인에 빠지지 않고 있다는 자기 확인으로 위안을 삼곤 하였다. 이러한 이유 중에 하나는 행동으로 옮기는 것이 평상 시 습관이 되어 있지 않았고 누적이 안 되었고 방법과 절차를 몰랐고 그래서 이러한 삶이 수십 년간 지속되었기에 제대로 된 봉사활동을 하지 못했던 것이다.

어떠한 일이든 특히 자기중심적인 삶을 벗어나 주위에 관심을 가지기 시작하고 도움을 주고 싶다고 할 경우에는 일단 먼저 학습이 필요하다는 생각이 들었다. 악기를 배우든 산을 타든 여행을 가든 어떠한 행위를 하기 전에는 먼저 그 분야에 관해 책을 뒤져보고 유경험자의 경험담을 들어보거나 아니면 현장을 가서 살펴보는 선행적인 노력이 있어야 그 다음 단계로 나갈 수 있음을 깨닫는다. '남을 돕는 것이 선행이고 그것이 아름답게 보인다고 그래서 봉사를 통해 행복을 느낄 수 있다'라고 시인하면서도 행동이 따르지 않는 마음만의 다짐은 단순한 언어유희로 보일 수밖에 없고 그래서 공직생활을 오래 했지만 학습도 하지 못한 채 제자리만 맴돌았다는 생각에 후회를 많이 하게 된다. 학습을 통한 다양한 현장 경험을 해보고 그리고 그러한 소중한 경험이 누적이 되고 보람이 되고 행복이 되어 자기발전에도 기여할 때 선순환적인 삶을 만들어 나갈 수 있다고 생각한다.

50대 중반에 들어서면서 봉사활동을 통해 공직에서 터득한 노하우와 축적된 경험을 이웃과 나누면서 행복을 스스로 만들어 나가고 싶은 마음이 부쩍 생기기 시작하였다. 이러한 마음을 더욱 절실하게 만든 것은 60세 퇴임 이후의 삶을 생각하지 않을 수 없었기 때문이다. 퇴직 후 사람의 건강상태에 따라 다르겠지만 평균적으로 20년 이상을 더 산다고 가정할 경우 그 긴 시간을 어떻게 의미 있게 보낼 것인가가 늘 숙제거리로 등장하고 있다. 심장이 뛰는 한 뭔가 일거리를 가지고 규칙적인 생활을 하여야 삶의 보람도 찾고 행복도 얻고 건강에도 좋을 것인데 그래서 우선 고민해 보는 것이 봉사활동을 해 보겠다고 결심을 하게 되었다. 우리 집사람은 봉사보다는 장가를 늦게 간 죄로 퇴직 후에도 우리 아들은 여전히 대학에 적을 두거나 군대에 가 있을 것 같은데 자녀들이 대학을 완전히 졸업할 때까지 가정경제에 도움이 되는 취업을 원하고 있다. 물론 이해가 되기도 하고 조그만 아파트 한 채와 – 공로연수를 앞두고 인근에 전세를 낀 다른 동일한 평수의 한 채를 더 구입하기도 했지만 - 연금 외에는 물적 토대가 거의 없는 우리로서는 아들놈이 대학 졸업 때까지 퇴직 후에도 뭔가 돈을 벌어야 한다는 집 사람의 요구가 일리가 없지는 않다. 취업전선도 고민해 보겠지만 인생을 좀 더 길게 보아서 남을 도와주고 유익을 주면서 행복을 함께 나누는 일을 해보고 싶다는 욕심에는 변함이 없다.

이러한 마음을 퇴직 전 행동으로 옮기는 실천적 노력이 있어야 퇴임 이후 봉사활동이 자연스럽게 막힘이 없이 부드럽게 이어질 것이라는 신념으로 2015년부터 본격적으로 행동 개시에 들어갔다. 외국인을 만나 영어로 자연스럽게 대화할 수 있는 능력을 구비하기까지는 그냥 저절로 되는 것이 아닐 것이다. 단어를 외우고 문장을 내 것으로 만들고 외국인과 만날 때 피하지 말고 적극적으로 접근하여 배운 영어로 자꾸 활용하는 실천적 고통이 있을 때만이 실력을 발휘하는 것과 같이 봉사활동도 그렇다는 생각을 많이 한다.

'늦었다고 생각했을 때가 가장 빠르다'(better late than never)는 말이 있는데 공직생활을 30년 이상 해 왔지만 시간을 쪼개서 제대로 한 봉사활동이 없었기에 그리고 무엇보다도 공직을 떠나기 전 미리 봉사 경험의 노하우가 있어야 - 지금까지 공무원을 하면서 체계적이고 지속적인 봉사활동이라 볼 수 없는 봉사 활동은 물론 있었지만 - 공직을 떠나서도 제대로 된 활동을 할 수 있을 것이라는 믿음에서 봉사에 관심을 가지게 되었다. 공직에 입문한 지 34년 째 되는 2015년도는 내 공직생활에 있어서 그야말로 봉사분야 초보자로서 봉사활동에 가담하기 시작한 원년이라 할 수 있다. 진작 했어야 했고 상당한 경험을 미리 쌓았어야 했었는데 늦게나마 깨달아 시작한 게 다행이라 생각되며 2015년 이후로 목숨을 다할 때까지 살아있는 한 남을 돕고 공직에서 쌓은 경험을 살려 사회에 도움을 주고 이 세상을 보다 아름답게 만들어 나가는데 조금이나마 기여하고 싶다는 결심을 굳게 가져본다.

2015년 처음으로 접하게 된 봉사활동은 앞에서도 약간 언급하기도 하였는데 내가 멘토가 되어 세종청사 인근에서 온 중고등학생들 대상으로 그들에게 진로 상담을 해 주었다. 교육부 공무원들의 일하는 모습을 보여주면서 꿈을 심어주고 그 꿈이 열매로 이어질 수 있도록 격려해 주는 역할이었다. 학생들이 교육부에 와서 하루 또는 반나절 머무르면서 교육부의 역할과 기능, 교육부 주요 정책, 공무원이 되는 방법 등에 대해 타 부서에 있는 분도 오시라고도 하여 단독으로 또는 함께 설명을 하였다. 학생 멘티와 함께 각 국, 과를 돌면서 교육부 공무원들이 일하는 있는 사무실 환경도 살펴보고 미래 본인의 일하는 모습을 상상하면서 꿈을 키워나가도록 격려하였다. 이 학생들 중 미래 한국 교육을 이끌어 갈 국, 과장이 배출되길 기대해 본다. 마지막으로 대회의실에서 교육부 정책 설명도 듣고, 학생 본인의 진로 관련 궁금한 사항이나 미래 삶에 대해 어떻게 준비할 것인가에 대해 솔직하게 질의하고 답변하는 시간도 가졌다.

2013년부터 시작된 교육부의 대표적인 정책 브랜드인 '자유학기제'가 학교 현장에 잘 안착하여 학교 현장에서 교육의 변화를 통해 우리 학생들의 삶의 변화가 학생들의 행복으로 귀결되도록 하는 이러한 봉사활동 참여는 나 개인으로 보나 국가적으로 봤을 때 의미 있는 발걸음이라고 생각한다.

이 프로그램에 참여하기 위해선 사전에 신청을 하게 되는데, 이 프로그램 담당자 얘기를 들어보면 멘토 모집 목표 인원은 채워지기는 하지만, 각 과별 여러 가지 현안 사업을 처리하느라 봉사를 할 여건이 되지 않아 지원하고 싶어도 제약을 받는 등 몇 가지 어려움을 호소하기도 하였다. 심지어 멘토를 하겠다고 명단을 제출하고 학생들을 맞을 준비를 하고 있는 중에 진로·체험일 당일에 예상치 않은 국회 일정이 갑자기 잡히거나 자료 제출 요구를 받거나 급한 보고를 해야 하는 등의 돌발 변수가 생겨 프로그램 진행에 어려움을 겪을 때도 있다고 한다.

2015년 한 해 동안 모두 세 번의 멘토 경험을 하게 되었는데 교육부 본부에 근무하는 한 멘토 활동을 계속하고 싶다. 아니 교육부를 떠나 다른 기관에 근무하거나 퇴임 후에도 교육부에서의 멘토 봉사활동 경험을 살려 자라나는 우리 2세들에게 꿈을 심어주고 올바른 진로를 탐색하게 하여 성공적인 삶을 개척해 나가는 데에 작은 밀알의 역할을 하고 싶다.

다음으로 체험하게 된 봉사활동은 교육부 봉사 동아리 '행복나눔회'에 발을 담갔던 경험에 관한 것이다. 교육부 직원 약 10명 정도가 매월 격주 금요일 점심시간 전후로 일정 시간을 투자하여 교육부에서 가까운 조치원역 광장에서 무의탁 노인, 노숙자분들을 위해 무료 배식 봉사활동을 하는 것이었다. 2015년 처음 참여하게 된 이 봉사활동에 참여하여 설거지도 하고 배식도 하고 음식을 조리하는데 힘을 보태기도 하였다. 이 현장에는 자녀분들 다 결혼시키고 자원봉사를 통하여 이 사회를 보다 아름답고 살맛나는 세상으로 만들고 싶은 마음과 열정으로 활활 타오르고 있는 60-70대 노인부터 인근 농어촌진흥공사에 근무하는 20-40대 젊은 직원에 이르기까지 자원봉사자들의 연령대가 다양하였다. 이미 앞에서 강조하였지만 은퇴 후 어떠한 삶을 만들어 나갈 것이냐는 물음에 대한 대답은 바로 여기에 있다는 생각에서 퇴직 전 봉사활동에 대한 충분한 워밍업과 뒤이어 본격적인 훈련을 통한 마인드 내재화가 이루어져야함을 절실히 느꼈다. 공직생활을 하는 가운데 후회되는 것 중 하나가 바로 풍부한 봉사활동 경험의 부족이다. 공직에 입문할 때 또는 공직 생활을 가운데 근무하는 기관에서 또는 선배님들께서 코칭을 해주거나 아니면 연수원 교육프로그램을 통하여 학습을 하고 다양한 실전 경험을 풍부하게 했었더라면 얼마나 좋았을까 하는 아쉬움이 남는다. 이러한 마음은 아래 글(교회 주보 내용 인용)을 읽으면서 더욱 더 확고해진다.

> 어느 연못에 아름다운 황금색 비늘을 가진 물고기가 살았다. 다른 물고기들은 그를 부러워하며 친해지려고 가까이 다가가 손을 내밀었지만 황금물고기는 태도가 너무 까칠하고 도도해서 누구도 근처에 가지를 못했다. 황금물고기는 다른 물고기들과 부딪쳐 황금비늘이 손상될까봐 물고기들이 다니지 않는 자신이 가고픈 길만을 고집했고, 연못 축제가 열릴 때에도 어울리지를 않고 멀리서 바라보기만 했다. 그러다보니 언젠가부터 그는 늘 혼자였다. 그러던 어느 날, 다른 연못에서 이사 온 물고기가 그의 아름다움에 반해 말을 걸어 왔습니다. 그 순간 외로움에 지친 황금물고기는 그를 반갑게 받아들였고 둘은 친한 친구가 되었다. 그러다가 이사 온 물고기가 황금물고기에게 '친구야! 너의 아름다운 황금비늘을 하나만 주라. 친구의 아름다운 황금비늘을 나도 간직하고 싶어.'라며 부탁을 했다. 그러자 황금물고기는 썩 내키지는 않았지만 친구에게 자신의 황금비늘 하나를 떼어서 주었고, 좋아하는 친구의 모습을 보면서 이전에는 느끼지 못했던 또 다른 기쁨을 맛볼 수 있었다. 그것을 본 연못의 다른 물고기들도 너도 나도 황금물고기에게 몰려와 황금비늘 하나만 달라고 졸라댔다. 외로웠던 황금물고기는 황금비늘을 나누어 주면서 느꼈던 그 기쁨을 생각하면서 자신의 황금비늘을 하나씩 나누어 주기 시작했다. 마침내 황금비늘을 다 주고 난 황금물고기는 평범한 물고기가 되었다. 자신에게 황금비늘은 없어졌지만, 나누는 기쁨이 얼마나 큰지를 맛보았고, 주위의 많은 친구들이 생겨서 더

이상 외롭지 않았다. 그러던 어느 날 밤이었다. 어떤 사람이 연못을 지나다가 연못 전체가 황금색으로 반짝이는 것을 보고 넋을 놓고 바라보았다. 연못 속 물고기들이 하나씩 지니고 있는 황금 비늘이 저마다 아름답게 빛을 발하고 있었던 것이다.

매년 추운 겨울이 찾아온다. 매년 그러했듯이 지금은 우리 주변을 돌아보아야 할 때이다. 홀로 지내고 있는 사람은 없는지 다소 냉정해 보이더라도 먼저 손을 내밀어 보자. 마음이 따뜻해질 것이다. 가진 작은 벽부터 하나씩 허물어가는 사랑의 연결고리가 되면 우리의 가정, 사회, 더 나아가 세상은 정말 금빛 찬란한 아름다운 곳이 될 것이다.

황금물고기와 같이 자신을 비움으로써 남을 채우는 촛불과 같은 역할을 하고 싶은 마음으로 2015년 말에는 세종시 한 고등학교에 재학 중인 탈북학생 1명을 소개받아 영어를 가르친 적이 있다. 어렵게 북한을 탈출하여 한국에 들어온 탈북자들이 우리 사회에 잘 적응하여 미래 남북통일이라는 민족의 대업을 이루기 위해서는 이들의 역할이 중요하다고 생각한다. 그러한 의미에서 국가 정책적으로도 다양한 정책 프로그램을 통하여 이들이 사회에 낙오되지 않고 어엿한 대한민국 국민의 일원으로서 통일을 앞당기는데 기여할 수 있는 인력으로 육성하여야 할 것으로 보인다. 국가 개입도 중요하지만, 민간차원에서의 탈북자 지원을 위한 각종 활동도 전개되어져야 할 것이다. 비정부기구(NGO)나 각 종교단체 또는 학교 등 각종 교육기관에서 다양한 프로그램을 내실있게 운영함으로써 남북한을 서로 이해하고, 분단의 아픔을 극복하여 통일로 가기 위한 디딤돌 역할을 해 주길 바라는 마음이다. 이러한 의미에서 본인도 통일의 그 날을 꿈꾸며 탈북자 자녀 학생을 만나 우선 내가 할 수 있는 작은 일부터 실천해 보고 싶었다.

영어를 잘하지는 못하지만 나름대로 꾸준히 영어 공부를 해 왔고 관심을 가지고 노력을 해 왔기에 이 학생과는 주로 카톡을 교실삼아 선생님과 학생사이의 교수학습 과정이 일어나고 있다. 쉬운 기본 단어를 활용하여 간단한 문장으로 서로의 의사표현을 주고받으면서 영어에 흥미를 가질 수 있도록 무진 애를 썼던 기억이 난다. 이러한 활동을 하면서 학생에게도 도움이 될 수 있지만, 나 자신도 이 늦은 나이에 영어 학습에 대한 끈을 놓지 않고 계속 이어갈 수 있어 행복감을 느꼈다. 아침에 출근하자마자 “Good morning, How are you doing?”으로 시작되는 수업은 시·공간을 초월하여 잠들 때까지 본인이 편한 시간에 부담 없이 답변하거나 질문하면 된다. 이러한 과정에서 선생님으로서 문법책을 뒤지거나 단어를 찾아 제대로 된 영어 표현을 학생에게 주지시키고 학생 또한 반복하여 익힘으로써 상호 win-win할 수 있는 기회로 활용하였다. 영어 공부를 하면서 좋은 표현은 암기하도록 했는데 학생에게 도전 정신과 꿈을 심어주고 매사에 열정을 가지고 꿈을 실현하기 위해 주어진 하루하루를 최선을 다해 노력해 줄 것을 주문하기도 했다. 예를 들어 “꿈(희망)은 꿈을 꾸는 자에게만 그 꿈은 실현된다.”라는 영어표현 즉 “The hope only happens to the person who is hoping.”이라는 영어 문장을 반복하여 암기하게 하고 며칠 뒤에 내준 숙제를 점검하여 확인하였다. 이러한 작업을 통하여 좋은 문장을 자기 것으로 만들고 마음속에 간직하게 하여 본인의 목표를 실현할 수 있는 내적 동기를 강화시키는데 일조를 했다고 생각한다.

온라인에서 이루어지는 학습으로는 충분치 않아 직접 대면을 통하여 진도를 확인하기도 하였다. 나는 1주일에 최소한 1번 정도 만나 함께 식사도 하고 학교생활에서의 희노애락을 공유하고 싶었지만 그리 자주 만나지는 못했다. 가끔 연락해서 함께 식사도 하고 학교생활이 어떤지, 적응에는 문제가 없는지에 대해 얘기를 들어보고 영어로 간단한 회화를 해 보기도 하였다. 세종을 떠나 2016년부터 부산에 체류하면서 이 학생과의 인연은 잠시 접었지만 마음속으로는 남북정상이 만나 통일을 얘기하듯 다시 인연을 연결하여 평양에서 함께 만나 영어공부를 이어가고 싶은 마음이다. 인연의 끈이 맺어져 언제까지 이어질지는 모르겠지만, 어디에 있든 무엇을 하든 한 번 맺은 인연을 통해 이 학생이 우리 사회에 책임 있는 일원으로 제 역할을 잘 해 줄 수 있도록 힘이 되어주고 싶다. 언젠가는 통일 세대의 주인공이 되길 꿈꾸어 본다.

평상 시 훈련이 있어야 제대로 된 봉사활동을 할 수 있다

주말 시간을 이용하여 봉사활동의 영역을 확대하고 싶다는 바램으로 2016년 3월 19일 상계동 집 앞에 위치한 한 복지원을 찾았다. 이 복지원은 집에서 아주 가까워 접근성 측면에서도 좋지만 우리 아들놈이 봉사활동을 했던 곳이라 더 참여하고 싶은 마음이 부쩍 들었다. 아들놈도 처음에는 대학입학 전형 요소의 하나인 자기소개서나 학생부에 기록을 남기기 위해 봉사활동에 발을 들여 놓았지만, 중증 장애인들과 함께 생활해 봄으로써 느끼는 바가 적지 않았을 것이라 생각한다. 가끔 아들 녀석하고 본인의 봉사활동 경험을 공유한 적이 있었는데, 부모가 누군지 모른 채 이곳에 버려진 중증 장애인들과 식사, 목욕, 함께 놀아주기 도우미 활동 등을 통해서 누구의 도움 없이 혼자 스스로 밥을 먹을 수 있는 것만 해도 나는 얼마나 행복한 존재인지를 크게 깨달았다고 말할 때 참으로 많이 성숙했구나하는 기쁨이 있었다.

봉사 경험을 제대로 하고 싶어 중증장애인의 손과 발이 되어주겠다고 굳은 맹세를 한지도 어언 상당한 시간이 흘렀음에도 바쁘다는 핑계로 2년 이상 그들과 대면을 하지 못하고 있었다. 그러다가 약속한지 2년이 훨씬 지난 2018년 8월 25일 드디어 어르신 목욕 봉사를 태어난 지 처음으로 경험하게 되었다. 조심스러운 것은 이러한 봉사활동을 함에 있어 하는 일을 드러내지 않고, 진실하게 다가가서, 봉사를 받는 분의 입장에서, 그분들의 자존심을 지켜드리고 낮은 자세로 임해야 하는데 과연 그럴까 하는 측면에서 많은 반성을 하고 있다. 향후에는 이 점 유의하여 겸손한 마음으로 제대로 된 봉사활동을 하고자 한다.

앞을 못 보시거나 거의 시력을 잃은 분들 대상으로 목욕을 시켜드렸는데 가족의 연고가 있어도 찾아오지 않거나, 거의 연이 닿지 않거나, 닿더라도 밝히고 싶지 않는 분들이라는 것을 알게 되었고 이 분들을 대할 때 마다 그 분들의 삶을 생각해 보았다. 연민의 정이 들기도 하지만 살아계시는 동안 용기를 잃지 않고 건강하게 잘 사시길 기도하겠다.

말로만 남을 위해 봉사하겠다는 것은 구두선에 불과하다. 직접 경험해봐야 빵 한조각의 고마움, 땀 한 방울의 가치를 알 수 있을 것이다.

아래 글은 교육부 정보보호팀장으로 근무하면서 2014년 소프트웨어진흥협회 주관 행사장에서 알게 된 한 사이버 보안 업체

CEO분께서 보내준 사연이다.

아저씨!.. 아저씨! 잠깐만요. 지난 어느 날 영동고속도로 ○○휴게소 한 중년 부인이 승용차 창문을 반쯤 내리고 부근에서 빗자루를 하고 있는 미화원 ㅂ씨를 불렀다. ㅂ씨는 부인이 부르는 '아저씨'가 자신이라는 걸 뒤늦게 알고 고개를 돌렸다. 이거 (일회용 종이컵) 어디에 버려요? "이리 주세요" 그걸 몰라서 묻나. 쓰레기통까지 가기가 그렇게 귀찮은가...

ㅂ씨는 휴게소 미화원으로 일한 지 이 날로 꼭 한 달째다. 그런데도 아저씨란 호칭이 낯설다. 지난 27년 동안 신부님이란 소리만 듣고 살았기 때문이다. 안식년을 이용해 휴게소 미화원으로 취직한 청소부가 된 ㅂ신부. 그는 오전 8시부터 오후 8시까지 12시간 동안 휴게소 광장을 다람쥐 쳇바퀴 돌 듯 하며 빗자루질을 한다. 그의 신분을 아는 사람은 주위에 한 명도 없다. 기자의 기습에 깜짝 놀란 그는 아무도 모르게 하는 일인데 하며, 사람들 눈을 피해 어렵사리 말문을 열었다. 사람들 사는 게 너무 힘들여 보여서 삶의 현장으로 나와 본 거예요. 난 신학교 출신이라 돈 벌어본 적도 없고 세상 물정에도 어두워요. 신자들이 어떻게 벌어서 자식을 공부시키고 집 장만하고, 헌금을 내는지 알아야 하잖아요.

그는 세상에 나오자마자 소위 빽을 경험했다. 일자리를 찾아보려고 발품을 팔며 수없이 돌아다녔는데 나이가 많아 받아주는 데가 없었다. 아는 사람이 힘을 써주어서 겨우 휴게소 미화원 자리를 얻기는 했지만 사오정이니 오륙도니 하는 말이 우스갯소리가 아니란 걸 피부로 느꼈다. 그는 출근 첫날 빗자루를 내 던지고 그만두려고 했다. 화장실 구역을 배정받았는데 허리 펴 볼 틈도 없이 바쁘고 힘이 들었다. 대소변 묻은 변기 닦아내고, 발자국 난 바닥 걸레질 하고, 담배 한 대 피우고 돌아오면 또 엉망이고... 그래도 일이 고달픈 건 견딜만하다. 사람들 멸시는 정말 가슴 아팠다.

어느 날, 한 여성이 커피 자판기 앞에서 구시렁거리며 불평을 했다. 무엇을 잘못 눌렀는지 커피가 걸쭉하게 나와 도저히 마실 수 없는 상태였다. ㅂ신부는 휴게소 직원으로서 자신의 동전을 다시 넣고 제대로 된 커피를 뽑아 주었다. 그랬더니 그 여성이 "고마워요. 저건(걸쭉한 커피) 아저씨 드시면 되겠네." 라며 돌아서는 게 아닌가. "제가 그 때 청소복이 아니라 신사복 차림이었다면 그 여성이 어떤 인사를 했을까? 겉모습으로 사람을 평가하면 안 되죠. ㅂ신부는 그러고 보면 27년 동안 사제복 덕분에 분에 넘치는 인사와 대접을 받고 살았는지도 모르겠다"고 덧붙였다.

그는 눈물 젖은 호두과자(?)도 먹어 보았다. 아침식사를 거르고 나왔는데 허기가 져서 도저히 빗자루질을 할 수가 없었다. 하는 수 없이 호두과자 한 봉지를 사들고 트럭 뒤에 쪼그려 앉아 몰래 먹었다. 손님들 앞에서 음식물 섭취와 흡연을 금지하는 근무규정 때문이다. 그의 한 달 세전 월급은 120만원. 그는 "하루 12시간씩 청소하고 한 달에 120만 원 받으면 많이 받는 거냐, 적게 받는 거냐"고 기자에게 물었다. 또 "언젠가 신자가 사다준 반팔 티셔츠에 10만 원 넘는 가격표가 붙어 있었는데... 라며 120만 원의 가치를 따져보았다.

이번엔 기자가 신부님이 평범한 50대 중반 가장이라면 그 월급으로 생활할 수 있겠어요. 라고 물었다. 내 씀씀이에 맞추면 도저히 계산을 못하겠네요. 그 수입으로는 평범한 가장이 아니라 쪼들리는 가장 밖에 안 될 것 같은데 그는 "신자들은 그런데도 헌금에 건축기금까지 낸다."며 이제 신자들을 더 깊이 이해할 수 있을 것 같다고 말했다.

그는 그동안 강론대에서 '사랑'을 입버릇처럼 얘기했는데, 청소를 해 보니까 휴지는 휴지통에, 꽁초는 재떨이에 버리는 게 사랑임을 깨달았다고 말했다. 쓰레기를 함부로 버리면 누군가가 그걸 줍기 위해 허리를 굽혀야 합니다. 쓰레기를 쓰레기통에 버리는 것은 평범한 일입니다. 또 과시할 것도 없고, 누가 알아주길 바랄 필요도 없죠. 시기 질투도 없습니다. 그게 참사랑입니다.

그는 신자들이 허리 굽혀 하는 인사만 받던 신부가 온종일 사람들 앞에서 허리 굽혀 휴지를 주우려니까 여간 힘든 게 아니다며 웃었다. 그는 퇴근하면 배고파서 허겁지겁 저녁식사를 하고 곧바로 곯아떨어진다며 본당에 돌아가면 그처럼 피곤하게 한 주일을 보내고 주일 미사에 온 신자들에게 평화와 휴식 같은 강론을 해 주고 싶다고 말했다.

이 날은 그의 마지막 근무일이다. 애당초 한 달 계획으로 들어왔다. 그는 낮은 자리에서의 한 달 체험을 사치라고 말했다. 난 오늘 여기 그만두면 안도의 한숨을 돌리겠죠. 하지만 이곳이 생계 터전인 진짜 미화원이라면 절망의 한숨을 쉴 것입니다. 다시 일자리를 잡으려면 얼마나 힘들겠어요. 나도 빽 써서 들어왔는데. 그리고 가족들 생계는 당장 어떡하고. 그래서 사치스러운 체험이라는 거예요.

그는 인터뷰가 끝나자 일터로 뛰어갔다. 한 시간 가량 자리를 비운게 마음에 걸려서 그런 것 같다. 미화반장한테 한소리 들었을지도 모른다. 쓸고, 닦고, 줍고...몸을 깊숙이 숙인 채 고속도로 휴게소를 청소하는 ㅂ신부님. 그에게 빗자루질은 사제생활 27년 동안 알게 모르게 젖어든 타성에서 벗어나고 마음의 떼를 씻어내려는 기도인지도 모른다.

일상 삶의 타성에서 벗어나 마음의 때를 씻어내는 데에는 봉사활동만한 것이 없을 것이다. 2016. 4.25자로 부산에 있는 한국해양대로 승진 발령을 받으면서 접근성 측면에서 서울 집 앞 복지원 자원봉사의 기회가 점차 줄어드는 게 아닌가 하는 걱정을 하게 되었다. 그럼에도 불구하고 나의 여러 가지 봉사활동에 대한 의지와 실천에는 변함이 없으며, 한국해양대학교에서도 학생들의 멘토가 되어 그들의 삶에 조그마한 위로를 더해주고 취업 및 진로에 도움이 되는 활동을 즐겁게 하였다. 이 뿐만 아니라 직원 동아리 봉사활동에도 참가하여 타인의 마음에 행복을 심어주고 사회를 살만한 곳으로 만드는데 일조하고자 구슬땀을 흘리는 동작을 멈추지 않았다.

한국해양대교에 적을 두면서 평생토록 잊지 못할 흔적은 앞에서도 얘기했지만 아치맥가이버 동아리 활동이라 말할 수 있다. 본인이 관장하는 사무국 소속에는 시설과가 있는데 여기 근무하는 직원분들은 전기, 통신, 환경, 건축, 설비 등의 분야에 기술자격증을 가지고 각 분야별 맡은 업무에 충실하면서 이웃돕기에도 앞장서고 있다. 이 분들 중심으로 하되, 교수님, 건축 전공 학생들, 타 부서 직원도 함께하는 동아리를 결성하여 매월 1회 봉사활동에 즐거운 마음으로 참여하고 있다. 자격증도 없고, 경험도 일천하고 융화에도 문제가 있을 것 같았지만, 낮은 자세로 그리고 배운다는 겸손함으로 접근하니 모두들 환영해 주었고 이제는 아주 익숙한 봉사활동의 한 멤버가 되었다. 쓰레기를 버리고, 커피를 나르면서 격려해 드리고, 대화를 나누면서 열심히 참여하고자 하였다. 주민센터나 사회복지원과 연계하여 학교 주변 어려운 환경에 있는 독거노인이나 기초생활 수급자 가정을 방문하여 새로 도배를 하고 전등을 교체하며 장판을 바꾸는 이른바 집 안 개조공사를 하였다.

협업으로 멋진 작품을 만들어 가고

은퇴 후에도 돕는 일에 열정을

최종 마무리도 깔끔하게

신혼집 같다는 말씀에 기쁨이 넘치고

자식과 연락이 되지 않거나 장애인 상태로 외롭게 사시는 분들이 경제적으로 어렵기 때문에 오랜 세월 집안 수리가 안 된 상태로 생활해서 위생상 또는 건강상 문제가 생길 수 있다. 이러한 환경에 거주하시는 그 분들의 삶의 공간을 완전히 새롭게 바꾸어 드리고 난 뒤 아름답게 미소 짓는 이분들의 웃음 속에서 봉사활동에 대한 보람을 찾을 수 있었다.

재직 중 마지막 봉사활동은 2019년 5월 11일에 이루어졌다. 공로연수 떠나기 한 달 여 전에 아치맥가이버 봉사활동을 마지막으로 펼치면서 평생 이웃과의 아름다운 동행을 하며, 지칠 줄 모르는 사랑의 손길을 내밀겠다고 다짐했다. 타인의 마음을 기쁘게 하는 일을 멈추지 않겠다.

제7장
어머니의 기도

어머님의 기도는 나를 바른 길로 이끄셨다

내려갈 때 보았네
올라갈 때 못 본 그 꽃

부활절에 앞서 고난주간을 보내면서 수요예배에 참석했다가 목사님께서 위 고은의 시를 인용하면서 설교 주제와 연결하여 말씀하신 내용이 아직도 선명하게 머릿속에 뱅뱅 맴돌고 있다. 설교의 핵심은 우리 인간은 살아가면서 앞만 보고 줄기차게 달려가고 있는데 그렇게 만들게 하는 비존재(非存在)적인 것들 즉 권력, 돈, 명예, 사회적 지위 등 죽음과 더불어 사라지는 가치들에 너무 매몰되어 진작 소중한 존재(存在)의 가치를 잃어버리는 어리석은 인생을 살면 안 된다는 것이다.

2019년부터 60대에 접어들게 되면서 지나온 삶을 되돌아보고 깊이 성찰하며 앞으로 남은 삶을 어떻게 살아갈 것인가라는 철학적인 물음에 답을 하는 시간이 부쩍 많아졌다. 존재의 가치에 보다 방점을 찍기 시작하면서 나의 삶 전체에 방향타 역할을 해 주시는 어머님의 존재가 지금에야 점점 크게 확대되어 오곤 한다.

호적에 1938년생으로 되어 있지만 실제로는 1934년 태어나신 우리 어머님은 86여 년의 삶을 이어오시면서 모질고 힘든 시기를 보내셨다. 제주도 출신으로 거친 바다와 싸우면서 목숨을 걸다시피 하며 해녀로 생계를 꾸려 가셨던 어머님은 제주도의 많은 남자들이 그렇듯 특별한 직업이 없이 어머님에게 얹혀 그럭저럭 세월을 보내는 아버님 때문에 오랫동안 가슴앓이 하면서 고된 삶으로 일관하셨다. 아버님도 이러한 삶이 미안하셨던지 내가 3살 때 광부로 일하면 돈을 벌 수 있다는 소문을 듣고 친척의 만류를 뿌리치고 정든 고향을 떠나 강원도 동해 인근 옥계면 금진이라는 조그마한 어촌으로 이사하는 중대한 결단을 내리셨다.

돈을 벌어 잘 살아보겠다고 낯설고 물선 타향에서의 삶은 당초 기대와는 달리, 고난이 일상화된 삶이라는 것을 부모님으로부터 귀가 따갑도록 지금까지 들어왔다. 점차 성장하면서 목격한 그분들의 가난과 고통으로 점철된 삶의 장면들이 빛이 바랜 옛날 앨범을 한 장 한 장 들추어보듯 물밀 듯이 가끔 몰려오곤 한다. 그 중 몇 장면만을 크게 확대하여 들여다볼수록 가슴 깊숙한 곳에서 나도 모르게 울컥하면서 폭포수처럼 쏟아져 내려오는 어머님에 대한 한없는 존경심과 헌신에 울지 않을 수 없고, 수십 년간의 탄광 생활이 원인인지는 모르겠지만 23여 년 전 맹인이 되어버린 아버님에 대해 애틋한 연민과 사랑의 감정이 북받쳐 오른다.

우리 어머님은 제주도 해녀 분들의 삶이 그렇듯 너무 부지런하고 자식 뒷바라지에 모든 희생을 감내하며 어떠한 고난과 역경 속에서 삶을 절대 포기치 않는 정말로 생활력이 강한 분이시다.

내가 깊이 잠든 사이 어머님은 잠을 쫓아가며 새벽 4시 경 일어나서 검은색 해녀 복으로 갈아입고 해산물 채취 기구와 수경 등 잠수 도구를 챙기시고, 비가 오나 눈이 오나 태풍이 부는 경우가 아니면 파고가 상당히 높음에도 불구하고 어김없이 바다로 향하셨다. 가끔 새벽에 뭔가 바스락 거리는 소리에 잠이 깰 때가 있었는데, 어머님은 오로지 자식들 뒷바라지를 위해 어둠이 잔득 깔려있는 이른 새벽부터 생활 전선으로 나가야만 했다. 당시 초등학교에 다니는 어린 나이임에도 불구하고 거친 바다로 나가시는 어머님의 뒷모습을 보고 눈물을 흘린 적이 한두 번이 아니었다.

정든 제주도 바다 무대를 떠나 그야말로 아무런 원군도 없는 강원도 동해 낯선 촌구석에서 바다를 산 사장과 지역 토착 어촌계 주민들의 견제와 멸시 그리고 천대 속에서 오로지 자식 뒷바라지를 위해 모든 희생을 감수하신 어머님! 어머님의 치열한 삶의 현장을 보면서 어머님의 자식에 대한 기대를 저버리지 않기 위해 전기도 없는 호롱불을 친구삼아 목숨 걸다시피 공부했던 기억이 지금도 선명하게 남아있다. 그러한 학업에 대한 집착은 당시 사회 부조리에 대한 반항심과 함께 국민학교, 중학교 다닐 때 해녀 아들이라고 놀림을 받았고, 그것도 외지 출신이라 왕따를 당하며 갖은 수모를 겪으면서 그러한 설움의 강도에 비례하여 점점 더 배가되었던 것 같다.

앞에서도 어머님에 대한 이야기를 했지만 늘 그립고 잘해 드리고 싶은 마음이 사무쳐 다시 되돌아보게 된다. 어머님은 불교신자였다. 삶에 지치고 사회의 부조리에 반항도 못하시고 아버님은 늘 술을 벗 삼아 집안 살림을 어머님께 다 맡기는 가운데 한 집안의 가장 아닌 가장으로서 양 어깨에 짓눌리는 가족 부양의 부담감 등으로 얼마나 힘드셨으면 부처님께 의존해서 고통을 극복하시려고 했을까 하는 생각을 해 보았다. 하지만 첫째 여동생이 뇌에 생긴 병으로 정신적인 질환을 앓으면서 힘들어하자, 불공을 열심히 드렸지만 차도가 없어 주변의 권유를 받아들여 교회를 다니면서 여동생의 병도 점차 회복되어져 갔고, 이 이후로 어머님은 생업 전선에서 힘든 삶을 살면서도 하나님께 의지하기 위해 동네 교회를 열심히 다니셨다.

어머님의 기도와 성경공부는 나에게 바른 삶을 가게 하는 나침반이었다(2017년 당시 84세)

서울에서 대학을 다니다가 방학을 이용하여 시골에 내려오면 어머님은 하루의 일과를 다 마친 저녁에 동네 교회 신도들과 함께 구역예배에 참석하여 찬송을 부르고 성경공부도 하셨는데 나를 늘 부르셨고 참석 종용(?)을 하셨지만, 그 때만 해도 교회와는 상종도 하지 않았던 비기독교인으로서 어머님의 말씀에 순종하지 않았다. 우리 어머님은 지금까지 성경책과 교회를 친구삼아 자식의 성공과 아버님의 건강 등을 위해 열심히 기도해 오시고 있다. 이러한 어머님의 간절한 기도 덕분에 나도 어느 새 어머님과 노선을 같이 하게 되었고, 교회에 대한 철저한 배척과 어머님의 신앙생활에 불만을 늘 가졌던 아버님도 맹인이 되신 이후 나와 집사람, 손자, 손녀를 위해 매일 1시간 이상 기도에 매달리고 있어 늘 감사한 마음이다.

아버님은 가장으로서 어머님의 부담을 덜어드리고 가정 경제에 도움을 주기 위해 고향을 등지고 강원도 탄광촌에 오셨지만, 학창 시절 아버님의 삶을 회상하면 살림에 도움이 되기보다는 매일 술로 인하여 어머님과의 싸움이 일상이 되었던 아픔이 먼저 떠오른다. 당시 가정의 에너지원은 연탄이었고, 이 연탄의 원재료인 석탄을 캐기 위해 아버님은 지하 천 미터가 넘은 어두컴컴한 막장에서 목숨을 담보로 어려운 나날의 생을 보내셨던 것이다. 한 주는 아침에, 그 다음 한 주는 오후에, 마지막 한 주는 새벽에 출근하는 3교대 방식으로 근무하셨는데, 지금도 당시 빛바랜 영상 한 장면을 되돌려보면 가슴이 메어지면서 눈물이 저절로 떨어지게 만드는 아버님의 힘든 삶의 모습들이 주마등처럼 지나간다. 낮에는 광산에 다니는 친구 분들과 술을 밥으로 삼아 한잔 얼큰하게 드시고 집에 오셔서 새벽에 일하러 가셔야하기 때문에 진동하는 술 냄새와 함께 코를 심하게 골면서 수면 모드로 들어가시는 게 다반사였다. 새벽에 일하러 나가셔야하기 때문에 시간에 맞춰 깨워달라는 아버님의 당부 말씀은 늘 있었는데, 겨울바람이 매섭게 불고 눈보라가 앞을 분간할 수 없을 정도로 사납게 몰아치는 추운 겨울에 술이 덜 깨신 아버님을 깨워 일터로 보내시기가 너무나 마음 아팠다. 깨울까 말까 한참 망설이다가 새벽에 바다로 나가시는 어머님의 무거운 어깨를 조금이나마 아버님께서 덜어 주셔야 하지 않을까 하는 생각과 함께, 아버님의 당부도 있어 곤하게 주무시는 아버님을 깨울 수밖에 없는 현실 앞에서 얼마나 울었는지 모른다. 대충 끼니를 채우시고 지하 갱도에서 일할 수 있는 작업복으로 갈아입으시고 살을 에는 듯한 추위와 눈보라를 뚫고 일터로 나가시는 아버님의 뒷모습이 어찌나 나의 가슴을 아프게 했는지! 펑펑 울면서 호롱불을 벗 삼아 책장을 넘겼다.

아버님을 통해 장애인의 고통을 깨닫다

당시 시골 중학교에서 명문인 강릉고등학교 들어가기가 쉽지 않았지만 아버지와 같은 삶은 살지 않겠다고 이를 깨물며 학업에 열중한 덕분에 진학의 문을 열 수 있었다. 고등학교 때 강릉에서 하숙할 때 여러 번 이사를 한 적이 있었고 가끔 아버님이 이삿짐 옮기는 것을 도와주신 적이 있었는데 초라하고 남루한 아버님을 누가 볼까봐 아버님을 멀리 하고픈 마음을 당시에 가졌었다. 지금 생각하면 아버님께 죄송하고 미안한 감을 금할 수 없다. 그런 아버님은 수십 년간의 광산 생활로 인한 진폐증을 몸에 달고 있어 호흡 곤란에다 23년 전 내가 미국 유학 때에 시력까지 잃어

지금은 장애인으로 너무나 힘든 인생의 여정을 걸어가고 계신데 매일 전화를 드리고 기도를 매일 하고 있다. 2019년 올해 87세인 인 아버님은 이제 청력을 거의 다 소실하여 대화가 힘들다. 마음이 메어진다.

생계에 큰 도움을 주지 못하는 아버님의 경제적 무능과 광산 생활을 하시면서 몸에 들어온 탄가루를 제거하기 위해 매일 술을 약으로 삼아 탄가루를 배출해야하는 그러한 아버님의 삶에 대해, 어릴 때에는 원망과 미움으로 가득했다. 하지만 애들을 막상 키우면서 다시 돌아보게 되는 아버님의 힘든 인생 여정 속에서 지게 되는 고단한 짐의 무게가 얼마나 무거웠고 힘드셨을까 생각해 본다. 자식들을 위해 묵묵히 나름대로 가장으로서 가정의 삶을 이끌고 가시려고 늘 노심초사하시며 고행의 길을 밟으신 아버님의 삶과 실질적인 가장으로서 역할을 해주신 어머님의 노고를 생각할 때 마다 살아계시는 한 정말로 잘 모셔야하겠다는 마음을 늘 가졌다. 이러한 아버님의 옆에는 늘 어머님께서 아버님의 수족이 되어 병원 모셔 가는 것에서부터 목욕, 식사, 약 꼬박 챙겨드리는 것 등에 이르기까지 간호를 해 주시고 계시는데, 어머님께서 아버님을 요양병원이나 요양원에 모시자고 계속 호소하고 있다. 연로하셨고 어머님도 눈도 어두워지고 힘들어하시는데, 앞 못 보시는 아버님 간호에 매달리다 보니 젊었을 때에는 자식 양육으로, 연세 들어서는 아버님 봉양으로 얼마나 심신이 힘드시면 그런 말씀을 하실까 하는 생각이 든다.

내려갈 때 보았네
올라갈 때 못 본 그 꽃

학창시절을 보내고 치열하게 직장생활을 하면서 자녀를 키우느라 그리고 전쟁터처럼 너무나 바쁜 업무의 홍수 속에서 앞만 보고 달리느라 부모님의 은혜를 깊이 생각지 못했다. 오로지 자식이 잘되고 사회에 빛과 소금의 역할을 잘 감당하면서 훌륭한 사람으로 성장해 주기를 바라는 간절한 염원을 위해 매일 새벽에 교회를 나가서 열심히 기도해 주신 어머님의 기도 음성을 이제야 듣게 되니 너무 죄송한 마음이 든다. 이 글을 쓰고 있는 2019년, 두 분께서는 춘천에서 아직 생존하고 계신데 매월 첫째 주 주말은 '부모님 방문의 날'로 정하여 두 분께서 좋아하시는 전복, 족발 등을 사가지고 부모님을 찾아뵙고 용돈도 드리면서 큰 절을 올리고 지나간 살아온 얘기를 나누곤 한다. 가끔은 눈물을 흘릴 때도 있고, 아버님 간호로 너무 힘들어하시는 어머님의 호소를 들을 때 마다 바쁜 직장 생활을 핑계로 제대로 그 문제를 해결을 해 드리지 못해 죄송할 따름이다.

> "네 부모님을 공경하라 그리하면 네 하나님 여호와가 네게 준 땅에서 네 생명이 길리라"(출애굽기 20:12)
> Honor your father and mother, so that your days may be prolonged in the land the Lord your God gives you.
> 当孝敬父母，使你的日子在耶和华你神所赐你的地上得以长久。

지금까지 미진한 부분이 많았고 제대로 잘 해드리지 못해 후회도 많지만, 십계명 중 5번째인 '네 부모님을 공경하라' 하라는 하나님의 말씀을 명심하고, 부모님 살아계시는 동안 더 잘 해드려야겠다는 마음을 가지고 잘 모시고자 한다. 하나님의 명령도 있지만 송강 정철의 간절한 부탁도 있다. '어버이 살아실 제 섬기

길 다하여라. 지나간 후면 애닯다 어리하리. 평생에 고쳐 못할 일이 이뿐인가 하노라.'라는 시구처럼 효도를 실천하는 삶을 살며 우리 자녀에게도 본을 보이는 길을 걷고 싶다. 주말을 빼고 매일 아침 7시 45분에 전화를 드려 부모님의 안부를 확인한 지도 10년 이상의 세월이 지나면서 안타까운 것은 청력을 거의 잃어버린 아버님의 목소리를 점차 못 듣게 되었다는 것이다. 대신 어머님께서 아버님을 대신하고 계시는데, 이제 2019년 7월 1일부터 공로연수에 들어가면 그동안 눈물을 흘리며 한없는 고생을 하신 어머님의 아버님에 대한 수발을 대신하고자 준비 중에 있다. 어머님을 해방시켜 드리고 싶고 조금은 혼자만의 안정된 시간을 가지셔서 참된 평안을 누릴 수 있게 해드리고 싶다.

앞만 보고 달려갈 때 못 본 어머님의 헌신과 기도, 그리고 아버님의 자식에 대한 기도와 사랑에 진심으로 감사드린다. 어머님의 기도는 인생에 한번 뿐인 삶에 대해 존재의 중요성을 늘 깨워주시는 약이며 그 약으로 인하여 나는 행복하다.

제8장
승진의 기쁨을 섬김의 기회로

고난의 결과는 행정고시 합격으로 보답 받다

살아가면서 짜릿하고 너무나 흥분되고 기뻐서 어쩔 줄 몰라 속으로 쾌재를 부르는 그러면서 마치 전기에 감전이나 된 것처럼 몸서리쳐지는 순간들은 사실 많지는 않다. 그래봐야 손에 꼽을 정도인데 예를 들면 수많은 난관을 뚫고 결혼에 골인했거나 목숨을 다하여 피눈물 나는 고생 끝에 그 어렵다는 고시에 합격한 경우이거나 또는 도저히 안 될 것 같은 승진자 명단에 내 이름이 있을 경우 등을 들 수 있다. 이 가운에 아직도 심장이 멈출 것 같았던 가장 짜릿했던 순간은 공중전화를 통해 들려오는 행정고시 합격의 목소리를 들었던 때였고 그 다음으로는 2016.4.25.일 13년 7개월 만에 들어보는 부이사관 승진 발표였다.

행정고시 합격은 나의 인생에 있어 특별한 축복이었고 피와 땀을 흘린 엄청난 노력의 결과였으며, 고난의 결과는 달콤한 열매로 맺어진다는 평범한 진리를 재삼 확인한 일대 사건이었다. 평범한 삶을 살아가면서 노선을 변경하여 미지의 세계에 도전한다는 것은 위험과 고난을 기꺼이 감수하겠다는 각오가 전제되어야 하며, 그러한 굴곡이 긴 힘든 길을 가는 과정에서 좌절과 실패로 인한 고통도 수반됨을 충분히 인식하고 준비해야 함을 의미한다.

2년제 교대를 졸업하고 초등학교 선생 12년의 삶 속에는 야간대학을 다닌 경험도 포함된다. 당시 밤늦게 또는 주말에 도서관에서 곁눈질을 통해 소위 고시 낭인들의 처절한 시험 투쟁을 벤치마킹하면서 시작한 고시 여정은 순탄치 않았다. 교직과 시험공부를 병행하는 주경야독의 발자취를 만들어낼 때 마치 자욱한 안개가 낀 것 같은 수험생의 길은 이 책 뒷부분에 있는 행정고시 합격기와 함께 어느 새 다른 길로 변해 버렸다.

교육행정의 길을 걷다

행시 합격으로 1년간의 수습 기간을 끝내고 맞이하게 된 첫 직장은 강원도교육청의 국회격인 강원도교육위원회 소속 의사계장 보직이었고 지방교육청(엄밀히 말하면 교육위원회)에서 5급 사무관으로서 공직에 첫발을 내딛게 되었다. 강원도교육청(도서관 분관 근무를 한 적도 있음)을 거쳐 1998년 교육부로 전입하게 되었는데 솔직히 말해 서기관 승진하기까지 승진에 대한 관심은 거의 없었고 주어진 일을 처리하는 데에만 몰두하여 밤인지 낮인지 주말인지 주 중인지도 모를 정도로 힘든 직장 생활을 하였던 것 같다. 교육부에 근무하는 분은 다 비슷한 처지이지만 매일 야근에 주말을 잊으면서 근무하다보니 1993년도 수습사무관 생활을 시작한 이래 어느 새 서기관 승진을 하게 되었는데 승진하는 데 소요된 기간은 9년 걸렸다. 2002년 승진할 당시에는 동기보다 비슷하거나 1년 늦게 되었지만 하여튼 공무원은 승진으로 보상 받는다는 말이 있듯이 과장 보직(본부는 팀장도 포함)을 맡은 수 있는 직위에 오르고 보니 자부심은 생기지만 책임감이 수반되는 어려운 자리기도 하였다. 교육부 본부 과나 산하 기관마다 다르지만 대략 7-10명의 직원을 거느리고 상사와 부하 직원 사이를 잘 조정하고 다른 부서와 협조 관계를 유지하면서 리더십을 잘 발휘하여 일정한 성과를 낸다는 것은 쉽지 않는 공직의 길이면서도 또 다른 삶의 도전이었다.

3급으로의 승진 기간이 길었던 이유를 말하다

4급 서기관 승진 후에는 교육부 본부는 짧게 근무하고 대개는 대학이나 산하기관 과장으로 보직을 받아 과장 직책을 수행하면서 본격적인 리더십 훈련을 받는 시기로 접어들게 된다고 볼 수 있다. 그런데 나의 경우는 3급 부이사관으로 승진하는데 있어 비슷한 다른 위치에 있는 분들에 비하여 정상적인 궤도를 벗어나 약간은 이탈하였다는 생각을 많이 갖는다. 2002년 승진 이후 3급까지 다른 한 단계를 올라가는데 확실한 통계는 없지만, 보통 6-8년 소요되는 것으로 아는데 13년 7개월이 소요되었으니 타인보다 거의 2배 걸린 셈이다. 이 과정에서 여러 가지 우여곡절이 좀 있었다. 지금부터 이 부분에 대해 조금은 장황한 변명일 수도 있지만 하여튼 내가 가슴앓이 비슷하게 힘든 과정을 거쳐 어렵게 한 걸음 더 전진하였기에 내가 겪는 경험을 공유하면서 몇 가지 포인트도 짚어보고자 한다.

다른 중앙부처는 잘 모르겠지만 교육부의 경우 본부의 몇 개 과장 (팀장 포함) 보직을 맡고 몇 년 근무해야 3급 부이사관 승진이 가능한 구조로 되어 있다. 서기관 승진 후 유네스코 등 국제기구나 산하기관에 근무하면서 – 요즘은 승진 후 계속 본부에 근무하면서 고위공무원 승진까지 가는 경우도 있지만 - 여건이 조성되면 승진을 위해 그리고 본인의 발전과 향후 경력 관리를 위해 본부 과장을 하고 싶다는 의사 표시를 인사 파트에 하며 본인도 여러 번 했었다. 서기관 승진 후 여러 기관에서 근무를 했는데 순서대로 언급하면 북경사범대학에서 과장급 직무연수를 했고, 귀국 후 교원소청심사위원회에서 '대학교원 기간임용제 탈락자 구제를 위한 특별법'에 의거 과거 다양한 사유로 재임용에서 탈락된 대학 교원들의 복잡다기한 사안들을 심사하는 업무도 했다. 이 때 모시고 있던 위원장님께서 교육부 차관으로 영전되어 가셨는데 같이 근무했던 인연도 있고 해서 차관실로 찾아뵙고 본부 과장 보직을 맡고 싶다는 의사를 표시했으나 당시 빈자리가 없다는 등의 사유로 나의 희망은 이루어지지 않았다.

다음으로 방배동 교육인적자원연수원으로 무대를 옮겨 교육부, 대학, 시도교육청 등 교육부 연관 기관에 근무하는 공무원의 역량을 높이기 위한 각종 연수 프로그램을 기획, 운영하는 경험도 쌓았다. 연수원 근무 시에도 교육부 본부로 갈 기회가 있었다. 교육부 공문에 의거 본부 전입 희망서류를 제출하였는데 당시 총무부장도 본부 근무를 원하여서 원장 입장에서 2명 중 1명으로 조정을 하게 되었고 내가 계속 연수원에 남는 것으로 결정되었다. 연수원 근무는 내가 더 오래 되었지만 고시 기수를 감안하여 본부에서 근무하고 싶다는 소망은 다음으로 미루어지게 되었다. 공직에 몸담으면서 승진에는 관운이 따른다는 말을 많이 듣는데 하여튼 관운이 없는 것인지 어떤지는 모르겠지만 본부 과장 진입은 계속 미루어지게 되었다. 연수원 근무를 하는데 어느 날 갑자기 동북아역사재단으로 인사발령을 받게 되었는데 솔직히 말해 역사 전공도 아니고 희망한 기관도 아니고 당시 한직 부서라는 평들이 많던 기관으로 옮기게 되니 한편으로는 좀 섭섭한 마음이 들기도 하였다.

연수원 근무할 당시 밑에 있던 직원의 업무 추진상의 문제점을 크게 질책한 적이 있었는데 오비이락(烏飛利落)이라 할까 하필이면 이 사건 터진 후 전혀 생각지 않던 기관으로 옮기게 되었다. 며칠 지난 뒤 돌아다니는 소문에 의하면 누군지는 모르겠지만 누군가 교육부에 위 사안을 항의하였고 이것이 인사에 반영되어 좌천 비슷하게 되었다는 얘기를 들은 적이 있었다. 한참 세월이 지난 후 지나온 삶의 발자취를 회상하곤 하는데 특히 같이 동고동락했던 과원들과의 관계에서 뭔가 불편했던 사건들의 발생은 후에도 작든 크든 파장을 주고 있다는 생각을 할 때가 많다. 지금도 이 사건과 관련하여 인사에 어떻게 영향을 미쳤는지에 대하여 자초지종(自初之終)은 알 수는 없지만 그 이후 공직생활에 있어 처신에 특히 주의를 하고 있고 자성을 많이 하고 있다. 당시 과원이었던 그 직원을 한참 뒤에 만난 적이 있었는데 과거에 그런 일이 있었냐는 듯 본인은 전혀 모르는 일이라고 하면서 서로 환하게 웃으며 내 업무와 관련하여 많은 관심을 보여주었고 위원으로 참여하여 도움을 주기도 하였다. 우리는 살아가면서 다른 어떤 요인보다도 인간 사이의 관계가 삶의 질이나 운명을 결정한다고 해도 과언이 아닐 정도로 인간관계의 중요성을 아무리 강조해도 지나침이 없을 것이다. 성과를 내고 일을 좀 더 잘 해보겠다는 열정과 동기가 선하다고 할지라도 다 아는 사실이지만 인간관계의 미숙함이나 존중과 배려가 없는 관계의 지속은 언젠가는 자신에게 불리한 영향을 미치거나 장애요인으로 다가올 수 있음을 간파해서는 안 될 것이라는 귀중한 교훈을 얻기도 하였다.

이 부분에 대해서는 후반부에서 다시 언급하기도 하겠다. 갑작스럽게 동북아역사재단으로 옮겨와서 한 일은 주로 예산편성, 집행, 회계 업무 등 운영지원 부서로의 역할이었다. 어디를 가든 무슨 일을 하든지 그곳에서 잘 적응하면서 긍정적으로 최선을 다 한다는 각오로 임하기 때문에 직원들과 잘 화합하면서 주어진 업무에 나름대로 열심히 했었던 것 같다. 이곳에서 근무한지 거의 1년이 다 되어갈 무렵 교육부 교육훈련 담당 팀장이 어느 날 갑자기 전화를 걸어왔는데 주상하이총영사관 교육영사 자리를 지원해 보는 것이 어떻겠느냐는 요청이었다. 당시 나의 공직 경로에서 1순위는 다름 아닌 교육부 본부 과장 보직을 받는 것이었고, 과장을 거쳐야 3급 부이사관으로 승진할 수 있는 기회가 주어지기 때문에 본부 입성에 나름대로 심혈을 기울였다. 그리고 무엇보다 나이가 50이 넘다보니 이 시기를 놓치면 향후 본부 입지를 다지는데 엄청난 애로사항에 직면할 것이라는 예상도 했었다. 외교관으로서 중국 근무도 매력적이었지만 우선순위가 아니기에 본부에 우선적으로 둥지를 트려고 시도를 했지만 결국 꿈은 이루어지지 못하고 여러 날을 고민한 끝에 중국행을 택하였다.

사무관 시절 중국 교육부와 상호 국장급 교류를 하면서 중국과 인연을 맺으면서 중국과의 짝사랑은 시작되었고, 서로의 사랑을 키워나가다가 결국 중국 상하이한국총영사관에서 교육담당 영사로 3년간의 경험을 내 공직 생활에 보태게 되었다. 중국 베이징 소재 한국 대사관이나 상하이에 있는 총영사관이나 어느 곳이든 상관없이 외교관으로서 근무하고 싶다는 꿈은 원래부터 가지고 있었는데 교육부 본부 과장 경험을 하지 못한 채 약간의 아쉬움을 뒤로 하고 중국에서 새로운 공직 경험을 갖게 되었다. 외교관으로서의 나의 중국 경험은 '중국을 가슴에 품고 발로 뛴 영사의 일기'라는 제목으로 한권의 저서에 담겨져 있고, 2013년 귀국하면서 교육부 국, 과장님과 지인들에게 자비로 출간한 책 300권을 보내드렸다. 3년 간 외교통상부 소속 외교관이었기에 정확한 보직 명은 모르지만 당시 외교통상부 인사국장님께도 나의 저서를 보내드렸는데 어느 날 이 분한테서 전화가 왔다. 요지는 외교통상부 출신은 해외 근무를 여러 번 하는데 본인이 한 일을 기록하여 책으로 출간하는 경우는 정말 드물다고 하시면서 더구나 타부처 출신 주재관이 재임 기간 중 추진한 여러 가지 업무와 다채로운 경험들을 정리하여 책으로 출판하고 함께 공유해 준 것에 감사하다는 내용이었다. 외교관으로 해외 근무하면서 겪게 되는 다양한 경험 그리고 추진하는 업무를 평상 시 정리하였다가 기록으로 잘 남기고 후배들에게 인수인계할 때 인수자는 업무 추진에 상당한 도움이 될 뿐만 아니라 일반인들에게도 해당 국가를 이해하는데 좋은 나침판 역할을 할 것이라는 생각을 해 본다.

2010부터 시작된 중국에서의 해외 근무 여정은 3년의 임기를 잡음 없이 무사히 마치고 2013년 귀국할 때쯤 귀국 후 맡게 될 보직에 대해 다시 고민에 들어가게 되었다. 앞에서도 잠깐 언급했지만 교육부 본부에서 과장 보직을 맡고 싶은 것이 나의 소원이었고 그렇게 해야만 다음 단계인 3급 부이사관으로 승진할 수 있는 기회를 잡게 되는데 이러한 면에서 귀국 몇 달 전부터는 본부 인사과와 몇 번의 전화나 메일로 접촉을 하면서 나의 희망을 전달하였다. 당시 운영지원과장이나 담당 사무관과 통화를 하였고, 교육영사로 근무한 경험을 살려 재외동포교육담당관을 하고 싶다는 의사를 피력하였다. 2013년 귀국한 이후에는 당시 박근혜 정부가 들어섬에 따라 서 모 장관님이 부임하였고 이에 따른 비교적 큰 규모의 부내 인사이동이 예상되었다. 새로 보직을 맡게 된 인사총괄인 당시 운영지원과장과도 연락을 취하여 전임 과장에게 요청한 사항을 똑같이 전달하였다. 귀국 후 발령받을 때까지 집에서 긴장하며 본부 발령 날짜만을 기다리며 대기하고 있었는데 뚜껑을 연 결과는 너무나 의외로 국립국제교육원에서 근무하게 되었다. 잠시 멍했고 말할 수 없는 슬픔과 아픔이 몰려왔지만 이러한 정신 상태를 오래 끌어봐야 본인만 손해라는 것을 잘 알기에 곧바로 수습하고 새 직장에서 새로운 출발을 다짐하면서 근무할 준비에 들어갔다.

국립국제교육원에서 정식 보직인 서기관 부장이 아닌 전임 사무관 팀장 후임으로 새로운 팀장 보직을 맡았다. 서기관이면서 사무관이 하는 일을 맡은 셈이다. 세상 기준으로 보면 의기소침해질 수 있고 의욕도 꺾이고 동기 유인도 되지 않아 불평과 불만으로 가득 찬 직장 생활일 수 있다. 하지만 그러한 현실적인 기준에 관계없이 늘 새로운 기분과 열정을 가지고 최선의 노력을 다하기 위해 무진장 노력했던 기억이 지금도 선명하게 떠오른다. 당시 국립국제교육원에서 처음으로 인연을 맺었던 당시 박모 팀장님과는 특별한 돈독한 관계를 맺으면서 힘들 때 서로 손과 발이 되어주고, 밀어주고 당겨주는 협조 관계로 인하여 어두운 긴 터널을 지나는 동안 많은 도움을 받기도 하였다. 국립국제교육원은 국가 간의 국제교류 협력 사업이 많아 영어나 중국어를 사용할 경우가 많았고 그리 잘하지는 못하지만 영어나 중국어와 관련된 팀장을 맡으면서 계속 외국어를 학습할 수 있는 기회가 주어져서 기뻤고, 외국인과 상대하는 업무라 직접 이들과 교류하면서 도움을 줄 수 있다는 측면에서도 큰 보람이 있었다. 미국 등 영어권 대학생을 초청하여 장학금을 주면서 한국 초등학교에 배치하여 영어를 가르치는 TaLK 프로그램을 맡아 우리 학생들의 글로벌 마인드를 심어주기 위한 업무에도 나름대로 심혈을 기울였다. 중국 상하이한국총영사관에서 근무했던 경험을 살려 중국 원어민을 초청하여 한국 학교에 배치하여 국력이 급부상하는 중국에 대한 우리 학생들의 이해를 높이고 중국어 학습에 도움을 주기 위한 CIPIK 프로그램도 맡아 즐겁게 업무를 추진했던 기억들이 뇌리에 가끔 떠오른다.

업무에 매진하고 기관의 발전을 위해 늘 최선을 다하고, 성실을 다하며 공과 사를 분명히 하여 바람직한 공무원의 길을 가겠다는 생각에는 늘 변함이 없었다. 어떻게 보면 너무 단순하고 고지식한 선택의 길이라 할지 모르지만 어떠한 위치에 있든 어디를 가든, 이러한 삶의 철학을 늘 견지하고자 노력하였다. 그러면서도 한편으로는 서기관 경력이 점점 쌓임에 따라 교육부 본부에서 과장으로 일하고 싶은 간절한 마음도 더하여 갔고 본부 운영지원과 과장이나 인사담당자를 통하여 그리고 교육부에서 인연을 맺었던 지인들을 통하여 본인의 바램을 가끔 전달하기도 하였다. 간절한 소원이었으며 희망이었고 심지어 꿈이었기에 그리고 은퇴의 시기가 다가옴에 따라 서기관으로 마무리하기에는 회한이 남을 수 있다는 생각에 매일 기도하는 심정으로 교육부 입성을 기다렸다. 늘 들리는 얘기는 본부 과장 보직은 희망한다고 해서 되는 것은 절대 아니며, 업무 추진 능력도 보고 다양한 분들의 평판도 들어서 결국 장관이 결정한다고 하였는데 당시 나에 대한 세인의 평가는 인사파트 담당자나 기타 채널을 통하여 들리는 얘기를 종합해 볼 때 긍정적이지 않았고 오히려 부정적이며 저평가 되어 있었다. 정확한 객관적 증빙 자료가 없이 풍문에 의해 돌아다니는 나에 대한 평가에 대해 이해가 되지 않아 억울한 측면도 많았지만, 어찌 보면 사무관, 서기관 때 발생한 몇 가지 사건과 나의 평소 업무 지향 스타일 그리고 비사교적인 이미지 등이 장기간 누적되어 이와 같은 종합 평가를 받는 게 아닌가하는 하는 생각이 들기도 하였다.

드디어 2014년 근무하고 싶었던 교육부 본부 발령을 받게 되었다. 얼마나 가슴이 뛰고 흥분되었던지 마치 헤어졌던 애인을 수년 만에 만난 것처럼 서기관으로 교육부를 떠난 지 10년 만에 입성했으니 참으로 힘들게 친정으로 돌아왔다.

국립국제교육원에서 4일이 부족한 약 1년간 근무를 하다가 2014. 3.19자로 교육부 정보보호팀장으로 발령받아 교육부를 비롯한 대다수 부처가 둥지를 틀고 있는 세종청사에서 새로운 삶을 시작하게 되었다. 국립국제교육원에 근무하면서 업무 관련 출장 관계로 몇 번 와 본적은 있지만 사실 세종특별자치시는 객지와 다름없고 모든 것이 낯설기만 한 곳이라 볼 수 있다. 외국 근무를 제외하면 지금까지 주로 서울을 무대로 공무원 생활을 하였기에 전혀 낯선 외지에서 생활한다는 것은 신선하면서 삶에 새로운 활력을 줄 수 있는 요인도 되지만, 다른 한편으로는 외로움과 고독이라는 도전이 놓여 있어 자기 관리를 잘 해야 하는 숙제도 안게 된다고 볼 수 있다.

공무원연금관리공단이 운영하는 공무원 임대 아파트에 2014.4.22 입주를 하면서 본격적인 세종청사 생활은 시작되었다. 한 아파트에 방이 3개 있고 방별로 임대하는 형식으로 운영되고 있는데, 나는 월세 대신 전세 3,080만원에 계약을 하여 TV, 냉장고 등 살림살이 인프라가 거의 구비되어 있지 않은 방에서 그냥 잠만 자는 홀아비 생활을 하였다. 방이 3개니까 3명이 살고 있는데 얼굴을 본적이 거의 없고 어느 부처에 근무하는지도 모르고 관리비만 어느 한 분이 먼저 계산하고 나머지 사람에게 카카오 톡으로 알려 주면 입금하는 식이었다. 하여튼 아파트 생활의 비정한 한 단면을 보는 것 같아 씁쓸하기도 하지만, 현대 도시인들이 일상적으로 겪는 자기만의 둥지에서 이웃과의 교류 없이 지내는 것에 익숙해진 우리네 삶의 모습이라 생각하니 이해가 되기도 한다.

매주 금요일 통근버스로 대개 저녁 6시 20분이나 30분에 출발하면 내가 살고 있는 서울 상계동 수락산역 부근에 약 밤 9시경에 도착한다. 이 통근버스도 정부에서 공무원들의 세종특별시로 완전한 정착을 유도하기 위해 언제가 될지는 모르지만 향후에는 통근버스 운행을 하지 않는다고 하는데 하여튼 금요일 올라갔다가 일요일 아침 상계동 부근에 늘 다니는 교회의 예배를 마치고 다시 세종으로 내려왔다. 월요일 내려올 수도 있지만 일요일 미리 내려와 사무실에 들러 매일 쓰고 있는 중국어 일기를 토, 일요일 분은 주말에 몰아 쓰기도 하고, 업무 관련 책을 읽기고 하고 다음 주 계획이나 처리해야 할 업무를 미리 챙겨보기도 하였다. 이러한 습관은 교육부 들어온 이래 일관되게 유지해 온 나의 오래 된 체화된 관행으로 업무나 본인이 생각하고 있는 인생의 길을 만들어 나가는 데 있어 미리 미리 준비한다는 측면에서는 괜찮은 방식이라 생각되지만 다른 한편으로 보면 가족에게 좀 더 충실하거나 좀 여유 있는 휴식을 통한 재충전 차원에서는 전혀 다른 얘기가 될 수 있다.

일요일 세종으로 달려가기 전 상계동 내가 사는 동네 근처에 있는 오랫동안 다니고 있는 교회에 나가서 1부 또는 2부 예배에 참석하는 것 또한 일요일 스케줄에 포함되어 있다. 주말 출장 등 특별한 경우가 아니라면 일요일 예배에 꼭 참석하는데 이러한 믿음을 갖게 된 것도 처음부터 형성된 것이 아니라 오랫동안 교회를 다니고 성경책을 자주 접하고 나이를 먹으면서 진정으로 바람직한 삶이란 무엇인가라는 질의에 답변을 스스로 계속하면서 신앙생활의 좋은 점이 내재화 되어 가고 있음을 깨닫고 내 삶의 일부가 되었다. 이때만 해도 여전히 술을 좋아하고 세상이 주는 찰나적인 쾌락에 이끌려 그날그날의 삶을 대충 살아가는 양태를 보이는 부끄러운 모습을 보이곤 했다. 그럼에도 불구하고 성경책을 읽으면서 보다 바르고 올바른 삶을 살아가기 위해 부단히 발버둥 치고 그래서 좀 더 성숙되고 아름다운 모습을 드러내기 위해 오늘도 열심히 신앙의 길을 걸어가고 있다.

아침 예배에 참석하여 지난 1주간의 삶을 되돌아보고 잘못을 회개하고 반성하는 시간을 가졌다. 현재의 삶을 어떻게 잘 승화시켜 보다 멋진 인생을 만들어갈 것인가 늘 기도하였는데 자신의 길을 발전된 방향으로 궤도 수정하려는 작업은 계속 진행되고 있다. 이러한 측면에서 신앙을 가지고 신앙에 의지하면서 현재의 여러 가지 어려움을 극복하고 보다 바람직한 삶을 창조해 나가는 작업을 수행하는데 신앙생활은 매우 유익하다는 생각을 늘 가진다. 2014.12.14일 9시에 시작된 2부 예배를 마치고 KTX를 타고 세종특별시로 내려가면서 차창 밖으로 펼쳐지는 논밭을 순백의 설원으로 만든 그래서 세상이 너무나 아름다운 모습으로 비춰지게 하는 그 누군가의 손길에 경의를 표하였다. 나 또한 세상을 그러한 모습으로 바꾸고 싶다는 생각을 또 다시 굳히면서 주어진 현세의 생을 멋있게 잘 마감하고 저 세상에서의 또 다른 삶에 소망을 품고 주어진 오늘이라는 시간에 충실하자고 내 자신에게 메시지를 전해 보았다.

정보보호 분야는 사실 나에게는 너무 생소하였다. 그러기에 일요일에도 사무실에 나와 이 분야 학습을 했을 뿐만 아니라 주변의 전문가 분들께 직급이나 나이에 관계없이 적극적으로 선생님의 역할을 해달라고 청하기도 하였다. 나의 전공과는 관련이 없는 그리고 일반직 공무원이면 늘 순환하면서 보직을 맡기 때문에 일단 발령 받으면 맡은 업무를 최선을 다해야 하는 우리 조직 문화이기에 정보보호 팀장을 맡으면서 그야말로 노력에 노력을 하였던 기억이 난다.

정보보호 분야는 대형 사건이 터지지 않는 한 국정과제도 아니고 청와대나 장관의 관심 과제는 더욱 더 아니며 그리고 조직 내에서도 대부분의 직원이 이 분야를 잘 모르기 때문에 여러 가지 면에서 중심 무대에서는 조금 떨어진 위치에 있다고 볼 수 있다. 그리고 이 분야는 행정직도 있지만 주류는 전산직이어서 사실 제대로 인사를 한다면 대학에서 전공을 하고 정보보호 분야 관련 다양한 경험을 두루 거친 전문가가 선장을 맡아 팀이나 과를 이끌어가야 극히 정상이라 할 수 있는데 현실은 반드시 그렇게 돌아가지 않다보니 여러 가지 면에서 어려움이 생길 수 있다. 어찌되었든 미지의 세계를 처음 접해 낯선 길을 헤매지 않고 주어진 과업을 완수하기 위해 학습을 하고 연구도 하고 세미나도 참가하는 등 열심히 헌신을 하였다. 그래서 언젠가는 팀장을 벗어나 다음 번 인사 때에는 과장을 해보겠다는 꿈을 꾸면서 그 꿈이 현실이 되길 기도하였다.

장관이 바뀌면서 2014년 말 인사를 앞두고 팀, 과장을 대상으로 희망 보직을 3순위까지 적어내라 하여서 드디어 과장을 할 수 있는 시기가 왔다고 생각하고 더구나 과장 보직을 받아야 부이사관 승진을 하는데 유리한 시스템이기 때문에 재외동포담당관을 첫 번째 희망 보직으로 하여 3순위까지 적어 제출하였고 긴장에 긴장을 하면서 인사 발표 시기를 기다렸다. 어느 조직이든 조직의 허리 역할을 하는 핵심 리더가 되는 과장 자리는 복잡한 방정식을 이용하여 해법을 찾아간다는 얘기를 많이 들었고 이 방정식 조합에는 업무 능력뿐만 아니라 학연, 지연을 비롯하여 정치적인 면도 고려한다는 소문을 너무 많이 들었다. 특별한 증거 없이 이러한 언급을 한다는 것은 조심해야하는데 이와 관련하여 솔직 담백한 토론을 한다면 소문이 소문에 불과한 것이 아니라 유비통신도 어느 정도 맞아떨어지고 있음을 인정할 수 있을지도 모른다. 과거에 비해 인사가 전문성 중시, 문제해결 능력과 같은 업무 능력과 추진력 등을 점차 중시하는 쪽으로 가고 있어 희망적이라 볼 수 있지만 하여튼 인사는 공무원의 사기에 미치는 영향이 너무 크기 때문에 객관적이고 합리적인 기준에 의거 잘 결정될 때 이상한 소문과 뒷말이 조용히 사라질 것이라는 믿음에는 변함이 없다.

인사를 기다리고 있는 중에 2014년 12월 31일 운영지원과장이 나를 불러 과장 보직을 못 맡게 되었다는 충격적인 소식을 전달받고 한동안 망연자실(茫然自失)하여 할 말을 잃었다. 새로 오신 장관님께서 함께 일할 국장을 당신께서 선정했고 이제부터는 국장이 함께 일하고 싶은 과장을 선택하여 과장 인사를 하라는 지시에 의거 추진했다고 하면서 나의 경우는 어느 국장도 나를 지명하지 않아 부득이 무보직 상태로 남게 되었다는 것이 사태의 전말이었다. 누구든지 마찬가지이지만 일단 교육부 본부 들어온 이상 불미스러운 일이 발생하여 징계를 받거나 업무 추진상의 심대한 과오가 없는 한 계속하여 과장 보직을 맡으면서 적정한 시기가 되면 승진하는 구조가 정착되어 왔는데 갑자기 이러한 상황을 맞고 보니 보통 충격이 아니었다. 운영지원과장한테 재고를 요청했고 모시고 있던 전임 국장님께도 하소연했고 새로 오신 국장님께도 나의 사정을 긴급하게 호소했지만 버스는 이미 떠나 버렸다. 이럴 줄 알았으면 사전에 미리 국장님을 찾아뵙고 나의 희망을 피력할 걸 하는 후회도 앞섰지만 사전에 이러한 시스템에 의해 과장 보직이 정해진다는 정보 자체가 없었기에 - 있었지만 본인이 정보에 취약해서 또는 정치력이 부족해서 모를 수도 있음 - 인사발령을 초조하게 기다리다가 이러한 결과를 얻고 보니 그 푸른 하늘이 갑자기 먹구름으로 온 천지를 뒤덮은 것처럼 세상이 깜깜하게 보였다. 공무원 생활을 하면서 이러한 경우를 처음 겪는 상황이라 참으로 황당하기도 하고 저 깊은 바닥으로 하염없이 떨어지며 도저히 헤어 나올 수 없는 처절한 무력감을 맛보았다. 인사파트에서는 본부 보직은 줄 수 없고 예전에 근무했던 산하기관으로 가는 방안을 제시하기에 고민에 고민을 했고 마침내 마지막 수단으로 이대로는 물러설 수 없어 용기를 내어 차관님 방을 노크했고 전후 사정을 말씀드렸다. 차관님께서 이미 결정 난 사안이라 번복을 불가하고 다만 산하기관으로 가는 대신에 본부 사회정책담당관실에서 무보직 상태로 대기하고 있으면서 다음 번 기회를 보자는 쪽으로 말씀하여 2015년 1월 1일부터는 4급 무보직 상태로 기약 없는 나날을 보내게 되었다.

2014. 12.31자 본부 과·팀장급 인사에서 본인이 무보직 상태로 본부에 남게 된 것도 억울한데 여기에 더하여 당시 보도자료 내용은 더욱 나를 심리적으로 힘들게 만들었다. 당시 '교육부 과장급 드래프트(draft) 인사 실시'라는 제목으로 '소통과 협력, 적절한 경쟁과 긴장을 통한 조직 전문성 제고'라는 부제를 단 보도자료 내용을 대충 요약해 보면 이렇다. 교육부는 이번 인사에서 해당 국장이 함께 일하고 싶은 과·팀장을 직접 지정하는 드래프트 방식을 도입하여 국장과 소속 과장이 함께 호흡을 맞추어 책임감을 갖고 주요 정책을 적극적으로 추진하기 위해서라고 인사 단행의 목적을 언급하였다. 그리고 이어서 이를 통하여 국, 과장 등 구성

원 간 소통과 협력이 강화되는 동시에, 역량 우수자와 미흡자 선별을 통한 적재적소의 인력배치가 자연스럽게 이루어지고 조직 내 적절한 경쟁과 긴장 관계가 유지되어 조직 역량이 더욱 제고될 수 있을 것으로 기대한다고 덧붙였다. 특히 장기적으로 전문성이 요구되는 교육안전, 교육재정, 인사조직 등 3개 분야 47개 직위를 전문직위로 지정하여 잦은 순환전보 등에 따른 정책의 일관성, 안정성이 저해되는 부작용을 방지하겠다는 계획도 밝혔다.

행정의 예측 가능성, 일관성, 의견수렴을 통한 정책 수립 측면에서 볼 때, 위 보도자료 내용에서 설명한 인사제도 도입에 대해 조직 구성원들로부터 사전 어떠한 의견수렴도 없었고, 의견수렴을 통한 과장급 드래프트 제도를 도입하겠다는 어떠한 공식적 통보나 계획도 없었다. 공식적인 제도 도입이 안 된 상태에서 장관의 지시로 갑작스럽게 실시되었다고 알고 있는데, 그렇다면 인사행정에서 이렇게 예고 없이 구성원의 뜻도 묻지 않고 인사부서를 비롯한 몇 사람이 윗분의 지시로 제도를 만들어 실시할 수 있는지는 납득하기 어려운 부분이다. 그리고 위 보도자료에 의하면 나는 보직을 맡지 못했기 때문에 결국 역량 미흡자로 분류되는데 이 대목 또한 승복하기 어렵다. 사전에 어떠한 평가도 없었고 교육훈련에 의한 공식적 평가도 없었는데, 단지 국장이 뽑지 않았고 그래서 무보직자가 되었다는 이유만으로 역량이 떨어진다고 말할 수 있는지에 대해서도 의문이 간다.

패자는 말이 없다고 이런 저런 사유를 아무리 호소해 보아야 아무도 알아주는 사람 없고 고립무원(孤立無援)의 외딴섬에 남아 힘들고 어렵게 생존해야할 입장에 처하게 되었다. 2014년 12월

31일 모든 사람들이 와인 잔을 들고 새해 희망을 노래하고 새해 포부를 그리며 새해 꿈을 꾸며 힘찬 출발을 준비하고 있을 마지막 날에 나는 완전히 정반대로 완전한 실패자의 기분과 고통으로 울면서 밤을 보내는 평생 잊을 수 없는 불면의 밤을 보냈다.

2015년 1월 1일 새벽의 태양은 다시 떠올랐고, 시간은 변함없이 앞길을 재촉하는 가운데 저마다 새해 계획을 구상하면서 희망을 노래하고 꿈을 현실로 만들어 보겠다는 포부로 분주한 나날을 보내느라 매우 바쁜 일상으로 비추어지는 날이었던 것 같다. 진정 의미 있는 작업의 일환이다. 나 또한 삶을 긍정적으로 바라보는 신앙인으로서 어제의 아픔을 극복하고 새로운 출발을 다짐하면서, 가슴 속에 새로운 동력을 주입하여 활기찬 새해를 달릴 준비를 본격적으로 하고자 꿈틀거리기 시작하였다. 신앙생활은 어떠한 어려움과 힘든 일이 생기더라도 이겨낼 수 있는 위로와 안정을 가져다줄 뿐만 아니라 절대자에게 의존함으로써 조금도 굽힘이 없이 당당하게 삶을 일으켜 세우게 한다면 면에서 너무 좋다. 지금도 잊을 수 없고 영원히 잊을 수 없는 것은 다름 아닌 2015년 1월 1일은 역사적인 날이다. 왜냐하면 이 날은 그 전까지 늘 삶의 동반자와 조력자요 애인이었던 술과 완전히 이혼한 날이기 때문이다. 술을 완전히 끊고 매일 기도를 하면서 신앙심으로 모든 아픔을 하나하나 치유해 나가기 시작했다.

새해 출근하는 부서는 당시 막 새로 신설된 조직인 사회정책협력관실로 여기에 둥지를 틀고 기한 없이 대기하면서 이 조직의 역할과 기능을 정립해 나가는 과정에서 국장이 요구하는 몇 가지 일들을 타 부처 출신 과장들과 함께 일할 기회가 주어졌다. 언제

정식으로 보직을 받을지 기약이 없는 상태에서 남의 눈을 의식하지 않을 수는 없지만 오히려 이 기회를 이용하여 나의 당당한 모습과 역경을 오히려 웃으면서 밝게 해쳐나가는 활기찬 근무 자세를 보여주기 위해 노력했다. 조금도 주눅 둘 이유가 없었고 오히려 기도를 통하여 주어진 현실에 만족하고 기뻐하는 삶을 이어갔다. 2015년 1월 1일 이후로 나의 신앙생활은 그 이전과는 상당할 정도로 많이 달라졌고 아침에 일어나자마자 기도하는 습관부터 갖는 등 생활의 변화는 삶의 구석구석까지 영향을 미쳤다. 술을 끊으니 그 전에는 전날 과음으로 인해 다음날 두통에서부터 온몸 구석에서 아우성거리는 불쾌한 반응에 이르기까지의 고통이 사라졌고 정신상태가 맑고 깨끗하다 보니 매 순간 순간 적극적이고 열정적으로 일을 할 수 있게 되었다.

내 일생에 있어서 2015년은 특별한 해이고 영원히 기억에서 사라질 수 없는 해이기도 하다. 술을 끊었을 뿐만 아니라 금주로 인하여 나타나는 너무나 많은 긍정적인 신호들로 인하여 하루하루를 기도하면서 무보직자라는 인식을 잊어버리고 즐겁게 기쁘게 그러나 어려움이 밀려올 때는 절실한 심정으로 기도하면서 주어진 하루하루의 삶에 올인 하였다.

아마 당시 무보직 기간만큼 자기 자신의 과거를 제대로 돌아보고 철저한 반성과 분석을 토대로 나 자신을 제대로 평가를 해 보면서 미래 설계를 열심히 해 본적도 없었던 것 같다. 이러한 면에서 나는 오히려 지금 이 글을 쓰고 있는 2019년 4월 시점에서도 나를 힘들게 만든 분들께 오히려 감사하는 마음을 가지고 있으며 주위 분들께도 나를 그러한 처지로 만들 분들에 대하여 원망보다는 오히려 나 자신을 제대로 되돌아보고 객관적으로 평가하게 될 기회를 갖게 되었고 무엇보다 술을 끊게 된 계기를 만들어 준 것에 대해 감사하다는 얘기를 수없이 많이 했다. 사실 맞다. 당시는 눈물과 원망과 한탄과 저주로 일관하여 한 때는 미워하고 증오했지만 그것은 정말로 순간이었고 성경에 나온 얘기대로 과거에 안주하지 않고 미래를 바라보며 희망을 노래하고 감사하고 기쁜 마음으로 하루하루의 삶을 알차게 살아가기 위해 노력해 왔다. 아래 '나의 삶과 일 처리 자세'는 무보직 기간 동안에 며칠에 걸쳐서 과거 삶에 대한 반성과 회개를 토대로 미래를 바라보면서 후회 없는 삶을 살기 위해 앞으로 어떻게 처신해야 될지를 적어 놓은 나의 결심 내지 다짐이다.

나의 삶과 일 처리 자세

1. 절대 화를 내지 않는다. 어떠한 상황에서도 무조건 참는다. 직원들에게 존댓말을 쓴다.
2. 발표력(보고능력)을 증진하기 위해 자기와의 대화 등 연습에 무진장 노력한다.(소통능력)
3. 늘 겸허한 자세를 가지고 섬기는 모습을 보인다.
4. 점심식사를 활용, 타인의 장점을 벤치마킹하기 위해 힘쓴다(human network).
5. 건강을 최우선으로 하여 자기 몸, 정신 관리를 잘한다. 이를 위해 술을 끊고 小食하며, 토요일 등산 하되, 평일 fitness center 활용한다. 그리고 뇌 및 정신 건강을 위해 성경책을 매일 읽는다.
6. 타인 배려와 존중의 정신을 가지고 실천한다.
7. 늘 기도하며 현실과 이상과의 조화를 이루고 균형 감각을 유지하기 위해 애쓴다.

8. 타인으로부터 본인에 대한 평가가 어떤지 점검한다.
9. 타인이 잘 될 수 있도록 격려한다.
10. 나 자신과 하나님께 양심에 어긋나는 행위를 하지 않는다.
11. 상사한테 보고하는 것을 주저하지 않으며, 보고 전 내용을 충분히 내 것으로 숙지한다. 그래서 업무에 전문가가 되자
12. 외국어 공부(영어, 중국어, 일본어) 매일 한다. 특히 중국어 글자는 직접 매일 써보고 중국어 일기를 매일 쓴다.
13. 어떠한 상황에도 흔들리지 않고 중심을 잡고 나간다.
14. 잘될 것이라는 긍정적 마인드를 가지되, 현실을 직시하여 부단히 개선점을 발견하여 보완해 나간다.
15. 어떠한 사람에 대해서도 관용하고 포용하며 섬기는 자세로 임한다.
16. 식사 시간, 퇴근 바로 전에는 회의를 개최하지 않는다.
17. 원칙과 정도(규정 등)를 벗어난 일탈행위를 하지 않는다.
18. 공과 사를 분명하게 구별한다.
19. 단소와 하모니카를 매일 연습한다.
20. 퇴임 전 저서 2권 완성하기 위해 매일 조금씩 쓴다.
21. 박사학위 논문을 2016까지 완성하기 위해 하루 1/3-1/4페이지 쓰되 질적인 면 강조한다.
22. 상대방 나이, 학력 등 사적인 질문을 피하고 상대방 신분을 고려하여 상대하는 태도를 갖지 않는다.

위에서 보듯 실천하겠다는 다짐이 무려 22개나 된다. 비리나 부패 혐의 등으로 징계 받은 것도 아니며 업무 추진상의 과오로 감사를 받은 것도 아닌 것으로 인해 이상하게 겪는 힘든 하루하루를 보내면서 탄생한 나의 결심 목록이다. 목록 하나하나가 고민에 고민을 더하여 그리고 축적된 공직경험을 바탕으로 빚어진 나와의 약속이었기에 이 목록들은 일부를 제외하고는 죽을 때까지 가져가고 싶다. 현재 실천 현황을 살펴보면 매일 일기쓰기, 운

동하기, 악기 연습하기 등은 제대로 지켜지고 있는 것 같은데, 논문쓰기 등은 바쁜 업무를 핑계로 2019년 4월 현재에도 실천에 어려움을 겪고 있다. 삶에 있어 목표를 정해 놓고 심장을 뛰게 하고 손과 다리를 부지런하게 움직이게 하며 끊임없이 학습하여 목표를 향해 열심히 달려가는 삶 자체는 얼마나 멋있을까 하는 생각을 늘 한다.

무보직 기간 3개월을 넘기고 4개월 째 접어들어 인사 파트로부터 드디어 학부모지원팀장 보직을 받게 된다는 소식을 전해 듣고 황우여 사회부총리 겸 교육부장관님으로부터 발령장을 받을 때 지나간 잠깐의 무보직 기간 동안 힘들었던 순간들이 오히려 나를 성숙하게 만든 연단의 시기였다는 면에서 오히려 기쁨과 행복감이 밀려왔다. 과장이 아닌 팀장 보직을 받을 것에 대해 약간의 실망감은 없지 않았지만 하여튼 승진을 위해 다시 재수할 수 있는 기회를 갖게 된 것에 대해 안도감과 함께 다시는 불행한 사태가 발생치 않도록 잘해야 하겠다는 마음가짐도 다지게 되었다.

'빨리 간다고 좋아할 것 없고 늦게 간다고 슬퍼할 일 아니다'라는 말이 있는데 하여튼 힘든 고비마다 어려움을 이기게 한 동력은 술도 아니요 돈 씀도 아니요 권력에 손 벌림도 아닌 거의 매일 성경 말씀에 의존하고 하나님께 간구한 기도였다고 말할 수 있다. 누구 하나 진정으로 나의 마음을 간파하여 위로해 주고 말동무 되어 주며 가까이 다가와 눈빛을 바라보며 눈빛 속에 비쳐진 흘러내리는 눈물을 닦아주는 이가 없을 때 기도의 힘밖에는 다른 방법이 없었음을 고백한다. 교육부 복도를 오고 가면서 만나는 그 수많은 선배, 동료, 후배들 중 나의 사정을 알고 가끔 위로의 메시지나 식사를 사시는 분들이 가끔 계셨고 그 분들의 따스한 온기는 아직도 나의 내면에 여전히 흐르고 있음에 다시 한번 감사의 뜻을 전하고 싶다. 하지만 다수는 마음은 있을지 몰라도 각자 매일 폭포수 쏟아지는 엄청난 업무로 인하여 그리고 어딘가 모르게 무겁게 누르는 조직 분위기로 인하여 남의 일에 별로 관심 이 없는 상황이라 이해가 되기도 하면서 다른 한편으로는 참으로 왜 이런 분위가가 지속될까하는 나만의 생각을 많이 해보곤 했다.

학부모지원팀장을 맡으면서 나의 공직 생활 철학은 늘 그렇듯 무엇이 되기보다는 어떻게 사느냐에 초점을 맞추어 주어진 업무에 언제나 성실하게 책임감을 가지고 나름대로 열심히 업무에 매진하는데 있다. 언제나 업무 본연에 신경 써야 하지만 다른 한편으로 정치적 연결고리를 잘 잡도록 암암리에 우리 뇌리에 깊숙이 저장된 정치적 동물 본성이 튀어나와 합리를 뛰어넘어 조직을 좌우할 경우도 있다. 우리나라 조직문화는 늘 그렇듯 고시 기수를 따지고 나이를 따지고 학연, 지연을 따지고 그래서 업무에도 신경써야하지만 정치적인 네트워크를 튼튼하게 형성하여 필요 시 지원 사격을 받을 수 있는 체제도 만들어야 안심할 수 있는 너무나 어려운 숙제도 요구하는 것 같다. 이러한 양면성은 우리나라 어디에 가도 나타나는 현상이라 보이지만 과거에 비해 여러 가지 면에서 부정적인 요소들을 제거하고 합리적이며 공정한 규칙에 의해 조직이 운영되는 바람직한 방향으로 가고 있다는 생각을 요즘 많이 한다. 나의 경우는 공무원 생활을 하면서 너무 업무 중심으로 접근하고 정치적 네트워크나 권력 부서 인맥 등을 활용하는 방안에 있어서는 너무 등한 시 했다. 이러한 공직생활 자세는 나의 몸과 마음속에 공직 초기부터 어느 정도 내면화되고 고착화되어 인맥이나 권력을 동원한 자원 동원에는 미약했고 그런 정치적인 움직임에는 나 스스로 제동을 걸어 정치적인 수완을 요구하는 길을 피하고자 하였다. 그러나 보니 세상 기준에서 바라볼 때 여러 가지 면에서 어려움이 있었던 것 같다. 이러한 엄격한 구분도 공직 생활을 오래하고 나이를 먹으면서 세상 물정에 밝고 조금은 보수적으로 몸과 마음이 약간 기울여지다 보니 업무 추진이나 인사나 대인관계 등에 있어서 점차 균형적이면서 관대한 자세를 유지하려고 했다. 그럼에도 불구하고 양보할 수 없는 바람직한 공직 가치를 가지고 정도의 길을 걸어가겠다는 원칙에는 변함이 없다.

학부모지원팀장을 맡게 되면서 어느 누구에게도 무보직 때의 쓰라린 상처의 흔적을 전혀 보이지 않았고, 나이나 직급에 관계없이 자신감을 가지고 주어진 업무를 잘 추진하여 성과를 내고자 줄기차게 공을 들였다.

내 팀이 속한 국의 여러 과장 인적 구성을 봤을 때 국장은 대개 나보다 나이가 어리거나 고시 기수가 아래며 – 반대의 경우도 간혹 있지만 - 같은 국 소속 다른 과장들도 나 보다 나이가 어리거나 고시 기수도 한참 아래인 경우가 많았다. 나는 편안하게 나이나 기수에 관계없이 자연스럽게 처신하고자 노력하고자 하나, 우리 조직 구성원의 일부는 나를 측은하게 생각하거나 뭔가 나에게 문제가 있어서 그런 것이 아닌가 하는 나 스스로 추측을 하곤 했다. 나이나 고시 기수에 관계없이 나 자신은 초연하고자 하나 주변의 반응과 여론을 종합해 보면 나를 이해하기도 하면서 흔히 말하는 승진의 정상적인 흐름의 궤도에서 뒤쳐져 참 애석하다는 이중의 모순된 감정들이 혼재되어 있었던 것 같다.

솔직히 말해 우리나라는 참으로 유별나다고 생각되는데 학연, 지연, 고시 기수, 나이 등을 철저하게 따지고 그러한 기준에 따라 사람을 분류하고 대우하고 자기들만의 리그를 만들어 철벽같은 성을 구축한다는 것이다. 이런 문제에 대하여 수많은 연구 논문으로 학문으로 그리고 각종 언론 보도를 통하여 장단점을 분석하고 건설적인 대안들을 내 놓고 있지만, 21세기 현재에도 여전히 맹위를 떨치고 있어 우리 발전에 긍정적인 요인보다는 부정적인 요소로 작용하고 있다는 생각을 많이 한다. 어느 기관이나 조직이나 심지어 중앙부처 등 어디를 가든 누구를 만나든 우리는 늘 지금까지 쳐 놓은 울타리 안에 가두어 그 틀 안에서 그 규범에 따라 움직이기를 강요당하고 그 틀을 벗어나면 헐벗고 배고프고 왕따 당하고 심지어 삶의 의욕을 꺾어 버리는 경우가 얼마나 많은가! 이와 관련 신영복 선생님의 '나의 동양고전 독법 강의'라는 책에 아래와 같은 글이 있어 같이 공유하고자 한다.

> "나는 사람이란 모름지기 자기보다 조금 모자라는 자리에 앉아야 한다고 생각합니다. ---- 거짓이나 위선으로 채우거나 아첨과 함량 미달의 불량품으로 채우게 되겠지요. 결국 자기도 파괴되고 그 자리도 파탄될 수밖에 없습니다. 우리는 한 나라의 가장 중요한 자리를 잘못된 사람이 차지하고 앉아서 나라를 파국으로 치닫게 한 불행한 역사를 가지고 있습니다. 불행한 일이 아닐 수 없습니다. 그럼에도 불구하고 자기의 능력과 적성에 아랑곳없이 너나 할 것 없이 '큰자리'나 '높은 자리'를 선호하는

세태는 참으로 어처구니없는 일입니다. '70%의 자리'가 득위(得位)의 비결입니다.

공직생활을 하면서 나도 세상 탁류에 휩쓸리기도 하고 나도 모르게 동조하기도 하였지만 가능한 한 진정으로 공정한 사회, 정의가 숨 쉬는 사회를 만들기 위해서 우리가 인위적으로나 관습적으로 쳐 놓은 그물망을 없애기 위해 나름대로 노력을 하고자 힘썼다. 나 혼자 한다고 해서 뭐 바뀌겠느냐는 냉소적인 시각도 있지만 기존의 관성이나 타성으로 빚어진 거대한 틀을 서서히 무너뜨리고 싶다. 연고나 학벌에 관계없이 능력과 인성에 기초한 제대로 된 사람이 대우받는 투명한 사회를 만들어야겠다는 마음만은 늘 뜨거웠다.

과장 아닌 팀장이지만 이에 개의치 않고 최선을 다해 업무 추진에 열정을 가지고 열심히 달려가면서도 솔직히 말해서 승진에 대한 불꽃을 끈 것은 아니었다. 팀장을 맡고 있는 2016년 당시로 보면 60세 정년퇴직 전 1년간 집에서 쉬면서 은퇴 후 제2의 인생설계의 기회인 공로연수까지는 3년을 조금 넘게 남겨두고 있는 시점이고 부이사관 승진 기준이 본부 과장을 최소한 2-3개 거친 후 심사위원회 심사를 거쳐 이루어지는 만큼 나에게는 3급 승진이 될 수 있을까 하는 회의감도 있었다. 나는 팀장이고 아직 과장 보직도 맡지 못했던 상황에서 한참 밑의 후배들은 계속 실적을 쌓으면서 3급 승진을 해 나가고 있는 시점에서 가슴 속에 축적되고 있는 상처가 없을 수가 없다. 이때 이런 상황을 극복하기 위해 당시 기도를 참 많이 했고 기도를 할수록 오히려 승진에 목매달기 보다는 남을 배려하고 남이 승진될 수 있도록 도와주자는 쪽으로 서서히 바뀌기 시작하였다. 그런 마음을 갖고 기도를 하고 나면 너무나 행복했고 마음이 편안했으며 사무실에 나와 일을 해도 활력이 있었고 오히려 자신감이 생기면서 서기관으로 공직생활을 종결해도 되겠다는 생각을 굳히기도 하였다.

무보직으로 있을 때에도 그렇지만 팀장으로 보직을 가지고 있을 때에도 아니 교육부에 늦게 입성한 이후에도 서로에게 힘이 되어주신 분은 국립국제교육원 시절부터 알게 된 박 모과장님이셨다. 이 분은 검정고시에 이어 독학으로 대학 학위를 취득한 뒤 미국 유학을 다녀오신 그야말로 입지전적인 분이시다. 국회 출장 등 특별한 일정이 없다면 저녁식사 후 1-2시간 둘이서 영어로만 대화를 주고받으면서 영어공부도 하고 힘들 때 서로의 고민을 영어로 주고받으면서 정도 많이 들었고 지금도 가끔 연락을 하곤 한다. 이 분은 나보다 연배이시고 승진에 몇 번이고 미끄러져 겉으로는 웃지만 속으로는 많은 눈물을 흘리셨던 터라 서로 동병상련(同病相憐)의 입장이 되기도 하였고, 위에서도 언급했지만 기도를 하다 보니 나 자신의 승진보다는 이 분 뿐만 아니라 타인의 승진을 위한 마음이 생기게 되고 특히 박과장님이 빨리 승진의 계단을 타고 위로 올라갈 수 있도록 인사파트나 내가 아는 분들께 그분의 희망 사항을 전달하기도 하였다. 기도를 통해 남을 위해 도움을 주고 남이 잘 될 수 있도록 길을 터주는 마음과 행동이 생기자 본래부터 가지고 있었던 나의 이기적이고 자기중심적인 틀은 서서히 무너지기도 하면서 나의 가슴속은 오히려 기쁨으로 넘치기도 하였다. 그분도 나의 승진을 위해 주요 위치에 있는 분께 나를 적극적으로 추천해 주기도 하였고 그럴 때 마다 나는 진정으로 고마움을 표시하였지만, 그럴수록 그분이 먼저 앞서가도록 해야겠다는 생각이 들 때가 많았다.

승진의 길목에서 박과장님과 서로의 힘든 부분을 함께 공유하면서 영어라는 매개체를 통하여 어려운 시기를 그런대로 잘 이겨낼 수 있었던 것 같다. 어려움에 놓여있을 때 술로 시간을 허비하거나 비관으로 세상을 원망하거나 비난한다면 자기 자신의 건강에도 부정적인 영향을 미칠 것이고 그렇게 할수록 주위 사람들로부터도 좋은 평가를 받을 수 없을 것이다.

직장 생활에서 일어나는 여러 가지 애환을 박 과장님과 수시로 터놓고 정보를 교류하면서 외로움을 잘 극복해 나갔다면, 다음으로 이러한 어려움에 있음에도 불구하고 승진보다는 나의 건강에 더 신경 써 주고 승진 안 해도 좋으니 스트레스 받지 말고 남은 공직 생활 최선을 다해 열심히 하라고 늘 격려해 준 우리 집사람에게도 고마움을 전달하고 싶다. 사실 승진을 한다면 그 기쁨은 당사자뿐만 아니라 가족들에게도 바로 전달되어 가족의 행복지수를 높이고 가족의 결집력도 높일 수 있는 계기도 될 수 있을 것이다. 하여튼 승진 문제에 대해 전혀 부담을 주지 않고 건강부터 챙겨주고 직장에서 맡겨진 업무에만 충실히 하라고 늘 격려해 준 가족이 있었기에 어려웠던 시기를 잘 이겨낼 있었다. 힘든 시기를 잘 극복하는 데에는 애환과 슬픔을 잘 이해하고 서로 공감대를 잘 공유할 수 있는 절친한 동료가 꼭 필요하며 그래서 늘 힘이 되어 주고 스스럼없이 마음을 주고받을 수 있어야 하며, 다음으로 가족의 끈끈한 사랑과 끊임없는 지원도 또한 중요한 요소라고 본다. 본인의 상처가 있는데 가족까지 마음을 몰라

주고 무시하고 남과 비교하여 문제점을 지적하여 다그친다면 어디에 가서 상처를 치유 받을 수 있겠는가? 동료의 관심과 가족의 사랑은 상처를 치료하는 최상의 약이라 할 수 있다.

나에게는 위 두 가지 요인 외에도 마음의 안정과 화평을 가져다주는 다른 하나의 명약이 있었으니 다름 아닌 기도였다. 주중에는 수요일 저녁 세종청사 부근에 있는 '꿈의 교회'에서, 주말에는 서울 집 부근에 있는 평소 다니던 한 교회에서 현실에서 힘들고 고통 받으며 아물지 않는 상처의 치유를 기도를 통해 해결하고자 힘썼다. 동료가 있고 가족이 있다고 하여도 혼자 남아 있을 때에는 여러 가지로 많은 생각을 하게 되고 매일 매일의 일터에서 주어진 업무를 처리하다가도 나의 처지를 돌아볼 때마다 부딪히는 승진의 문제가 늘 자리 잡고 있었다. 위에서도 잠깐 말했지만 신앙적으로 접근하여 성경책을 보고 교회를 다니고 기도를 할 때 복잡했던 마음은 안정으로 돌아서게 되고 나만을 위한 이기적인 삶들을 내려놓고 오히려 나보다 더 절실한 분들을 위해 나를 비우고자 하는 마음으로 충만해졌다. 특히 주중 홀로 외롭게 세종청사에서 근무할 때 매일 접하는 성경 구절과 수요 예배는 나의 그 이전과는 전혀 다른 상태로 변화되게 하고 나의 삶의 마지막 순간을 어떻게 맞이할 것인가에 대한 물음에 답을 찾을 때마다 더욱 더 나를 겸손하게 비워야 하겠다는 생각을 많이 했다.

특별한 잘못 없이 성실하게 근무했음에도 제 때 승진 못한 것이 어찌 어려움이라고 말할 수 있겠는가? 고시 합격 후 매사 최선을 다했다고 생각했음에도 공로연수를 얼마 안 남기고 있는 상태에서 한 계급만 올라가고 이대로 공직생활을 마친다고 할 때

이를 어찌 불명예라고 할 수 있겠는가? 권력과 재력과 연고와 명예를 중요시하며 이를 통해 더 높아지고 더 많이 가지려고 하고 이를 위해 처절한 몸부림을 하는 인간의 끝없는 이기적 욕망을 삶의 처세 기준으로 삼아 우리는 서로를 재단하고 평가하는데 너무 익숙해져 있다. 이러한 세상의 기준에서 봤을 때 묵묵히 성실하게 일하고 청렴하며 바로 된 국가관을 가지고 말없이 최선을 다해 노력하는 공무원들이 오히려 불이익을 당하고 제대로 대우받지 못하는 안타까운 경우가 얼마나 많겠는가? 그런 분들 앞에서 나는 할 말이 없다. 기대하기 어려웠던 부이사관 승진이 되어 2016.4.25.자 한국해양대학교 사무국장으로 발령 나서 이제부터 남은 공직 기간 섬기고 봉사하는 자세로 그리고 국가 발전을 위해 그 어느 때보다 더 뜨거운 열정을 투입하겠다는 결심을 하였다. 오늘도 변함없이 아래 황원현 작가의 '누름돌' 마음을 늘 갖게 해달라고 기도를 하고 있으며, 이어진 성경 구절도 늘 마음의 위안을 준다.

장관님으로부터 사무국장 승진 임용장을 받다

할머니께선 한 해에 한번쯤은 부러 냇가에 나가서 납작 동글 손바닥 만 한 돌멩이를 한 두 개씩 주워오셨다. 그걸 무엇 하려느냐고 물으면 누름돌이라고 했다. 누름돌은 모나지 않게 반들반들 잘 깎인 돌이여야 한다. 그걸 깨끗이 씻어 김칫독 수북한 김치 위에 올려놓으면 그 무게로 아주 서서히 내리누르며 숨을 죽여 김치 맛이 나게 해주는 돌이다. 요즘 뭔가 모를 것들에 그냥 마음이 들떠있고 바람부는 대로 휘둘리는 키 큰 풀잎처럼 좀처럼 내 마음을 안정시키기 어렵다. 이런 때 그런 누름돌하나 가져다 독 안의 김치 꾹 눌러주듯 내 마음도 눌러주었으면 싶다.

그래서 스쳐가는 말 한마디에 쉽게 상처받고, 욕심내지 않아도 될 것에 주제넘은 욕심을 펴는 날카롭게 결로 깨진 돌 같은 감정들도 지그시 눌러주거나 갈아내 주었으면 싶다. 옛 어른들은 그렇게 내뻗치는 기운을 억누르고, 남의 드센 기운은 아름답게 받아 안는 희생과 사랑의 마음으로 서로 나누고 이해하며 살았던 것 같다. 그렇기에 그 어려운 삶의 현장, 차마 견디어낼 수 없던 시대의 질곡에서도 아픔과 고통을 감내할 수 있었으리라.

그러나 먼저 된 자로서 나중 되고 나중 된 자로서 먼저 된 자가 많으리라(마태복음 19:30)
But many who are first in this world will be last in the world to come; and the last, first.
然而，有許多在前的將要在後，在後的將要在前的。

제9장 좋은 습관 만들기로 업무 효율 Up, 행복 Double

일과 가정의 양립이 성공의 길이다

공무원으로 재직하면서 중앙부처가 주관하는 이런 저런 유형의 공모전에 참여하는 경우가 있었는데, 바쁜 중에도 본인의 수준을 확인하기 위해 어렵게 시간을 내서 응모에 나서기도 하였다. 아래 글은 2016년 인사혁신처 주관 '근무혁신 수기 공모전'에 제출했던 내용을 정리한 것이다.

지난 38년간의 짧지 않은 공무원 생활을 회상해 보니, 40대 이상 대다수 중앙부처 공무원들이 그렇듯, 직장이 가정이요 가정도 직장인 삶을 살아온 분이 많았으리라 생각한다. 직장이 가정이라는 말은 직장에서 점심, 저녁 하루 두 끼를 혹은 상황에 따라선 세끼를 해결하고, 야근을 다반사로 하며, 긴급 현안 사안들이 많다보니 정성에 정성을 들여 보고서를 작성하여 상사에게 보고하는 것이 늘 일상화되어 있다는 것이다. 이러한 상황에서 피곤은 늘 가까이 다가오고 그래서 직장 부근 사우나에서 피로를 풀다가 깜빡 졸기도 하고, 경우에 따라서는 찜질방에서 부득이 잠을 청하고 다음날 새벽에 졸린 눈을 비비며 힘겹게 일어나, 과장이 지시한 보고서를 챙겨들고 한 바가지의 긴장감을 담은 채 보고하는 경우도 꽤 있었다.

가정이 직장의 연장이 되어 집에 와서도 편히 휴식을 취하지 못하고 싸들고 온 숙제거리로 끙끙거린 적도 많았고, 퇴근 전 상사의 갑작스런 지시로 잠을 제대로 청하지도 못하기도 했으며, 최근에 와서는 카톡, 이메일 등 각종 사회관계망서비스(SNS)라는 문명의 이기가 오히려 족쇄로 작용하여 마음 편하게 주말의 여유를 즐기지 못하는 경우도 많아졌다.

이제는 업무를 바라보는 관점이 근본적으로 달라져야 할 때가 왔다. 빨리 빨리 문화, 보고로 애간장을 태우면서 보고를 위한 보고로 그치고 마는 현실, 가정과 자녀를 위해 휴가를 내서 여유 있는 삶을 즐길 수 없는 특이한 형태의 조직 문화에서 과감히 벗어날 때가 되었다.

아침에 일어나면 사무실에 나가는 것이 큰 부담 없고, 업무에 만족감을 느끼며 그리고 연가를 쉽게 내서 자녀의 교육도 살펴보게 하는 직장문화가 정착 되었으면 한다. 가끔 가족 여행을 하면서 건전한 소비를 통하여 경제 활성화에 기여할 뿐 아니라 자녀의 고민을 들어주고 진로 문제에 대해 고충을 해결해 주려는 부모 역할을 제대로 할 때 직장에서의 업무 효율은 높아지고 행복감은 배가 될 것이라 믿는다.

효율적인 업무처리 방식을 지향하다

어떻게 하면 업무를 효율적으로 할 수 있는지 나름대로 경험하고 축적한 노하우를 공유해 보고자 한다. 일중독, 보고서 치중의 행정, 눈치를 보며 연가를 내는 타성에 젖은 잘못된 관행, 자녀교육 부재의 삶을 벗어나야 한다. 보다 생산적이고 효율적인 조직문화로 과감히 전환하여 경쟁력 있는 대한민국을 만드는데 모두가 함께 나설 때이다. 나의 업무효율의 노하우를 크게 계획 수립 측면, 건강관리 측면, 소통 및 관계 증진 측면에서 아래와 같이 서술해 보고자 한다.

좋은 습관 만들기로 업무 효율 Up, 행복 Double중의 하나가 계획수립 면에서 첫째로, 업무계획을 치밀하게 수립하여 진행 상황을 수시로 점검하고 피드백 받는 것이라 생각한다. 내가 좋아하는 표현 중에 하나는 하루의 계획은 아침에 있고, 일주일의 계획은 일주일이 시작되는 월요일에 있고, 한 달의 계획은 그 달이 시작되는 첫 주에 있으며, 그리고 1년의 계획은 1년이 시작되는 첫 달에 있다는 믿음이다. 개인의 하루 일상 계획도 수첩이나 전자달력을 이용하여 메모를 하면서 시간 관리를 하듯, 업무에 있어서도 적용될 수 있다. 아래 기술 내용은 한국해양대학교 사무국장으로 재직할 때의 사례이다. 매일 아침 9시 업무 시작하기 1시간 전에 그날 추진할 과제나 행사 등을 업무수첩에 기록하며, 동시에 전자달력에도 담당 직원으로 하여금 나의 일정을 표시하여 국 직원 전체가 공유한다. 이를 통하여 결재 시간 확인 등 불필요한 정보 획득 시간의 낭비를 줄여 필요한 시간에 결재가 이루어지고, 회의, 행사시간을 알 수 있어 업무의 효율성을 기하고 있다.

수첩에 당일 할 일을 적어보고, 매주 월요일에는 1주일 추진할 일을 확인해보는 등의 습관이 오랫동안 몸에 배어 있어서 - 매주 월요일 확인은 솔직히 말해서 가끔이지만 이 글을 쓰면서 다시 시도하고자 함 - 이제는 자연스러운 하나의 흐름으로 자리매김 되었다. 당일 업무를 추진해 나가면서 과제나 행사 하나하나 체크해 나가고 퇴근할 무렵 당일 아침 계획했던 모든 일들이 잘 추진되었는지 점검하여 평가하고, 미진하거나 개선할 점에 대해서는 메모를 해 두었다가 직원들에게 지시하거나 회의를 통하여 전달하고 있다.

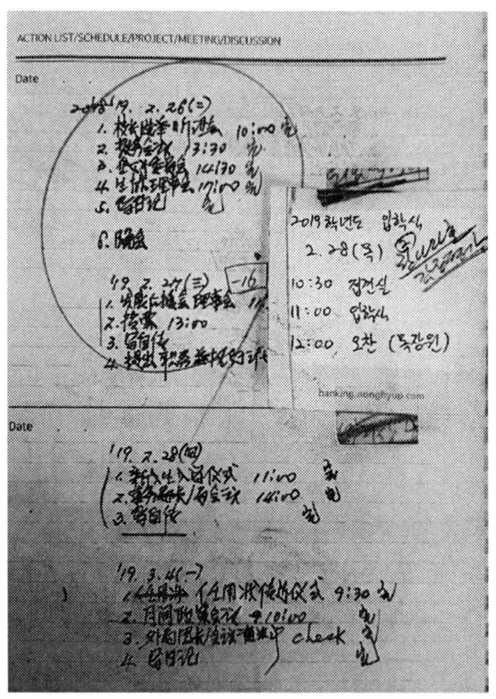

매일 아침 업무 시작 전 중국어로
당일 처리해야 할 일을 적다

계획 측면에서 두 번째로 중요한 것은 일에 우선순위를 정하여 업무를 추진하는 것이다. 업무를 분류하면 시급하면서도 중요한 것, 시급하지만 중요하지 않은 것, 시급하지는 않지만 중요한 것, 시급하지도 중요하지도 않은 것 이렇게 4개 군으로 분류할 수 있다. 순환 보직을 하면서 담당 업무는 그 때 그 때 달라지지만 업무의 처리 순서는 변함없이 먼저 시급하면서 중요한 것, 시급하지만 중요하지 않은 것, 다음으로 시급하지는 않지만 중요한 것, 마지막으로 시급하지도 중요하지도 않은 것 순서로 처리한다. 민원이 제기되고 여론화되어 대책을 마련하여 위기 상황을 빨리 극복해야 하는 경우나 사건, 사고의 경우에는 시급하면서 중요한 과업으로 우선적으로 잘 마무리해야 할 것이다. 예를 들어 해외 유학생 확대 방안 같은 경우에는 중장기적으로 다양한 과제를 가지고 추진해야 할 장기 과업이기 때문에 범부처 협조와 법령 개정 등이 필요한 시급하지는 않지만 중요한 과제라 볼 수 있다. 이와 같이 어떤 일을 추진할 때 이렇게 분류하여 추진한다면 업무의 효율성을 극대화 할 수 있을 것이다.

업무효율성을 높이는 두 번째 영역에서는 건강 부분이라 말할 수 있다. 건강 관련해서는 뒤 별도의 장에서 자세하게 서술할 것이다.

건강 영역에서 첫 번째로 강조하고 싶은 것은 업무로 쌓이는 스트레스를 최소화하기 위해서는 몸과 마음의 건강관리가 무엇보다 중요하다고 본다. 오랫동안 공무원 생활을 해오는 과정에서 자주 보던 동료가 갑자기 병이나 사고로 인하여 어느 날 생을 마감하고 저 세상으로 가버리는 아픈 사연을 종종 접했다. 업무의 폭주와 이로 인한 심신의 상실 그리고 누적된 스트레스 등으로 인하여 본인도 모르는 사이에 몸과 마음속에 암세포를 키우고 있었음에 틀림없다. 이러한 비극을 가끔 접해본 나로서는 업무에 대한 중압감과 빈번한 보고 준비 등으로 긴장감을 가지기 때문에 스트레스가 누적되는 악영향을 최소화하기 위해서는, 우선적으로 건강한 체력과 이를 바탕으로 한 정신건강의 소중함을 간절하게 느꼈다. 그래서 오래전부터 해 온 습관 중의 하나는 아침에 일찍 출근하여 체력단련실에서 근육운동과 더불어 러닝머시인을 이용하여 약 40분 정도 땀을 흘린 정도로 뛴다. 이러한 유산소 운동 뒤 샤워를 하고 나면 온 세상이 내 것이 된 기분이고, 운동 뒤에 오는 힘찬 에너지와 심장 박동의 여진으로 인해 활기찬 기운을 가지고 아침에 출근하는 직원들에게 웃음 띤 얼굴과 큰 소리로 인사를 건넨다. 너무나 기분이 상쾌하고 행복하다. 이러한 기쁨과 열기로 업무를 하니까 업무에 몰입할 수 있고, 직원들에게 보고받을 때에도 긍정적 피드백을 주게 되어 서로 윈윈(win-win)할 수 있는 조직 분위기가 만들어져서 좋다.

아침 운동으로 인한 솟아나는 에너지와 긍정적 마음의 결합은 근무 시간 종료할 때까지 이어져서 운동하지 않았을 때와 비교하여 모든 면에서 플러스가 되며, 특히 시간 안배를 통하여 집중적으로 업무처리를 할 때 투입 시간 대비 산출이 높아져 아침 운동을 적극 권하고 싶다.

아침에 정기적으로 하는 근육 만들기, 달리기 운동은 체력 단련을 통해 육체적인 건강 증진 면에서 큰 도움을 주고 있다. 이러한 건강도 중요하지만 어떻게 보면 육체적 건강보다도 더 긴요할 수도 있는 것이 정신 건강관리라고 본다. 상사 또는 부하로부터 아니면 동료와의 관계, 타 부서 또는 상급 기관과의 갈등 등 여러 가지 형태에서 오는 스트레스가 잘 다스려지지 않을 때, 아무리 운동을 한다고 하더라도 누적된 미운 감정, 갈등과 주고받은 상처 등으로 인하여 육체적인 건강관리에도 부정적으로 작용할 수밖에 없다. 그래서 나는 운동 후 근무시작 전 기도하거나 정신 관리에 도움이 되는 책을 읽음으로써 마음의 평화와 고요한 기쁨을 얻고자 노력하고 있다. 미움과 갈등 등 몸과 마음을 갉아먹는 부정적인 감정들을 치유하고 사랑과 관용의 자세로 직원을 대하고 사랑하라는 메시지를 자기 자신에게 부단히 전달하고 있다. 또 절대자에게 도움을 구하는 기도를 함으로써 하루를 시작할 때 참다운 기쁨을 가지게 되고 업무 추진에 탄력을 받는다. 이 또한 쉽지는 않고 세속적으로 기울어질 때도 있지만, 중요한 것은 자꾸 교정해 나가면서 노력한다는 것이다.

업무의 효율성을 높이는 세 번째 영역은 소통 및 관계 증진 면이라 생각한다. 먼저 소통의 필요성과 효과 등에 대해서 언급해 보고자 한다. 점점 개선되고 있다고 하지만, 위로부터 지시사항을 빨리 빨리 처리하는데 익숙해져 있고, 업무를 달리하는 부서끼리 충분한 소통과 정보교류의 시간이 없음을 많이 경험했다. 직원들 각자 개인적인 일상생활이든가 업무나 인사 문제 등에 있어서 상급자와 쌍방향 정보의 교류가 많아야 하고, 그래서 과업위주, 지시 위주 하향식 권위주의 문화를 대화 채널이 잘 가동되는 상향식 또는 수평식 문화로 바꿀 필요가 있다. 나의 경우는 보고를 받을 때, 가능한 한 상대방의 보고를 끝까지 들어주고, 업무뿐만 아니라 본인의 역량개발, 가정생활 등 비업무적인 영역에서까지 허심탄회한 쌍방향 소통을 즐기고 이를 통해 쌓인 난제를 해결해 나가기 위해 직원들의 협조를 구하고 있다.

보고서를 통한 소통도 중요하다. 과거에는 보고서를 위한 보고서를 만드느라 시간과 정성을 쏟아 부은 경향이 있었는데, 이러한 이유의 저변에는 언론보도나 여론화된 현안 사안에 대해 빨리 대응하기 위해 작성된 경우가 다반사였다. 물론 안전이나 긴급 재난 등 국가 위기 대응이 필요한 경우에는 긴급히 필요한 보고서를 작성하여 윗선에 보고를 해야 할 것이다. 하지만 시간을 요하고 제도 개선이 필요해 충분한 여론수렴과 연구가 선행되어야 하는 사안의 경우에는 중장기 과제로 추진해야 한다고 간단히 보고를 하고, 중요치 않은 미미한 사안의 경우에는 구두보고 또는 SNS 등으로 처리하여 보고서 작성에 들이는 시간을 대폭 줄이는 문화를 만들어가야 할 것이다. 이를 위해 나의 경우에는 현안 사안의 경중과 완급을 가려 보고서를 만들되, 상급자가 꼭 알 필요가 있고 중요하고 핵심적인 경우 외에는 간략한 보고서 또는 구두보고로 우선 처리하여 보고서 작성에서 오는 부담을 줄이고자 노력하고 있고 직급이 올라갈수록 직원들에게도 이러한 원칙을 적용하고 있다. 업무에 효율성을 높여 성과를 높이기 위해서는 가족과 부모님과의 관계 증진으로 가족들의 협조와 지원이 있어야 함을 절실히 느낀다. 집사람과의 가정불화나 다툼 그리고 자녀교육 문제, 부모님의 건강상의 위기 요인 등으로 인하여 몸은 직장에 와 있지만 가정사 문제로 마음이 그쪽으로 기울어질 때 직장에서 업무 추진이 제대로 될 수 없음은 너무나 자명하다. 나의 경우 평상 시, 아내와 좋은 관계를 유지하고 자녀교육에 관심을 표명하며 부모님을 자주 찾아뵙고 효도를 하는 등 가정사

전반에 대해 주기적으로 점검하여 위기의 경고등이 발생치 않도록 평소 관리에 힘쓰고 있다. 특히 매월 첫째 주 주말은 '부모님 방문의 날'로 정하여 특별한 경우가 아니면 꼭 찾아뵙고 부모님이 좋아하시는 음식도 대접해 드리고 용돈도 두둑이 드려 부모님께서 정신을 차리시고 건강하게 지낼 수 있는 환경을 만들어드리고자 노력하고 있다. 춘천에 계시는 부모님의 연세가 들수록 월 1회가 아니라 최근에는 더 자주 찾게 되는데 살아 계실 때 보다 많은 아름다운 추억을 만들어 드리고 싶다.

오랜 공직 생활에서 얻을 수 있는 경험과 지혜를 통하여 어떻게 하면 업무를 효율적으로 하여 조직의 생산성을 높이고 만족도가 높은 조직 문화를 만들 수 있을까에 대해 위에서 크게 3가지로 나누어 정리해 보았고, 이를 함께 공유하여 업무에 만족감을 극대화하고 생산적이며 기동성 있는 조직을 만드는데 나의 경험이 작은 밑거름이 되었으면 한다.

늘 국가의 미래를 생각하다

미래에 대한 예측과 철저한 분석 없이 당장 해결해야하는 현안 문제로 간주하여 급하게 정책 결정을 하여 엄청난 사회적 비용을 치러야 할 경우가 많다. 국가적으로 엄청난 재앙을 맞이할지 모르는 위급 상황에 직면할 수 있는 사례들을 우리는 잘 안다. '아들 딸 구별 말고 둘만 낳아 잘 기르자' '둘도 많다. 하나 낳고 알뜰살뜰'이라는 정부의 단견의 가족정책으로 인하여 현재 우리나라는 저출산 고령화 국가로 가고 있고 현재 출산율 추세로 갈 경우 우리나라는 세계에서 가정 먼저 없어지는 나라가 된다는 옥스퍼드 대학[17] 등 전문기관의 예측을 우리는 많이 접하고 있다. 충분한 토론도 없이, 소통도 없이, 그리고 제대로 된 미래 예측 분석도 없이 보고서를 쓰기 위한 보고서를 작성하면서 그리고 하는 일에 대해 미래가 어떻게 달라질까에 대한 충분한 고민이 없이 정책을 기획하여 시행하다 보니 향후 특단의 대책이 없으면 심각한 문제에 직면하게 될 것이다. 이러한 정부 정책이 어찌 인구 정책에만 해당되겠는가? 근무시간에는 업무에 매진하되 미래를 꿈꾸어야 하며 이를 위해서는 연가를 충분히 활용하고 불가피한 경우가 아니면 초과근무를 하지 말며, 사색과 독서와 토론을 하는 시간을 즐기고, 외국을 많이 다녀보는 등의 노력을 통하여 보다 창의적이고 개방적인 마인드를 가진 공무원이 되었으면 한다. 미래 달라질 국가의 모습을 그리되 제대로 그리고 과제들을 잘 추진해 나갈 때 국민들은 정부를 신뢰하게 될 것이라는 확신이 선다.

이제는 산업화 시대의 업무 환경이나 조직문화를 과감히 던져버리고, 수평적이고 개방적이며 창의적인 조직 환경을 만들고 이를 과감히 권장할 때 정책다운 정책을 만들어낼 것이며, 국민들도 미래에 대한 희망을 갖고 국가발전에 기여하겠다는 마음을 갖게 될 것이다. 그래야만이 우리의 국가경쟁력은 더 높아지고 세계 속에 대한민국의 위상은 높아질 것이라고 믿는다. 이를 위해 다시 한 번 계획 및 점검, 건강, 소통 및 관계의 중요성을 강조한다.

---

17) 옥스포드대학 David Coleman 교수는 2750년 한국은 지구상에서 가장 먼저 사라지는 첫 번째 국가가 될 것이라고 경고

제10장 사무국장이 되어 대학 근무 경험하다

처음처럼 마음가짐으로 미지의 땅을 탐험하다

나의 지난 공직생활 38년 중 대학 근무를 해본적은 한 번도 없다. 교육부에서 근무하는 사람은 본인의 공직 경력 중에 대학 근무를 최소한 한 번은 거치는 경우가 대부분이며 경우에 따라서는 선호하기도 한다. 교육부 본부 근무는 늘 긴장감을 가지고 밤낮이 없이 심지어는 주말에도 근무하는 고강도 업무를 요구하는 경우가 많아, 승진하면 평상시 몸과 마음을 혹사했던 심신을 회복하고 좀 더 여유를 가지고 대학 근무를 해보고 쉽다는 염원을 가지고 있기 때문에 대학 근무 경험을 이력서에 포함하고자 하는 것이다. 나에게는 이러한 경험이 부이사관으로 승진할 때까지 한 번도 없었다. 기회가 없었던 것은 아니었는데 중국 북경사범대학 연수를 마치고 귀국하니까 전북대학으로 발령을 받았지만 당일 바로 교원소청심사위원회로 파견 발령을 받았기 때문에 대학 근무는 단 하루도 근무를 한 적이 없는 기록을 갖게 되었다.

대학 근무를 경험해 보지도 못했고 그렇다고 교육부 본부 대학 관련 과에서의 업무 경험도 없기 때문에 부이사관으로 승진해서 한국해양대학교로 발령을 받고 보니 조금은 두려움과 함께 뭔가 열심히 해 보겠다는 이중의 감정이 교차하기도 하였다. 공무원은 인사발령이 나면 국가의 명령에 따라 무조건 현지에 부임해야하고 발령 날짜에 맞추어 기관장께 부임 인사를 하고 숙소를 정하고 업무를 조기에 파악해야 하는 수순을 밟는데 이 모든 과정이 매우 스피드 있게 진행될 수밖에 없다.

미운 정, 고운 정 들었던 교육부 학부모지원팀원들과는 소수한잔 따라줄 틈도 없이 함께 점심으로 석별의 정을 대신하고 짐을 대충 싸서 차를 몰고 난생 처음으로 가보는 한국해양대학교라는 미지의 세계를 탐험하기 위하여 모험에 나섰다. 지금부터 재직했던 기간 겪었던 그 모험담을 담담하면서도 진솔하게 써 나가고자 한다. 여기에 담은 내용은 어디까지나 나 개인의 경험과 그 경험을 통해 얻은 내면의 영감을 옮겼기에 주관적일 수밖에 없으며, 사람마다 보는 관점은 다를 수밖에 없을 것이다. 하여튼 나름대로 고생하고 넘어지고 자빠지기도 하고 때론 환희에 빠져 무지개 위를 날아다니는 경우도 있었는데 이 모든 자국과 흔적을 가감 없이 전개해 나가고자 한다. 사무국장으로 이곳 한국해양대학교에 발을 담그기 바로 전에 작성한 '한국해양대학교 사무국장으로서의 자세'라는 아래 글로 서두는 시작된다. 이곳 해양대학교로 오기 전날 교육부 사무실 짐정리를 하면서 사무국장으로서의 다짐을 적어 보았다.

1. 총장님을 잘 보좌해 드리며 보직 교수님들과 우호적인 분위기를 조성하는데 최대한 노력한다.

2. 교수님들의 자존심을 지켜드리면서 예의를 갖춘다.
3. 직원들의 말을 경청하고, 과장님들의 의견을 들어 처리한다.
4. 직장협의회, 노조와의 관계에서 언행을 조심하고, 협조적인 분위기를 조성한다.
5. 만나는 분들 누구에게나 예의를 갖추며 섬기는 자세를 갖는다.
6. 대학근무가 처음이지만 한국의 고등교육 정책에 대해 전문적인 식견을 구비할 수 있도록 노력한다.
7. 직원들의 역량강화를 위해 노력한다.
8. 한국해양대학을 떠날 때 직원들이 계속해서 함께 일하고 싶다는 평가를 받을 수 있도록 매일 매일의 삶에 최선을 다한다.
9. 어려운 학생들이나 직원 분들의 사정에 귀를 기울이고 도움의 손길을 주기 위해 노력한다.
10. 지역봉사활동에 적극 참여하여 봉사의 즐거움을 함께 나눈다.
11. 영어 공부 등 본인 역량개발에 더욱 노력한다.
12. 대학 홍보에 적극 노력한다.

부임 한 이후 지난 3년 동안 과연 얼마나 약속을 지켰는지는 우리 구성원의 평가에 맡기기로 하고, 나름대로 최선을 다하고자 한 한국해양대 근무였다고 생각한다. 새벽 6시 30분 전에 출근하여 당직자에게 쌍화탕을 건네주고 수고했다는 고마움의 표시에서부터 현장을 찾아다니면서 묵묵히 성실하게 자리를 지켜주시는 분과 커피 타임을 가지면서 감사함을 전달하기도 하였다.

정부재정지원 사업 수주나 정부의 대학 평가에 대비하여 주말을 잊고 밤샘 작업도 마다하지 않고 열심히 일하고 계시는 부서와 직원분들을 생각해서 커피도 공급하고 다과도 전달했던 추억도 있는데, 남의 힘듦에 함께 동참하고자 했던 나의 순수한 마음의 발로였다고 여겨진다. 절대 나를 드러내고 싶은 마음은 추호도 없다.

무엇보다 잊을 수 없는 것은 군대식 규율의 문화가 아직 상존하는 캠퍼스를 정과 음악이 흘러넘치는 장소로 탈바꿈하기 위해 송년음악회를 비롯한 다양한 방식의 문화 이벤트를 통해 수평적인 소통이 흘러 넘쳐 마음의 벽, 부서간의 벽을 무너뜨리고자 애썼던 기억도 남는다.

음악은 지친 영혼을 달래고 사람 사이에 정이 흐르게 하는 매력이 있다

또한 섬과 같은 너무나 평온한 해양 환경의 분위기에 자기 자신을 가두어 놓지 말고 급격하게 변화하는 국내외 정세 속에 본인 위치가 어디에 있는지 확인하여 부단한 독서와 학습이 필요하다고 침이 튀도록 강조했던 것도 한국해양대를 떠나면 머릿속에

남아 있을 것 같다. 이 밖에 써 내려가고자 하는 일화는 수없이 많지만 생략하고 그 무엇보다 나를 고민하게 했던 것은 한국 국립대의 역할은 무엇이어야 하는가, 우리는 어디에 와 있고 어디를 향해 가야 하는가라는 질문을 많이 했고 답을 찾고자 가보지 못한 대학의 길과 함께 여행을 떠나면서 파란 하늘을 쳐다보곤 했다.

대학 총장 선거 이대로 좋은가 늘 생각해 본다

위와 같은 마음가짐을 가지고 2016년 4월 25일자로 한국해양대 사무국장으로 발령받고 왔을 때에는 총장 선거가 끝난 후였고, 신임 총장이 부임할 때까지 교무처장이 총장 직무대행을 하고 있었다. 대학 관련된 업무를 해 본 경험이 없고 대학 근무를 해 보지 않았기 때문에 대학 사정에는 정통할 수 없었고 돌아가는 상황도 잘 알 수 없었다. 그동안 언론보도나 여러 가지 다양한 정보 채널을 통하여 우리나라 국립대학 총장 선출 방법 등에 대해 희미하게나마 알고 있었지만 정확한 선출 절차와 방법 등에 대해선 잘 몰랐던 게 사실이다. 부임해서 대학 총장 선출 방법에 대해 호기심으로 현미경을 가지고 대상 사안을 세밀하게 관찰하고 싶었지만, 여력이 없어 오자마자 산적한 여러 가지 업무를 파악하고 추진하느라 그저 귀 동냥으로 듣기도 하고 비공식적 모임을 통하여 총장 선출을 둘러싼 여러 가지 얽히고설킨 비화를 들을 수 있었다. 솔직히 말해서 대학 총장 선출과 관련하여 우리나라는 왜 이렇게 혼란스럽고 시끄럽고 갈등이 유독 많이 벌어지고 있는지 이해가 되지 않는 면이 많다. 그렇지 않아도 우리나라는 대학이 너무 많다고 하고, 대학을 졸업한 학생들의 수준에 대해서는 그리 높은 점수를 주지 않고 있고, 단군 이래 최대 청년 실업이라고 전국이 아우성이며 그밖에도 산적한 대학 현안들이 한두 가지가 아니라고 진단을 하고 있다. 이러한 다양한 문제를 해결하고 우리나라 미래 먹거리를 창출하기 위해 교육과 연구 역량을 집중해야 할 핵심 기관인 대학에서 총장 선거 문제에 발목이 잡혀 한 방향으로 가지 못하고 있는 점에서 너무 아쉽다는 생각을 가진 적이 한두 번이 아니다.

미국이나 영국 등 고등교육의 선진국에서 대학 총장 선거로 학내가 분규로 몸살을 앓거나 구성원간의 합의가 이루어지지 않아 분열과 갈등을 양산한다는 등의 언론 기사를 접해 본 적이 거의 없었던 것 같다. 그 대신 노벨상을 받거나 국제학술지에 세계적으로 인정받는 연구 성과를 발표하고, 우수 학생들과 교수를 유치하여 학교의 지명도를 높이기 위한 다양한 노력을 기울이는 등 대학 본연의 역할과 책임에 충실하기 위해 발 벗고 나서는 반면, 우리나라 국립대학은 국민의 세금과 학생들의 등록금으로 운영되는 대학임에도 불구하고, 학생과 국민은 보이지 않고 보이는 것은 누가 대학 총장이 되느냐에 초점을 맞추고 있는 듯한 모습으로 외부에 비추어지지 않는지 다 함께 반성해야 할 시점이라고 본다.

관련 법령이나 해당 대학 규정에도 직선제냐 간선제라는 단어는 없는데, 일반인들은 언론 보도 등을 통해 이 용어에 익숙해져 있다고 생각된다. 대통령 선거처럼 어느 누구든 균등한 한표를 행사하여 그대로 본인이 지지하는 후보자에 100% 득표에 반영되는 방식으로 대학의 대표를 선출하는 그런 의미의 직선제가 아님을 알 때 이 제도에 문제점이 있지 않나 하는 생각을 늘 가지게 되었다. 총장 선거 때마다 벌어지고 있는 교수, 직원, 학생들 득표 인정 비율을 어떻게 할 것이냐, 선거 관련 규정 개정에 관여하는 평의원회 구성을 어떻게 할 것인가, 후보자들의 연구윤리 검증 과정에서 나타나고 있는 후보자 간 진실 게임의 논쟁, 후보자 간 비난 등 4년 마다 되풀이 되는 연례행사로 비친다. 총장 선거를 둘러싸고 학내 구성원 간 합의점을 쉽게 도출하지 못해 선출 규정안을 확정하는 데에도 상당한 시간을 보내는 경우가 있는 것 같다. 어렵게 합의를 하여 규정과 절차에 따라 총장 후보군 1, 2순위를 교육부에 보고하고 그 다음 정부의 인사검증 절차에 따라 최종 후보자를 선정하는데 경우에 따라서는 2순위가 낙점되어 대학에 한바탕 회오리바람이 불기도 한다. 불복하여 소송을 제기하거나 대학 구성원들의 반발로 대학이 분열과 갈등으로 상처가 봉합되기 보다는 상처를 악화시키는 경우도 있어 결국 피해는 학생과 학부모들에게 돌아갈 수밖에 없다는 현실에 서글픔을 가질 때가 많다.

나도 교육부에서 근무를 해 본 경험이 많지만, 가끔은 교육정책 중 일부는 이해가 안 될 때가 있다. 그 대표적인 것 중의 하나가 대학 총장 선출과 임용의 방식에 있는데, 국립대학 대학 총장 선출 문제로 대학이 분열하고, 여론이 비방, 비난으로 흘러가고, 이념 대립이 극심하여 대학이 대학 본연의 기능과 역할에서 벗어나고 있다고 생각할 때마다 가슴이 아팠다. 대학 본연의 연구와 교육에 매진해도 세계 유수의 대학 수준과는 한참 거리가 멀고 이웃 일본은 매년 노벨상을 계속해서 받고 있는데 우리는 뭐하고 있는지 답답할 때가 한두 번이 아니다. 내가 한국해양대학교에 부임했을 때에는 이미 총장 선거가 끝난 뒤였고, 그래서 1, 2순위자에 대한 자체 윤리위원회 검증 등을 거친 후 관련 자료를 교육부에 제출한 후 총장 임용을 기다리고 있었다. 총장 선거를 위해 몇 개월간은 직무대행 체제로 대학이 운영되고 있었는데, 선장이 없다보니 중요한 현안 사안들은 새 총장 부임 이후로 미루어지고, 그래서 전반적으로 이완된 분위기에서 업무가 추진되다 보니 행정 공백으로 인한 유, 무형의 손해가 있음에는 틀림없다. 어찌되었건 총장 선거가 있는 대학에서는 여러 가지 이유로 혼란의 과정을 겪거나 갈등을 가지고 있는데, 대학은 학생을 위해 존재하는 기관이라는 점을 명심해야 할 것이다. 행정의 단절이 없이 대학 본연의 역할을 다할 수 있는 시스템이 잘 가동될 수 있는 방안을 궁극적으로 마련해야 할 것으로 보이는데 아직 움직임이 보이지 않아 답답한 마음이다.

답답한 마음은 한 순간으로 끝나는 것이 아니라 대학 구성원으로서 '한국 국립대학은 언제 미국 대학과 같은 세계적인 경쟁력을 갖출 수 있을까'라는 주제와 늘 연결하여 생각하고 있는데, 막상 현실로 포커스를 옮기면 실망은 크게 다가온다.

2018년 여름 날씨는 연일 40도를 오르내릴 정도로 사상 유례가 없을 정도로 뜨거웠는데, 여기에 소위 '대학 기본역량 진단 평가' 결과 여파라는 기름이 덮쳐 더욱 힘들었던 시기를 보냈다. 학령인구의 감소, 과학기술 혁명의 물결의 파고 속에 대학의 국제 경쟁력 확보라는 측면에서 교육부의 대학에 대한 전반적인 평가가 주기적으로 이루어지고 있다. 나름대로 최선을 다해 보고서도 잘 만들고 평가위원 면접도 선방했다는 자평이지만, 결과는 구성원의 바람과는 달리 입학정원을 줄이고 일반재정지원 사업 제한의 페널티를 받게 되는 소위 '역량강화대학' 범주로 떨어지게 되었다.

이러한 결과에 대학 교수회는 총장에 대한 책임을 묻는 찬반투표가 진행되었고 뚜껑을 열어보니 70% 이상이 총장이 물러나야 한다는 쪽으로 모아졌고 직원들로 구성된 직장협의회에도 비슷한 움직임이 있었으나, 성사되지 못했다. 교수회 투표 이후 교수회는 비상대책위원회를 구성하여 총장 물러가라는 현수막을 게시하고 매주 목요일에는 일부 교수들이 모여 총장 퇴진 성명서를 발표하고 본관 앞에서 총장 물러가라는 구호를 외쳤는데 2학기 개학 이후에도 계속되었다.

교수회에서는 계속 메일을 보내 총장 퇴진 동참을 유도하고, 일부 교수, 직원들은 이러한 분위기 속에서 일손이 제대로 잡히지 않아 사업 추진에 차질이 생기지 않을까 걱정을 하기도 하였다.

총장은 교수, 직원, 학생 상대로 평가 과정, 결과에 대해 상세하게 설명하고 학교 운영 정상화에 협조해 달라는 간곡한 호소에도 불구하고 계속 교수회와는 평행선을 달렸다. 동창회에서도 총장 사퇴 쪽으로 무게 중심을 옮기자 결국 총장은 후임자를 선출하는 학교관리에 최선을 다한 다음 임기가 남아 있음에도 불구 내년 봄 학기에 물러가겠다는 사퇴 의사를 밝혔다. 사퇴 표명을 했음에도 불구 교수회에서는 총장 사퇴의 특정 시한을 제시하면서 계속 성명서를 낭독하고 투쟁을 지속적으로 전개하였다.

그 후에는 총장을 비롯한 본부측과 교수회가 지속적으로 협의를 해 나가는 과정에서 타협점을 찾아 총장 임기 전 사퇴를 다시 확인하고, 후임 총장 선출을 통해 학교를 정상 운영하기로 하였고, 학교는 안정을 찾아가는 것 같은 느낌을 가졌다.

국립대학 구성원의 한 사람으로서 현 사태를 바라보면서 참으로 한국의 국립대는 누구를 위해, 무엇을 위해 존재하는가? 국립대학 본연의 역할은 무엇인가? 라는 화두에 대해 곰곰이 생각해 보았다. 총장 선거 과정이야 어찌되었든 대통령에 의해 공식적으로 임기가 보장된 총장을 중대한 범법행위나 연구윤리 문제가 아닌 교육부 평가를 받지 못했다는 이유만으로 직원, 학생들의 참여도 없는 교수들만의 투표만으로 총장의 거취를 정해 물러나라고 압력을 가하는 단체행동은 과연 정당한가에 대한 의문이다.

이러한 학내 사태로 인해 결국 피해는 학생들에게 돌아갈 것이 뻔하고 언론보도를 통한 이미지 실추에도 한 몫을 할 것임에 틀림없다. 학교의 주인인 학생을 위한 철저한 수업 준비와 시대 변화를 반영한 교육과정 운영 노력, 취업을 도와주기 위한 진로 상담 그리고 무엇보다 전공분야에서 연구 성과를 내기위한 불철주야 연구 매진하는 대학 본연의 기능에 충실할 때 국민들로 신뢰받는 국립대학이 될 것이다.

대학의 역할을 재정립할 시점이다

대학에 근무를 해본 경험은 없지만, 대학 근무를 해 본 동료들이나 아는 분들을 통하여 대학 사회의 분위기나 조직 문화를 귀 동냥으로 들어본 적은 많다. 우리가 어떤 사회 현상이나 사안을 관찰할 때, 자기가 속한 집단의 관점에서 다른 집단을 평가하게 마련인데 우리나라는 객관적이고 공정한 입장에서 바라보기보다는 선입견 내지 부분적인 경험을 가지고 전체를 평가하는 경향이 있는 것 같다. 나도 예외가 아니라고 생각되는데 특히 젊었을 때에는 협소하고 편협한 안경 렌즈에 비친 모습 그대로 거칠게 세상을 바라보았던 같다. 나이를 들면서 좀 더 균형 잡힌 시각, 편향되지 않고 전체를 조망하면서 부분을 바라보는 원만한 관점을 가지려고 노력하고 있다.

대학 사회라는 울타리 안으로 들어와 보니 대학을 구성하는 3주체 즉 학생, 교수, 직원 사이에는 보이지 않은 벽이 가로 놓여 있음을 느꼈는데 학생들은 잘 몰라도 교수와 직원 간에는 오랫동안 쌓여온 그 무언가 불편함이 존재하고 있었다. 이러한 간극을 좁히고 화학적 결합이 이루어져 대학 본연의 사명인 교육, 연구 및 봉사의 기능이 원활히 잘 이루어졌으면 하는 생각을 많이 가져 보았다.

대학은 일차적으로 학생이 있어야 당연히 존재하는 기관이고, 학생들의 인격도야를 돕고, 전공에 대한 실력 배양을 통해 사회에 쓰임 받는 인재로 키우기 위해 2차적으로 교수와 직원이 존재한다고 생각한다. 대학은 학생으로 하여금 입학해서 졸업할 때까지 잘 짜인 교육과정에 따라 일차적으로는 약자를 배려하고 국가와 사회라는 공익을 먼저 생각하는 인격을 갖추도록 해야 하고, 다음으로는 이러한 심성에 기초하여 사회에 나가 주체적으로 삶을 영위해 나갈 수 있는 전공 분야 지식과 기술을 잘 연마할 수 있는 토대를 만들어 줄 사명이 있다. 이를 위해 우리 사회의 최고 지성인인 교수들의 책임과 역할은 너무나 중요하다고 아니할 수 없다. 특히 국립대학의 경우 학교 경영을 위한 재정이 국가지원금과 대학생들의 등록금에 거의 의존되어 있고, 교수는 공무원 신분이기 때문에 특별한 하자가 없는 한 정년까지 신분이 보장되어 있어 민간기업과 같이 생존을 위해 치열하게 경쟁하는 체제가 아니어서 상대적으로 느슨한 조직이라 볼 수 있다. 종래 한번 교수로 임용되면 편하게 정년까지 가는 경향이 있었으나, 요즘에는 채용, 승진 등에 있어서 임용 요건이 강화되어 가고 있고 강의평가를 비롯하여 교육, 연구 및 봉사 등 분야에서 다양한 지표를 활용한 정량, 정성 평가를 통하여 성과급도 차별적으로 지급하는 등 국립대학에서도 변화의 바람이 거세게 몰아치고 있는 것도 사실이다. 이러한 외풍에 의한 변화에 어쩔 수 없이 적응하기 보다는 교수 본연의 사명인 전공분야 연구에 심혈을 기울이고, 연구성과를 학생들과 공유하여 그 분야에서 국가 발전에 기여하려는 내재적 동기에서 움직이는 교수들이 많아졌으면 하는 바람이다.

연구 결과로 나타나는 최고의 업적은 아무래도 노벨상을 수상하는 것임에는 누구라도 이의를 달지 않을 것이다. 노벨상하면 우리에게는 여전히 멀게 느껴지지만, 우리 이웃나라인 일본은 거의 매년 연타석 홈런을 치며 기세등등하게 도저히 따라갈 수 없을 정도로 앞서가고 있는데, 우리나라 교수들은 일본을 좀 벤치마킹하여 어떻게 하면 연구 역량을 높여 일본과의 간격을 좁힐 수 있을까에 많은 고민을 해야 하지 않을까 한다. 우리는 연구보다는 총장이나 보직교수 또는 정치 쪽으로 발을 담그려는 정치지향 교수들이 상당하고 이러한 경향으로 인해 대학 본연의 핵심 기능이 약화되는 것이 아닌가 하는 생각을 많이 해 보았다. 일본처럼 기초연구분야에서 한눈팔지 않고, 우직하면서 바보스럽게, 남이 알아주든 알아주지 않든, 수십 년간 본인 연구 분야에서 한 우물을 파는 교수들이 많이 있으면 그래서 그러한 연구로 인하여 인정받고, 정부 지원도 받고, 성과를 창출하는 연구 시스템이 만들어지길 꿈꾸어 본다.

2016년 노벨 생리의학상 수상자로 선정된 오스미 요시노리(71) 명예교수는 40년 간 효모 연구의 외길을 걸었다고 한다. 언론보도에 의하면 그는 만 43세에 조교수가 되었고, 교수가 된 것은 만 51세로 늦은 편이였다. 그럼에도 연구비 따기 쉬운 분야나 논문을 쓰기 쉬운 쪽으로 기울지 않았는데, 그는 "남들과 경쟁하는 걸 싫어한다. 아무도 하지 않는 분야를 개척하는 편이 즐겁다"라고 즐겨 말했다고 한다. 수상 확정 후, "젊은 사람들에게 과학은 모두 성공하는 것은 아니지만 도전이 중요하다는 말을 전하고 싶다"고 했는데 우리나라도 이런 기초과학연구에 평생을 바쳐 연구하는 분들이 많이 나왔으면 한다. 이러한 교수들이 연구에 매진할수록 일본정부는 중장기 계획의 로드맵을 가지고 기초과학에 아낌없는 투자를 한다고 하는데, 단기간의 업적만 강조하고 실용적인 이익에만 돈이 몰리는 투자가 아닌 우리도 일본처럼 멀리 내다보면서 장기적인 안목에서 과학자를 발굴하고 투자하는 시스템을 구비했으면 한다.

대학의 세 가지 핵심 미션은 연구, 교육, 봉사라고 하는데 대학에 들어온 학생들을 제대로 교육하는 것 또한 연구만큼 중요하다고 본다. 대학에 막 들어온 특히 인성 측면에서 잘 다듬어지지 않은 특히 한국적 상황에서 너무 오랫동안 대학입시라는 멍에에서 벗어나지 못하고 학업이라는 큰 부담을 가졌던 신입생들을 우리 대학들은 어떠한 체계를 가지고 이들을 양성하고 있는가에 대해 대답을 해보아야 할 것이다. 체격이라는 하드웨어는 어느 정도 구비되었다고 하지만, 이 하드웨어가 제대로 작동하여 우리 사회가 바라는 바람직한 인간미를 지니면서 실력을 제대로 구비한 인재로 키워야 할 것이다. 이를 위해 학생들이 갖추어야 할 배려의 자세, 이타심, 전공 융합 능력 등 다양한 내적 소프트웨어 수준 향상에 지속적인 관심을 가져야 할 것이다.

미국대학 시스템에서 교훈을 얻다

대학교육하면 나에게 늘 그리운 추억이 뇌리에 박혀있는데 다름 아닌 공직생활 중 값진 경험을 한 미국 유학 시절이라 할 수 있다. 이 글을 쓰는 2019년을 기준으로 봤을 때, 23년 전으로 타임머신을 타고 거슬러 올라가게 되는데, 30대 중반에 미국 유학 경험은 인생의 또 하나의 도전이면서 그 전에 형성되었던 우리 교육시스템을 되돌아보게 했던 시기였고, 미국 유학 경험은 그 이후의 나의 삶의 방향에 여러 가지 면에서 긍정적인 영향을 끼쳤다.

오하이오주립대 석사과정에 입학하면 외국인 학생들은 영어시험을 필수적으로 치르게 되어 있고, 성적이 좋으면 영어 코스를 밟을 필요 없이 바로 전공공부를 하면 되는데, 나의 경우는 시험결과에 따라 영어를 의무적으로 들어야 했다. 풀타임(full time) 학생으로 전공과목을 소화하려고 밤을 새우다시피 했는데 여기에 영어문법, 작문 등을 부가적으로 더하려고 하니 그야말로 학기 내내 사적인 시간은 거의 없을 정도로 학점 따기에 바빴다. 어느 과목이나 부가되는 리포트는 있게 마련이고 학점에 카운트 되지 않은 영어 과목도 리포트가 가끔 있어 그렇지 않아도 영어쓰기가 힘들어 매일 밤을 새우다시피 작문을 하는데 외국 학생으로서 작성된 문장이 제대로 된 것인지 판단할 수도 없었다. 나 자신이 보기에도 영어 작문 수준이 영어 교과서와 비교할 때 우리 글로 비교하면 마치 대학원생과 초등학교 학생 간의 간극이라 할까 영어로 뭔가 글을 쓴다는 것이 당시에는 얼마나 고역이고 고통의 과정이었는지 모른다. 그래서 유혹이란 놈은 늘 내 몸과 마음에 달라붙게 마련이다. 정직하게 나의 실력으로 작문해야 하고 남의 글을 인용할 때에는 반드시 출처를 밝히면서 보고서를 써야 하는데, 너무 인용을 많이 하다보면 보고서가 내 글이 되지 않기 때문에 출처를 밝히지 않고 그만 유혹에 빠져 남을 글을 내 글처럼 써서 리포트를 완성하여 제출한 적이 있었다. 그런데 이것이 문제가 되었다. 미국인 선생님이 봤을 때 미국인보다 더 잘 쓴 것처럼 보였던지 하루는 나를 불러 표절이라고 지적하면서 향후 이런 사항이 지적되면 제적될 수 있다는 충격적인 경고를 받았다. 우리는 물건을 훔친 것만 감옥에 갈 수 있는 도둑질로 간주했지 남을 글을 도둑질하는 것은 애교로 생각하여 남의 고난의 작품을 아무런 양심의 가책도 없이 출처를 밝히지 않고 자기 것인 양 함부로 쓰는 문화 속에 살아왔음을 고백하지 않을 수 없다. 이 당시의 이러한 경험은 나에게는 오히려 연구윤리의 중요성을 깨닫는 계기가 되어 보고서를 쓰거나 글쓰기를 할 때, 출처를 밝히면서 표절이 되지 않도록 유의하여 작품을 완성하고자 노력하고 있다. 그리고 무엇보다도 양심과 정직만이 살길이며 소중한 가치임을 깨닫게 해주어 감사하게 여긴다.

미국 교육에서 느낀 것은 정직의 강조라 볼 수 있다. 표절이 용납되지 않는다는 것은 속이지 말고, 거짓말 하지 말고 남의 저작물에 대해 대가를 지불해야 하고 피와 땀을 흘려 스스로 삶을 개척해 나가야 함을 의미한다고 볼 수 있다.

미국 교육에서 경험했던 다른 하나는 외국인이고 문화에 낯설고 영어도 서툴고 그래서 수업을 따라가기에 엄청난 제약이 앞을 가로막고 있어 숨이 찰 지경이었다. 이러한 중압감 속에서 교수님들은 대개 친절하고 학업에 있어 잘 안내해 주고 우리 입장을 고려하여 배려를 많이 해 준다는 면에서 유학생활의 어려움을 극복하는데 도움을 많이 받았던 기억이 난다. 보고서를 작성하여 미리 찾아뵙고 자문을 구하고 도움을 청하면 수정해 주시기도 하고 시간도 내 주시고 여러 가지 조언도 해 주셨는데 다만 언어 장벽으로 인해 어려움을 많이 겪었다. 언어란 제약만 없다면 미국 유학생활은 교수님들로 인하여 여러 가지 힘든 과정을 잘 이겨낼 수 있으리라 생각한다. 이러한 면에서 교수의 능력과 자질 그리고 학생들에 대한 배려와 사랑이 대학교육에 있어 간과할 수 없는 핵심 포인트라고 여겨진다.

한국해양대에 와서 몇 분 교수님들과 요즘 학생들의 사고와 행동 방식 등에 대해서 대화를 나눌 기회가 있었다. 과거 가난하고 먹고 살기 힘들었던 옛 세대와는 달리 자녀가 1명 많아야 2명인 핵가족 시대에서 성장한 요즘 학생들은 권위주의 체계를 싫어하고 수평적인 관계를 좋아한다는 면에서 긍정적이다. 하지만 다른 한편으로는 부모님의 과잉보호와 이기적인 삶의 추구, 거친 세상을 겪지 않고 쉬운 길을 걷고자 하는 걸음걸이의 가벼움이 보이는 것 같다. 학업에 대한 누적된 부담감과 심한 경쟁으로 인한 스트레스로 인해 홀로만의 성을 쌓다 보니 남과 교류가 적고 배려가 메말라가는 그래서 자기위주의 사고틀에 묶여있는 경우가 많은 것 같다. 그러한 경향은 대학에 진학해서 대학생이 되어도 이미 형성된 성격의 변화는 쉽지 않고 예의를 모르고 위계질서도 무시하고 그래서 인성 측면에서 여러 문제점을 노정하고 있는 현 세대들을 어떻게 교육할 것인가가 숙제인데 갈수록 이러한 이슈에 대해 고민을 덜하게 되고 관심을 가지고 접근할 때 오히려 다가오는 상실감과 불이익의 두려움도 만나게 되는 경우도 있어 지도에 어렵다는 하소연을 듣곤 한다. 사제지간의 진정한 교류와 만남은 희소해 지고 만남도 기계적인 느낌을 가지게 되는 삭막한 캠퍼스 분위기 속에 강조되는 것은 불꽃 튀는 취업 경쟁, 물질적인 가치를 우선에 두는 듯한 대학경영에 있는 것이 아닌지 반문해 본다. 시대의 흐름에 따라 변화와 혁신은 있어야 하지만, 내가 미국에 있을 때 노교수님께서 나와 같은 외국 학생들을 만나서 지도해 주시고, 격려해 주시고, 친절한 도움을 주셨던 그러한 대학 교육의 그림을 우리는 기대할 수는 없는 것일까라는 생각을 해 본다. 지금의 미국의 대학 현실은 어떤지 은퇴 후 내가 다녔던 모교를 방문해 확인해 보고 싶은 욕구가 꿈틀거린다.

미국 유학에서 느낀 것은 열심히 가르치고 배우는 교육활동 못지않게 공부하고 연구하는 분위기를 어디서나 느낄 수 있었다. 캠퍼스 곳곳에서 펼쳐지고 있는 열띤 토론의 모습, 책을 펼쳐놓고 대화에 빠져있는 광경들, 푸른 잔디밭에서 독서에 몰입하는 정경들, 24시간 개방된 도서관에서 여러 권의 책을 쌓아놓고 보고서를 작성하느라 씨름하는 모습들이 아직도 선하게 떠오른다.

국적과 인종에 관계없이 세계 각국에서 온 다양한 학생들이 연구조교(RA)나 강의조교(TA) 제도를 활용하여 학비도 면제받고 오히려 월급을 받으면서 석, 박사 과정을 이수하면서 학위를 받는 모습이 너무나 부럽기도 하였다. 현재는 잘 모르겠지만 당시 세계의 인재를 빨아들이는 블랙홀로서의 미국의 대학시스템이 부럽기도 하였고 그렇게 배출된 유능한 인재가 계속 미국에 남아 미국의 국력을 견인하는 역할을 한다고 생각하였다.

지금은 중국의 부상에 따라 미국 중심의 유학 시장 흐름에 약간은 변동이 있다고 생각되는데 하지만 그래도 여전히 세계 연구개발의 중심국가임에 틀림없고 그 핵심에 대학이 있다고 할 수 있다.

저출산의 여파가 상상할 수 없을 정도로 심각해지고 아마 우리나라는 이를 극복하기 위한 방안으로 외부 수혈에 의존할 수 없을 것이라는 암울한 전망을 갖게 된다. 즉 외국인에게 문호를 대폭 개방하여 언젠가는 미국처럼 이민국가로 다문화 국가로 갈 수밖에 없으며 대학도 이에 대비하여 대학 경영의 패러다임을 근본적으로 바꿀 수밖에 없을 것 같고 30-50년을 내다보고 미리 준비한 대학들은 선방할 것이고 그렇지 않은 대학은 이름조차도 남기지 못할 것이라는 생각을 많이 해 본다. 총장 직선제나 대학교수 자리 보존의 문제가 아닌 근본적인 문제를 가지고 고민할 시점이다. 2019년 5월 말 다시 재선거를 해야 하는 충격적인 교육부 공문을 받아들고 할 말을 잃었다. 언제까지 공백이 지속되어야 하는가? 후임 총장 선거로 약간의 진통은 있겠지만, 규정과 절차에 따른 후임 총장 선출 과정을 다시 지켜보면서 대학의 사명에 대해 한 번 더 생각해 보았다.

제11장 공직의 길은 미지의 세계를 여는 학습의 과정이다

헌법적 가치 추구와 국민을 생각하는 공무원 교육을 원하다

자질과 인성을 겸비한 우수한 인재를 공직으로 유인하는 각종 공무원 채용시험제도의 완비도 중요하지만, 일단 공무원으로 채용한 뒤 이들로 하여금 지속적으로 전문성을 계발하게 하며 그에 상응한 역할과 책임 및 대우가 함께 맞물려 움직이는 시스템의 정비가 지속적으로 이루어져야 한다고 생각한다. 더 나아가 지금은 인생 100세 시대라고 하는데 60세(교원은 62세, 교수는 65세) 정년퇴임 후에도 과거와는 달리 육체적, 정신적으로 일을 계속할 수 있는 체력이 있어 공직생활 동안의 노하우를 살려 퇴임 후 제2의 인생을 보람 있고 활기차게 보낼 수 있는 은퇴 후 인생 설계에 대해서도 보다 깊이 있는 국가의 정책 개입이 필요하다고 본다. 국가 차원에서 공무원들이 재직 기간 동안 각종 퇴직 준비 프로그램에 참여하여 취업·창업 정보를 얻고, 교육기부 등 각종 봉사활동에 참여하고 보람을 느끼는 기회를 많이 제공해 주었으면 한다. 그 밖에 자산관리, 재테크 정보 제공, 활기찬 건강한 노후를 보내는 방법 등 은퇴 후 부딪히게 되는 사회생활에 잘 대비를 잘 할 수 있는 체계가 잘 갖추어졌으면 한다. 즉 공무원 채용에서부터 교육훈련, 보직관리, 승진, 퇴임 준비 및 퇴직 후 관리에 이르기까지 공직 전 생애 사이클이 선순환 구조가 되어 공무원으로서 근무가 자부심과 긍지를 갖게 하고 퇴직 후 생활에도 걱정이 없도록 국가가 공무원 임용 제도를 보다 잘 운영하길 기대해 본다. 여기에는 국가의 정책 및 제도의 정비도 있어야 하지만 공무원 본인의 적극적인 참여와 노력도 함께 가야함은 당연하다 할 것이다.

공직 생활 초기와는 달리 공직 생활 후반부로 갈수록 나는 즐겁게 교육에 참여하는 것을 좋아하게 되었다. 교육 장소에 남들보다 먼저 시작 10, 20분 전에 참석하고, 강사로부터 가능한 한 가까운 앞쪽에 자리를 잡아 전달하는 내용을 많이 흡수하여 내 것으로 만들려고 부단히 애썼던 기억이 많이 남는다. 2014. 12월 어느 날 눈이 휘날리는 날씨에 교육부가 마련해 준 대형버스를 타고 세종청사 대강당으로 이동하여 당일도 여전히 맨 앞쪽에서부터 두 번째 줄에 앉아 교육 받을 준비를 미리 하였다.

공무원 생활을 하면서 바쁜 업무 중에 틈틈이 다양한 형태의 교육, 세미나, 워크숍, 국제회의 등에 참여하여 발표하기도 하고 듣기도 하고 토론하는 등 다양한 방식으로 교육에 참여하는 것은 여러 가지 면에서 본인의 능력개발과 조직 발전에 도움이 된다고 생각한다. 공무원 역량 강화를 위한 국가 차원과 부처 차원의 프로그램들뿐만 아니라 과, 국 단위 워크숍, 시도교육청, 대학 등 업무 관련 기관과의 공동 워크숍 등은 학습하고 연구하고 토론하여 정책에 투입하기 위한 건설적인 아이디어를 산출하는 좋은 기회이기도 하다.

세종청사 대강당에 도착하여 오후 3시부터 '미래세대를 위한 성장동력'이란 특강 주제로 영남대 새마을국제개발학과 최 모 부총장으로부터 강의를 다른 부처 공무원들과 함께 듣게 되었는데 강의의 핵심은 박정희 대통령이 70년대 추진했던 새마을 운동에 대한 재조명과 재해석을 통해 새마을 운동의 진정한 가치를 올바르게 이해하고 그 비전과 전략 및 방법을 확산하여 미래 우리나라 성장동력원으로 적극 활용하자는 아래와 같은 취지의 강연이었다.

내년 2015년이면 광복 70주년이 되는 해로 6·25 동족상잔의 비극을 딛고 일어서서 쓰레기통에서 장미꽃을 피운 나라, 한강의 기적을 이룬 나라로 이제 세계가 한국을 인정하는 선진국 진입을 바라보는 나라가 되었다. 산업화, 민주화, 정보화를 거쳐 무역대국이 되었고 종래 원조를 받는 나라에서 이제 남을 도와주는 나라의 위치로 발돋움 했지만, 이제는 저출산, 고령화 등의 문제로 새로운 성장의 동력을 찾아야 할 시점에 와 있다. 취업, 결혼, 출산을 포기하는 소위 3포 시대를 맞고 있는 대한민국호가 향후 어떻게 변화를 모색해야 할 것인가가 큰 숙제로 다가오고 있는 현재, 청년이 절망하는 현 사회 이대로 괜찮은가? 변화하는 환경 속에서 우리는 어떻게 대응해야 할 것인가?에 대한 답변을 할 시점에 와 있다. 현재 잘 나가는 국가, 기업이 계속 성장 발전한다는 보장은 없으며 우리나라를 먹여 살리는 삼성전자의 경우 3년만에 최저 실적을 기록하고 있는데, 사실 삼성은 국가 GDP 규모로 볼 때 세계 43위인 필리핀 정도로 대단하지만 과연 지속적인 성장을 할 것인가는 삼성의 숙제일 것이다. 우리 주변을 둘러싸고 있는 미국, 일본, 러시아, 중국 등 강대국도 그리 호의적인 환경을 만들어 주는 것이 아니며 심지어 중국은 북한을 동북4성이라 지칭한다는 말들이 돌아다니고 있어 늘 경각심을 가질 필요가 있다.

박정희 전 대통령은 "평생의 소원이 있다면 잘사는 나라를 한번 만들어 보는 것이다"(1964. 8.3 국방대학원 졸업식)라는 일념으로 새마을 운동을 통하여 한강의 기적을 가져오게 했는데 새마을 운동을 통한 한국발전에 대해 국제사회 평가는 매우 긍정적이다. 1953년 1인당 69달러에 불과했고 1975년까지는 북한 보다 못살다가 1976년부터 우리가 북한보다 잘 살기 시작하여 현재 우리나라는 1인당 GDP가 26,000$ 수준에 이르렀다. 주요 인사들의 새마을 운동 평가를 보면, 김대중 대통령은 "박정희 대통령이 우리 국민들에게 하면 된다는 자신감을 준 것이 큰 소득"이라 했고, 노무현 대통령은 청와대에서 새마을 노래를 직접 불렀고 새마을의 날을 국가기념일로 제정하였으며, 김지하 시인, 백기완, 오바마, 푸틴 대통령, 등소평 전 중국 주석도 한국경제 발전을 높이 평가하고 있다. 많은 개발도상국들이 한국의 새마을 운동 모델을 자기나라 실정에 맞게 적용하여 사회, 경제 발전을 가져오고 있으며, 유네스코 세계기록문화유산에도 등재되어 있고 또한 새마을 운동은 여성을 사회로 끌어내고 여성의 역량을 끄집어내는 사업이었다.

현재 우리의 위기는 바로 공동체 정신이 없다는 데 있으며, 세살 버릇 여든까지 간다는 말이 있듯이 어릴 때 바른 인성 교육이 중요하며, 사회혁신과 공동체 회복은 새마을 운동 정신에서 배워야 한다. 영남대에서 운영 중인 새마을 교육과정을 거쳐 간 개발도상국 주요 지도자들이 자기 나라로 돌아가 한국을 널리 알리고 있으며 한국으로 배운 어머니와 같은 따스한 사랑의 공동체 정신을 확산시키고 있다. 이러한 한국 사랑이 한국 제품 구매로 이러지고 있는 사례들이 많이 나타나고 있으며 이러한 새마을 운동 모델은 향후 한국 미래 성장 에너지로 작용할 것으로 보이는데, 공직자 여러분들이 퇴임 후 망설이지 말고 각종 ODA 사업에 적극 참여하여 공직 경험의 노하우를 전수 시켜주는 것이 바로 현대판 새마을 운동이라 할 수 있고 국가 경제 발전에 일조를 하는 것이다. 어머니 마음으로 존경하는 마음으로 이들의 마음을 얻을 때 한국 상품 구매로 이어짐을 명심해야 할 것이다.

위와 같은 취지로 강의를 하였는데, 정권이 바뀔 때마다 그 정권이 내세우는 국정이념이나 국정방향을 공무원들에게 전파하고 공감대를 형성하여 정책 추진에 있어 동력을 얻고자 국정 홍보교육을 특히 정권 초기에 대대적으로 실시하곤 하였다. 나의 공직 생활 뒤돌아보면 전두환, 노태우, 박근혜, 이명박 정권과 같은 보수파가 집권할 때에는 북한을 잠재적인 적으로 간주하여 전쟁 상황을 염두에 둔 안보교육을 강조하는 경향이 있고, 각종 국가 정책에 있어서도 좌우 이념의 조화보다는 대립을 강조하여 진보의 부상을 막는 방향으로 국정 운영이 이루어지지 않았나 하는 느낌을 지울 수 없다. 반면에 김대중, 노무현 정부는 이와 반대로 진보적 시각에서 북한을 같은 동포로 생각하여 포용하면서 통일을 지향하며 좌우 이념 대립 구도가 아닌 함께 공존을 모색하는 쪽에 방점을 찍고자 노력했다고 본다. 그래서 정치, 경제, 사회,

문화, 교육 등 모든 분야에 있어 정책 기조는 포용과 화해 정신이 기본으로 녹아 있었고, 국정홍보를 비롯한 교육훈련 프로그램 또한 북한을 이해하는 방향으로 진행되었다는 인식을 가지고 있다.

'공무원은 영혼이 없다'라는 말을 많이 듣는데, 국민의 편에서서 헌법적 가치를 수호하는 방향으로 정책이 추진되어야 함에도 특정 정권의 잘못된 이익에 봉사하는 조직으로서의 공무원이 되어서는 안 될 것이다. 대신 헌법의 가치를 지향하고 미래 통일 한국을 생각하는 보다 거시적인 방향의 정책 홍보 교육이 이루어지길 희망해 본다. 2017년 박근혜 대통령 탄핵 사태나 2018년 이명박 대통령의 구속 사안을 볼 때 더욱 더 그렇다. 기존 체제에 그냥 익숙해져 관성의 법칙에 지배당하여 변화를 두려워하는 나약한 공무원이 아니라 새로움을 늘 추구하며 우리 사회의 진보를 위한 도전정신이 우리 앞에 있어야 할 것이다.

이와 연계하여 임영택·박현찬 공저 <한권의 책이 한 사람의 인생을 바꾼다>을 읽다 보면 아래와 같은 내용이 나오는데 저자의 표현에 공감을 하면서 함께 공유하고자 한다. "우리는 누구나 한번쯤 자유인을 꿈꾼다. 몰입은 익숙함에서 벗어날 수 있는 무기이며 자유의 어머니다. 모든 것은 대충대충 대하는 사람은 변화를 느낄 수 없으며 그저 똑같은 것의 반복으로만 볼 뿐이다. 무언가에 익숙해짐은 길들여짐에 다름 아니다. 길들여지면 나머지는 보이지 않고 우상의 노예가 되며 오직 관성의 법칙만이 작용한다. 우리가 매일 무심결에 보는 나무 한 그루도 어제와 오늘이 다를 수 있다. 모든 것을 처음 보는 듯 대하는 눈과 가슴을 갖기 위해서는 집중해야 한다. 몰입해야만 새로움을 발견하는 기쁨을 누릴 수 있고 길들여진 노예가 아닌 자유인의 감각과 의식을 가지게 된다. '눈앞에 닥친 한 가지에 몰입하기'를 통해 우리는 '위대한 자유인 조르바'가 된다." 다시 말하면 우리 공무원은 모든 것을 새롭게 보는 눈과 가슴이 있어야하고 새로운 것을 학습하려는 발버둥이 있어야 기존 체제에 안주하지 않을 것이다.

각종 연수, 출장 등 학습의 창을 통해 세상을 보다

워크숍, 세미나, 각종 교육훈련 등 다양한 형태의 연수는 정보교류의 기회이자 학습의 창이라 생각한다. 2014년 12월 교육부 주관 대전 인터시티호텔에서 개최된 시·도교육청 정보보호워크숍에 참석하여 각 시·도교육청별 금년도 추진실적과 다음 해에 추진해야 할 업무 계획을 발표했는데, 각 교육청의 주요 정책과 제도 등에 대한 잘 이해하고 파악할 수 있는 자리였으며 서로 좋은 점을 벤치마킹할 수 있는 기회였다. 발표된 사이버 보안에 관한 핵심적인 주요 내용을 살펴보면 통합보안관제시스템 도입, 내 PC 지키미 프로그램을 이용한 취약점 조치, 개인정보보호법 강화에 따른 자치법규 개정, 나이스 등 주요 정보통신기반시설 보안 강화 등 열거할 수 없을 정도로 다양하였다. 공무원 생활을 하면서 본인의 전공과 관계없이 다양한 보직을 수행했는데, 솔직히 말해 교육행정직으로서 아주 생소한 정보보호 분야 업무를 맡으면서 처음에는 용어조차 무슨 의미인지를 이해하기가 어려워 과연 이 업무를 잘할 수 있을지 난감하였다. 정보보호팀장을 맡은 지 9개월을 넘기면서 이 분야에 흥미와 관심을 가지게 되었고, 세종도서관에서 IT 관련 서적을 대출받아 본격적으로 공부를 하였고,

특히, 이런 워크숍 기회를 빌려 전산직에 종사하고 있는 시·도교육청 전문가 분들과 교류를 통하여 현장감 있는 생생한 많은 지식을 얻을 수 있었기에 자주 이런 기회를 활용 나의 전문성을 계속 신장하고 싶었다.

위 사례는 극히 한 부분이고 사무국장 역량강화 과정 등 공무원으로 임용된 후 수많은 교육을 많이 받았는데, 대충 때우는 그래서 의미 없이 보내는, 저녁에 술로 이어지는 모임이 아닌, 배움을 항상 그리워하는 마음과 삶으로 실력을 쌓고 인격을 완비해 가고자 오늘도 분주하게 움직이고 있다.

공무원으로 근무하면서 본인의 업무와 관련하여 가끔 해외출장을 가는 경우가 있다. 하지만 어떤 경우에는 업무와 별로 연관도 없고 연관이 있다고 하더라고 굳이 해외에 나갈 필요가 없는 경우도 있으며 문제는 관광성 또는 외유성 성격의 해외출장이라 할 수 있다. 국회의원에서부터 지방의회 의원 또는 정부기관의 공무원에 이르기까지 다양한 형태의 해외출장이 연중 있는데, 가끔 언론매체에 부정정적으로 보도되어 국민들의 지탄을 받고 여론의 뭇매를 맞는 경우를 우리는 많이 보아 왔다.

본인도 공무원 생활하면서 공무원 생활 초기에는 경험 미숙도 있거니와 젊은 혈기에 국외 출장 기회가 있을 때, 솔직히 고백하건데 방문 국가 현지에서 기관 방문도 있고 주요 인사 면담도 있었지만, 마음은 공식 행사 이후 전개될 술자리나 여흥에 가 있었던 경우도 있었다. 공무원 경력에 연륜이 붙고 인간적으로 보다 성숙해지면서 해외출장을 대하는 자세나 출장 갔을 때 행동거지에도 많은 변화가 있었고, 가급적 성과 지향이나 생산적인 방문이 될 수 있도록 출장 전 사전 준비에서부터 출장 후 출장보고서 작성에 이르기까지 여러 가지 면에서 출장 목적에 충실하고자 노력하였다.

예를 들어 2013.11월 4일부터 10일까지 본인의 업무 중 하나인 TaLK[18] 홍보를 위하여 뉴욕과 워싱턴 D.C를 방문하여 기자간담회 개최, MOU 체결 대학 방문, TaLK를 마치고 미국으로 돌아온 미국인 장학생들과의 면담 등을 통해 의미가 있고 나름대로 소기의 성과를 거둔 경험이 있었다.

어떠한 업무도 마찬가지지만 해외 출장을 성공적으로 완수하기 위해서 우선 중요한 것은 사전 준비를 철저히 해야 함을 말할 필요가 없다. 해외 출장을 가는 경우 간혹 평소 업무에 바쁘다는 핑계로 방문국, 방문기관의 현황 파악도 제대로 안된 상태에서 기관 방문이나 회의 참석을 대충하고 저녁 여흥에 정력을 쏟는 등 염불보다는 잿밥에 신경을 쓰는 양태도 보인다. 즉 모처럼 나간 김에 머리도 식힐 겸 그냥 즐기다 오면 된다는 그러한 안일한 인식의 출장을 접할 때 마다 그러한 경험담을 들을 때 마다 국민들 입장에서 보면 너무나 실망스러울 수밖에 없을 것이다.

의미 있고 성과가 있는 출장은 사전 준비의 철저한 정도에 달려 있다고 해도 과언이 아니다. 국제회의 참석, 현장 감사, 양국간 협정 등 여러 가지 다양한 형태의 출장이 있을 수 있는데 각 출장 목적에 부합되게 점검할 사항들은 틀릴 수 있지만 대략 살펴보면 호텔, 항공권 예약에서부터 공관 협조 공문 발송, 방문기

---

18) Teach and Learn in Korea 영문 약자

관 및 방문지 섭외, 면담자 확정, 기관 및 면담자 관련 자료 작성, 통역 선정, 선물 준비, 협의 또는 회의 자료 준비, 현지 날씨 확인, 의전, 이동동선 확인, 사진 촬영, 귀국보고서 작성 사전 준비 등을 들 수 있다.

2013년 3월 25일부터 국립국제교육원에서 TaLK 팀장을 맡으면서 위에서 언급한 바와 같이 미국 동부 연안 도시인 뉴욕과 워싱턴 D.C를 방문할 기회를 얻어 1995년 미국 오하이오 주립대학 유학 이후 거의 18년 만에 다시 미국을 찾게 되는 행운을 갖게 되었다. 뉴욕까지는 비행시간으로 거의 12시간 이상 걸렸고 시차는 14시간이나 차이가 나서 낮과 밤이 뒤바뀌는 환경 속에서 일정을 소화하여야 하는 부담을 가지고 동행한 직원 한분과 함께 시차를 극복하면서 나름대로 최선을 다해 주어진 미션을 완수하려고 부단히 노력했던 것 같다.

당시 출장에서 몇 가지 인상 깊었던 단상을 가감 없이 서술해 보면 우선 뉴욕에서 현지 한국매체와의 만찬 겸 기자간담회였다. 사전에 뉴욕한국교육원장님의 도움으로 기자간담회 장소를 사전 세팅 하였고, 사전 준비한 보도자료 및 홍보물들을 참석한 기자들 명패 앞에 배포하였으며 TaLK 홍보 엑스배너, 벽면에 대형 홍보물 설치 등으로 기자 간담회 분위기를 만들었다. 저녁 만찬 시간이 되어 미주중앙일보, 미주한국일보, 현지 한인 라디오방송 등 뉴욕 주요 한인 언론매체 기자들이 현장에 들어온 후 만찬 전 기자들이 질문하고 본인이 답변하는 식으로 기자간담회를 진행하였는데, 시차로 인해 현지 적응이 안 된 상태에서 너무 피곤함에도 불구하고 출장의 목적 및 홍보에 최선을 다하기 위해 성실하게 인터뷰에 임했던 것 같다.

공무원 생활하면서 기자들과 접촉할 기회는 많으나, 이번처럼 틀을 갖추고 여러 명의 취재진과 함께 한 경우는 드물어 내심 긴장도 되고 어려움도 예상이 되었으나, 비행기를 타고 오면서 준비한 여러 가지 자료들을 계속 반복해서 숙지를 하였고, 질문에 대비하여 답변하는 연습을 해서 막상 간담회를 시작했을 때에는 원활하게 무난히 잘 진행하였다는 느낌을 가졌다.

어떤 일이든 사전에 현지에서 활용할 자료 등 준비를 잘하고 미리 검토하여 충실히 대비한다면 결과도 해피엔딩으로 끝날 수 있는 확률이 높기 때문에 특히 공무원은 어떤 일이든 유비무환(有備無患)의 자세를 가져야 한다고 생각한다.

KoreaDaily
www.koreadaily.com

미주 최대 한인 미디어 정보 포털
THE MOST INFLUENTIAL KOREAN MEDIA IN AMERICA

기사입력: 11/06/13 06:09 | 인쇄하기

"모국 사랑 봉사 기쁨 함께 누리세요"

"우수한 뉴욕 학생들이 TaLK 프로그램에 더 많이 지원하길 고대하고 있습니다."

한국정부 초청 해외 영어봉사 장학생(TaLK) 홍보를 위해 4일 뉴욕의 찾은 국립국제교육원의 홍원일(사진) TaLK 프로그램 팀장의 말이다.

TaLK는 영어권 젊은이를 한국으로 초청해 농.산.어촌 지역 초등학교 방과 후 수업에서 영어를 지도하도록 하는 프로그램.

홍 팀장은 "TaLK에 벌써 3100여 명의 장학생이 참여했다"며 "이 프로그램은 한인 대학생들에게 모국에 대한 이해와 봉사의 기쁨을 함께 재공해 갈수록 각광을 받고 있다"고 밝혔다.

특히 그는 "뉴욕 지역에서는 지난 5년간 총 207명이 장학생으로 선발됐다"면서 "이들은 모두 봉사정신이 높고 책임감이 강한 우수한 학생들이라는 평가를 받았다. 이 때문에 뉴욕 일원의 학생들이 더 많이 TaLK에 참여하길 기대하고 있다"고 강조했다.

내년 2월부터 시작될 TaLK 프로그램 12기 장학생 모집은 지난 9월부터 시작돼 이달 30일까지 뉴욕한국교육원에서 접수를 받는다. 기간 내에 접수하지 못할 경우 TaLK 웹사이트(www.talk.go.kr)에서 연중 수시 접수가 가능하다. 지원에 관련한 문의는 646-674-6051.

서한서 기자

미주중앙일보 보도 기사(2013.11.6.)

뉴욕 도착 이틀 날에는 Stony Brook에 소재한 뉴욕주립대학을 방문하였다. 한국학 센터 책임 교수인 손 모 교수님을 비롯한 한국학 진흥을 위해 노력하시는 분들과 함께 동 대학 내 한국학 위상, 발전 방안, 한국 정부 지원 프로그램의 현황 그리고 무엇보다도 대학 내 이루어지고 있는 TaLK 홍보 실적, 향후 계획 등에 대해서 허심탄회하게 의견을 나눌 수 있었다. 우리나라 농산어촌에 배치되어 우리 초등학교 학생들의 영어능력을 향상시키고 이들을 장차 글로벌 인재로 키우기 위한 국가 프로젝트의 하나로 추진하고 있는 TaLK 사업은 재외공관 또는 우리 기관과 MOU 체결을 맺은 뉴욕주립대학 같은 기관에서 적극 협조해 주지 않으면 우수한 원어민 학생들을 선발하기가 쉽지 않다. 이러한 측면에서 한국어학과를 개설하여 해외인턴프로그램의 하나로 한국도 체험하고 영어를 가르칠 수 있는 우리 프로그램을 지속적으로 홍보하여 주고 있는 손 교수님을 비롯하여 학과장 분들께 면담을 통하여 진심으로 감사의 뜻을 전하였고 계속하여 우수한 학생들을 선발하여 한국에 보내주도록 적극적으로 협조를 요청하였다.

이러한 관계자 면담 외에 한국어학과 수업 시간을 활용하여 미리 준비한 TaLK/EPIK[19] 홍보 PPT를 가지고 함께 출장에 동행한 여직원이 유창한 영어실력으로 한국의 현 위상, 프로그램의 지원 방법, 여러 가지 다양한 장학금 혜택, 연수와 배치 등에 대하여 자세하게 설명하고 질의, 응답의 시간도 가졌다. 과거에 비해 한류 등으로 대표되는 한국의 국가브랜드 가치가 올라가다 보니 미국 대학 재학생 또는 졸업생 가운데 상당수 학생들은 한국

---

19) Education Program In Korea 영문 약자

문화를 체험하면서 한국어도 배우고 영어도 가르치면서 한 달에 150만의 장학금을 지급하는 영어봉사 프로그램인 TaLK에 대한 관심이 증대되고 있다. 다른 한편으로 주로 도시 지역 초중등학교에 원어민 정규교사로 배치되어 200-270만원의 월급을 받고 전문적으로 영어를 가르치는 EPIK 프로그램 지원자도 상당한 편이다.

뉴욕, 워싱턴 출장 중 또 하나의 일화는 이미 한국에서 영어봉사장학생으로 활동을 마치고 다시 학업에 복귀한 학생들과의 만남의 시간을 가진 것이다. Stony Brook 뉴욕주립대학에서는 남학생 한명을 비롯한 여학생들과의 오찬 모임을 가졌는데 이들 모두 이구동성으로 한국 시골에서 순수한 우리 학생들에게 영어를 가르쳤던 과거 경험을 회상하기도 하고 한국에 있으면서 학교 선생님과 끈끈하게 교류했던 추억들, 같은 배를 탔던 동료들과의 한국 여행, 한국 문화 체험 등에 대해서 긍정적인 표현을 하였다. 상하간의 위계질서 강조, 토론 수업 미흡, 술 문화 등 일부에 대해서는 부정적인 견해를 표출하기도 하였지만 전반적으로는 한국에 대해 호의적이었다. 이러한 평가는 워싱턴에서 개최되었던 귀국 장학생들과의 모임에서도 비슷하였는데 이러한 흐름은 한국이라는 국가 브랜드 가치가 크게 상승한데에서 찾아볼 수 있다고 생각한다.

귀국학생들과의 만남에서 한국에서 가져온 단소로 아리랑과 작별을 들려주었다. 나의 삶에 단소와의 인연은 2013년 중국 상하이한국총영사관에서 3년간의 교육영사 임무를 마치고 귀국 후 약 한달 만에 발령받은 국립국제교육원에서 박 모 연구사님을 만나면서부터 시작되었다. 사실 나는 음치 중에 음치요 노래방에

가면 남들은 서로 자기의 18번을 먼저 하려고 마이크 잡기 싸움이 벌어지는 진풍경을 자주 목격하는데 나는 이와 정반대로 뒤꽁무니를 빼면서 노래하는데 머뭇거리며 소극적이다. 그래서 음악과는 동떨어진 사람이며 노래를 멀리하다보니 삶도 무미건조하고 여흥이 없는 길을 걸어가고 있을 때 단소와의 만남은 마치 애인을 만난 것처럼 자꾸 보고 싶고, 만지고 싶고 그래서 스킨십을 통하여 뭔가 만들어보고 싶은 동기를 부여해 주었다.

국립국제교육원에 박연구사님 주관으로 그리고 이 기관에서 지원하고 있는 단소동아리 모임에 가입하여 교육부 정보보호팀장으로 자리를 옮기기까지 약 1년 동안 단소 사부님이신 박 연구사님의 지도와 나 자신의 지속적인 연습으로 내 인생 처음으로 아리랑을 단소로 불 수 있게 되었다. 이제 단소는 나에게 없어서는 나의 삶의 반려자가 되었다. 누군가가 한 얘기를 들은 적이 있었는데, 요즘 반려견, 반려묘 시대라고 하는데 이제는 그러한 시대를 지나 반려악기 시대라고 한다. 최소한 악기 하나를 능숙하게 다루며 평생을 함께 한다면 그 삶이 얼마나 풍요롭겠는가! 우리가 인생을 살아가면서 새로운 것에 대한 도전은 용기와 더불어 행동으로 옮기는 결단이 있을 때만이 뭔가 성취를 맛볼 수 있음은 당연한 데 마음은 있지만 게으름으로 또는 다른 변명을 들이대며 자꾸만 미루다가 본인이 하고 싶은 일을 놓치는 경우가 태반이다.

각설하고 하여튼 이러한 공개적인 단소 연주는 처음이라 막상 연주하려고 하니 긴장이 되고 경직된 자세가 지속되다보니 단소 소리가 제대로 나오지 않아 처음 얼마 동안은 당황하였다. 그럼에도 불구하고 몇 번의 시도를 통해 겨우 연주를 하였다. 단소를 통한 이들과의 교류 또한 아주 소중한 추억으로 남아 있으며, 이번 기회를 통하여 외국에 나갈 기회가 있으면 단소와 함께 동반하여 외국인과 소통을 원활히 하고 싶다는 생각을 해 보았다. 그리고 만난 학생 중에는 한국에서의 TaLK 교사 활동 경험을 살려 정규 시간에 투입되는 정식 원어민 영어교사 프로그램인 EPIK에 지원하겠다고 보다 적극적인 의향을 보여주는 학생들도 있었다.

워싱턴에 머무를 때 인상적인 활동 중의 하나는 University of Virginia 주관 취업박람회 현장에서 미국 등 세계 각국의 여러 회사들이 우수한 학생들을 선발하기 위해 부스를 설치하여 회사를 홍보하고 학생들은 각 부스를 돌면서 관계자로부터 설명을 듣고 지원서를 제출하는 등 활발하게 진행되는 구인, 구직 장면이었다. 우리도 출국하기 전 워싱턴 교육원장님의 협조를 미리 예약을 했기에 현장에서 학교 안내 데스크에 등록을 하고 이어 우리 부스를 설치한 뒤 리플렛, 각종 홍보 물품을 비치하여 우리 부스를 방문하는 학생들을 대상으로 아니면 지나가는 학생들에게 적극적으로 다가가서 우리 TaLK나 EPIK 프로그램을 홍보하였다. 나도 짧은 영어지만 출장의 목적을 달성하고 성과를 내기 위해 학생들을 대상으로 우리 프로그램을 설명하고 기념품을 나누어주면서 지원서를 받거나 학생들의 이메일 연락처를 받아 귀국해서라도 연락할 수 있도록 재미있게 그리고 열성을 가지고 홍보에 열을 올렸다.

공무원 생활을 하면서 외국 출장 나가 영어를 구사하여 영어권 학생들에게 우리 사업을 홍보한 것은 처음이었고 그 후에도 비슷한 경험을 하였다. 매번 이러한 유형의 출장을 통하여 절실히 느끼는 것은 그렇게 상상할 수 없는 시간과 돈을 투자해서 수십 년간 영어를 했지만, 여전히 듣기나 말하기가 원활치 않고, 그들과 대화를 할 때마다 나의 영어에 여전히 문제가 있음을 고백하지 않을 수 없었다. 그러한 한계임에도 불구하고 여전히 영어는 업무에 있어서나 일상생활에 꼭 필요한 필수 도구라는 생각을 가지고 있으며, 재직 중 영어능력 향상에 부단한 노력이 필요함을 다시 한 번 강조하고 싶다. 그래서 우리 공무원들이 국제회의에 참석하거나 외국 관계자를 만날 때, 어느 정도 의사소통이 되면서 회의에 발언하고 토론할 수 있는 정도의 영어 능력을 갖추어 한국 공무원들은 영어를 비롯한 외국어 능력 면에서도 한류로 대표되는 문화강국 위상에 걸맞게 높은 평가를 받기를 기대해 본다.

출장을 통하여 감사드리고 싶은 것은 뉴욕, 워싱턴 현지 교육원장님의 보이지 않은 숨은 지원과 적극적인 협력이라 할 수 있다. 출국 전 이분들과 현지 일정을 짜고, 접촉해야 할 인물을 정하고, 기자간담회를 위해 현지 기자들과의 연락이나 취업 박람회 개최를 위해 대학 당국과 교섭하고, 여러 가지 홍보 준비물을 미리 마련하는 것 등 많은 도움을 받았다. 이분들의 협조로 출장을 성공적으로 잘 마칠 수 있었다. 해외 출장을 갈 때 한 가지 팁은 현지 공관 또는 교육원 등 출장 관련 기관 관계자와 미리 연락하여 기관 방문, 면담자 확정, 관광지 견학 등 출장일정 관련하여 협조 가능 여부를 타진하여 도움을 받는 것이 유익하다. 다음으로 출장 전 현지 일정 관련 자료를 미리 공부하며, 마지막으로 출장보고서 양식을 미리 준비하여 출장 중 매일 저녁, 당일에 소화했던 회의 주요 내용 포함 여러 가지 사항들을 조금씩 잘 정리한다면, 귀국 후 바쁜 업무 중에 출장보고서를 써야 하는 부담을 조금은 덜 수 있을 것이다.

공무원 생활을 하면서 일일이 기억할 수 없는 국내·외 회의, 세미나, 각종 행사 등을 위한 출장이 많았는데 새로운 미지의 영토를 개척하면서 보석을 캐는 과정에 비유할 수 있다. 공무원 초창기에는 출장을 통한 학습의 기쁨을 잘 몰랐고, 단순히 업무 부담에서 벗어나 해방감을 맛보는 그런 마음으로 접근했다면, 중·후반기로 갈수록 자기성장과 개발의 중요한 시발점으로 삼아 즐거운 마음으로 출장에 임했다.

각종 교육, 연수, 해외 출장도 배움을 자극하는 기회이지만, 매일 업무를 처리하면서 당일 추진했던 일을 업무 일지 형태로 기록하는 것도 또 다른 학습의 창이라 권장하고 싶다. 나의 경우는 출근하면 당일 해야 할 일을 중국어로 업무일지에 적고, 특히 한국해양대 사무국장으로 근무할 때에는 당일 추진했던 업무를 '사무국장 업무 편지' 형태로 매일 정리하였고, 매주 목요일 직원들과 7-9페이지 분량의 완성된 업무 내용을 공유했는데, 직원분들이 내 편지를 통하여 대학의 돌아가는 상황을 파악할 수 있어 상당히 도움이 되었다는 얘기를 많이 들었다.

사실 이 업무 편지를 쓴다는 것은 결코 쉬운 일이 아니며 그것도 매일 파일을 열어 하루에 추진했던 업무를 거의 빠짐없이 제 때 기록한다는 면에서 더욱 그렇다. 심지어 버스, 비행기 안에서 혹은 KTX안에서 기록 작업을 했는데 제대로 정리하여 목요일 아침 납품 날짜에 맞추기 위해 고군분투했던 기억들이 선명하게 떠오른다. 파일로 정리한 것을 책자로도 발행했는데 은퇴 후 10, 20년 지난 뒤 책장을 넘기면서 과거 본인이 밟았던 발자국을 되돌아 볼 때 '게으르지 않고 열심히 살았구나!' 하고 미소를 띨 수 있을 것 같다.

공무원을 철밥통에 많이 비유하면서 복지부동(伏地不動)이라든가 보신주의 등 부정적인 모습으로 언론에 비추어지곤 하는데, 각종 연수나 출장 기회를 활용, 학습을 통한 성장의 기쁨을 체험하고, 이를 통해 국민들에게 더 높은 서비스를 제공한다면 공무원상이 긍정적인 모습으로 그려질 것이라는 기대를 해 본다.

행정은 기록을 통해 잘못을 고쳐나가고
밝은 미래를 설계하는 예술이다

제12장 아름다운 퇴임은 건강이 전제되어야 한다

공무원 조직은 구성원의 건강 문제를 챙기는가?

건강의 중요성을 아무리 강조해도 지나침이 없을 것이다. 공직생활을 하면서 특히 교육부 본부에서 사무관, 서기관으로 근무할 때 여러 가지 과중한 업무와 스트레스로 인하여 힘들 때가 한두 번이 아니었다. 공직에 입문하여 정년까지 근무할 경우 개인에 따라 다르겠지만 짧게는 20년에서 길게는 40년까지 근무한다고 할 때 병가가 없고, 결근, 지각이 없으며 불가피하게 건강상의 이유로 조퇴가 거의 없이 정년까지 무사하게 잘 근무한다는 것은 육체적, 정신적 건강이 뒷받침 되면 않으면 정말로 달성하기 어려운 과업일 것이다.

공직생활 과정에서 주위 동료 분들이 여러 가지 원인으로 도중에 하차하는 경우를 목격하면서 건강이 담보되지 않는 삶을 이어간다는 것은 불행이며, 가족 등 주위 사람에게도 고통을 주거나 힘들게 하는 경우를 볼 수 있었다. 여기서 건강관리라 함은 육체적 건강뿐만 아니라 정신적 건강도 포함되는 것이며 어떻게 보면 정신적 측면에서 관리가 부실하기 때문에 육체 건강에 손상을 가져오는 경우가 비일비재함을 목격할 수 있고 이러한 육체적 건강의 불량이 다시 정신적 공황을 발생하는 사이클을 형성한다고 생각한다.

선, 후배 공무원 동료 중에는 재직 중 미국 명문대학에 유학을 가서 학업을 마치고 다시 본부로 복귀하여 근무하다가 다년간 과중한 업무로 인한 스트레스 등이 원인이 되어 위암으로 또는 여러 가지 심각한 질병에 걸려 힘들게 치료를 받다가 몇 분들이 이미 저 세상으로 가셨다.

교육부 본부에서 사무관, 서기관을 거쳐 산하기관이나 해외 공관에 근무하다가 10년 만에 교육부 팀장으로 들어와 보니 업무 강도 면에서 예전과 그리 많이 달라졌다는 생각이 들지 않아 여전히 일하는 문화를 바꾸는 것이 커다란 숙제라는 것을 다시 한 번 절실히 느꼈다. 2014년 11월 어느 날, 직장교육 시간에 황 모 장관님께서 초청강사 강연에 앞서 모두 인사말씀에서 교육부 직원들이 밤낮으로 심지어 주말에도 업무를 처리하느라 건강이 염려된다는 말씀을 한 기억이 난다. 아침 9시부터 저녁 6시까지 정식 근무시간에 분초를 아끼며 열심히 하되, 퇴근 시간 이후에는 가족 품으로 돌아가 자신의 건강관리에도 신경 쓰고, 만약 야근을 할 수 밖에 없다면 과장도 같이 남아 직원을 챙기면서 근무하라는 말씀에 직장교육에 참석했던 동료들이 한바탕 웃음을 터뜨린 적이 있었다. 아니나 다를까 최근 모 지방교육청에서 파견 나온 모 과 직원한 분이 퇴근한 줄 알았는데, 새벽 1시 경 화장실에서 쓰러져 있는 것이 너무 늦게 발견되어 병원에 실려가 아직 의식이 회복 안 되고 있다는 직장교육 담당과장의 말은 교육부 업무의 강도가 어느 정도인가를 잘 말해주고 있다.

나도 2010년부터 3년 간 주 상하이총영사관에서 근무한 적이 있었는데, 특히 외교부 출신 외교관들은 해외 근무가 많고 비교적 장기간 외국에 머무르는 경우가 많아 정기적인 건강검진을 놓치는 경우가 종종 있는 것 같다. 내가 근무한 공관에서 함께 근무한 외교부 한 동료가 있었는데, 여기서 그 분을 예로 들어 미안하지만 건강관리의 중요성 차원에서 펜을 들어본다. 그 분은 중국에 오기 전에 다른 외국 공관에서 근무를 했고, 양 공관을 합치면 5년 남짓은 된 것 같은데 본국 귀임 전 자녀 교육 문제로 부인과 자녀가 6개월 전 미리 귀국하였고, 그 분은 홀로 남은 상태에서 여러 가지 면에서 건강관리를 제대로 하지 못했던 것 같다. 더구나 업무에서 상사와의 갈등문제도 노정된 것 같고 그래서 스트레스를 풀기 위해 매일 담배를 친구 삼았고, 부인이 귀국한 상태에서 규칙적인 식사를 하지 못하고 사무실에서 컵라면 등으로 해결하고 그 후에 안 것이지만 무엇보다 중요한 매년 건강검진을 외국 공관 근무 동안에 한 번도 받지 않았다는 것이다.

이 분은 나 보다 먼저 귀국을 했는데 공관으로 들려온 소식이 마음을 너무나 슬프게 만들었다. 위암 진단을 받아 모 대학 병원에 입원하고 있는데, 수술을 했지만 결국 다른 부위로 암세포가 전이되어 결국 몇 개월 만에 저 세상 사람이 되었다. 본인이 귀국해서 이 분하고 카카오톡도 하면서 치료 진행 상황을 가끔 접하기고 하고 빨리 회복하기를 간절히 바라는 격려의 메시지로 보내기도 하였지만, 결국 부인과 어린 자녀 둘을 남겨둔 채 이 세상 삶을 마감하게 되니 여러 가지로 마음이 심란하고 착잡하였다.

같은 조직에서 한 우물물을 마시다가 한참 일할 나이에 세상을 등진다는 것은 우리 모두를 슬프게 하고 더구나 국가와 조직을 위해 자기 몸을 돌보지 않고 일에 전념하다가 우리 곁을 떠난 분들이 더욱 더 그렇다. 다른 한편으로 그렇게까지 되도록 과연 조직은 이분들을 위해 무엇을 했는지도 깊이 고민해 보아야 한다고 생각한다. 고인은 이미 저 세상으로 떠나고 남아 있는 자녀 등 가족들의 생계나 삶은 어떻게 될지 아무도 보장해 주지 못한 채 시간이 지나면 우리 뇌리에 사라지고 말텐데 우리 조직이 구성원에 대해 평소 좀 더 많은 관심과 애정을 가지고 불행한 일이 발생치 않도록 점검하는 시스템을 함께 만들어 나가야 할 것이라는 생각을 해본다.

젊었을 때부터 건강에 투자해야 노후가 행복해 질 것이다

건강은 건강할 때 본인이 철저하게 지키는 것이 첫 번째 가장 중요한 관건이라고 생각한다. 국민당과의 국공합작을 거처 국민당을 대만으로 몰아내고 1949년 마침내 사회주의 국가 신중국을 탄생시킨 중국의 제1세대 지도자 마오쩌둥(毛泽东)은 건강에 대해 "身體是革命的本錢"이라는 유명한 메시지를 남겼다. 이 말은 원문 그대로 해석하면 "건강은 혁명에 필요한 밑천이다"라고 할 수 있는데, 의역[20]하면 우리가 어떤 일을 성취하고자 하면 반드시 여러 분야에 소질을 구비해야하고 용감하게 전진하여야 하며(要勇往直前) 의지가 굳세어야 하며(志志堅強) 담력과 지혜를 갖추어야 한다(有勇有謀). 단, 이러한 모든 것도 한 가지 전제가 따라야 하는데 즉 육체적, 정신적 건강이 뒷받침되어야 하며, 이럴 때

20) 중국 포털사이트 Baidu(百度)(http://www.baidu.com/) 참조

만이 어떠한 일도 할 수 있고 일을 하더라도 훨씬 성과를 낼 수 있다는 것이다. 하지만 우리는 종종 이상을 꿈꾸며 이를 실현하기 위해 과도하게 추진력을 강조하지만, 건강의 소중함을 무시하여 인생의 여정에서 순항을 제대로 하지 못하거나 중도에 낙오하는 경우가 발생할 수 있다.

건강의 소중함을 가끔 확인하는 방법으로 병문안을 직접해보는 것도 좋다. 환자복을 입고 거동도 제대로 하지 못하고, 먹고 싶은 음식도 마음대로 즐길 수 없고, 무엇보다도 병동에 격리되어 소외감과 우울로 무료한 시간을 한없이 보내는 경우를 직접 볼 때 마다 평상 시 건강관리가 너무나 중요한지를 깨닫는다. 재력이나 권력이나 세상에 그 어떤 것도 너무나 하잘 것 없고, 사지가 멀쩡하여 평범하게 일할 수 있는 것이 얼마나 행복하고 감사한지 새삼 느끼게 된다. 2014년 어느 토요일, 원래 매주 토요일에는 특별한 경우가 아니면 아침부터 등산을 하는데 오늘은 장모님 병문안을 먼저하고 오후에 등산을 하는 것으로 당일의 하루 일정의 순서를 바꾸었다. 당시 장모님의 연세는 73세로 요즘 건강 100세 시대라고 하는데 그래서 아직은 활기차게 활동도 하시고 여행도 하시면서 인생 후반부 삶을 나름대로 멋지게 꾸려 나갈 연령대임에 틀림없다. 그런데 하루는 아파트 계단을 다 내려와서 갑자기 주저앉아 다리 종아리뼈가 부러져 병원에 장기 입원을 하게 되셨다. 문제는 골절뿐만 아니라 당뇨에 심혈관 질환에 여러 가지 병들을 동행하고 있어, 당분간은 계속 병원 신세를 져야하는 상태여서 너무 마음이 아팠다. 방문해 보니 한 요양병원인데 한 병실에 93세에서부터 최연소인 우리 장모님까지 모두 6

분이 입원하고 있었다. 마냥 주무시거나 TV를 시청하는데 얼굴에는 여러 겹의 주름살로 덮여있고, 핏기가 없어 삶에 대한 활력을 찾아볼 수 없고, 그저 무기력하면서 하루하루를 힘들게 살아가는 모습으로 비추어졌다. 간병인 1명이 노인 6명을 담당하면서 화장실 부축, 이부자리 정돈 등을 도와주고 있는데 한 달 입원료가 1인당 100만원이라고 하니 자녀가 경제적으로 도와주지 못하면 이러한 시설도 이용 못하는 경우가 많이 있을 거라고 생각할 때, 인생 중후반부 건강한 삶을 영위하기 위해 평상 시 건강관리의 중요성을 아무리 강조해도 지나침이 없을 것이다.

맺는 말

출장 등 특별한 경우를 제외하고는 매일 잠이 덜 깬 느낌을 가지면서 사무실에 6시 30분 전에 출근하였다. 출근 후 기도로 하루를 열면서 단소 불고, 운동하고, 영어공부하고, 하루 업무 구상하고, 업무 시간에는 업무처리에 분주하고, 퇴근 시간 이후에는 밀린 업무를 마무리하거나 취미활동을 하면서 대개 10시 30분 전에 자는 빡빡한 하루의 일정을 소화했다. 근무하는 기관마다 달랐지만, 대개 새벽부터 밤늦게까지 바쁜 일정 속에 숨 가쁘게 달려온 삶이 아닌가 하는 생각이 든다. 이제 드디어 매일 사무실에 출근하는 부담을 덜게 된다고 생각하니 조금은 여유가 생기는 것 같고 홀가분한 기분이 들지만, 다른 한편으로는 낯선 사회로의 진입은 사전에 준비되지 않으면 뭔가 두려움도 있을 것 같고, 세상이 잘 받아줄까 하는 의구심도 든다.

내 나이 60이니 지금까지 전체 인생의 여정 가운데 거의 3분의 2는 공무원의 길을 걸어온 셈이 된다. 그 사이 내가 몸소 겪은 사회 변화의 몇 가지 단면을 조망해볼 때, 1980년대 출근 시 자가용은 찾아보기 어려웠고 버스나 전철만을 탔었는데, 이제는 부부가 각자 자기차로 출근하는 모습은 흔하고, 좀 더 시간이 지나 향후에는 스스로 알아서 운전하는 운전자 없는 자율 주행차로, 더 나아가 날아다니는 택시가 등장하는 시대로 접어들 것이라 예측된다. 물리적 공간을 좁혀서 근무했던 곳으로 한정해보더라도 초등(국민) 학교 교사 시절, 손으로 편지를 써서 수일이 지나야 세상 돌아가는 소식을 주고받거나 안부를 확인했는데, 이제는 메일, 메신저, 포털 등 다양한 사회관계망 서비스(SNS)를 활용하여 바로, 즉시 원하는 정보를 주고받을 수 있는 시대로 바뀌었다. 정치적인 소용돌이도 많이 겪었는데, 초등학교에서 근무했던 1980년대 정부 차원에서 북한의 우리에 대한 수몰 계획에 맞서 평화의 댐을 만들기 위한 기금 조성할 때, 이에 반대 의견을 제시 하자, 당시 교감선생님께서 "당신 빨갱이 아니야"라고 언성을 높였던 때가 있었다. 그동안 남북 사이에 냉온탕을 오가면서 굴곡이 많았다. 시간은 흐르고 흘러 이제 4·27 판문점 선언을 통해 남북이 본격적인 화해 모드에 들어서게 되었으며 이념의 장벽을 허물어가고 있는 시대로 접어들었다.

정치, 사회적인 변화에 있어서 지난 40여 년간 하늘과 땅 차이만큼 벌어졌듯이, 나 개인의 공직 여행에도 그런 것 같다. 우선 육체적인 면에서 20대 세상 무서운 줄 모르고 밤새워 술을 마셔도 다음날 자연스럽게 활동했던 구태여 규칙적인 운동이 필요 없던 젊은 피에서, 이제 60대에 접어들면서 검은 머리가 하얀 색으로 덮이지 시작하고, 배는 조금씩 나와 거동의 불편함을 가중시키고, 몸의 이곳저곳에서 고장이 생겨 운동의 중요성을 깨닫게 되고, 병원을 방문하는 날도 점차 많아지고 있다.

그러나 영성적인 측면에서는 긍정적인 방향으로 엄청난 변화의 소용돌이를 만들어낸 것 같다. 우선 하나님을 만나게 된 것, 술을 끊은 것은 기적 중의 기적이라 할 수 있고, 세상 물정이 어떻게 돌아가는지도 모른 체 세상이 주는 쾌락적이고 말초적이며 자기중심적인 생활에서, 매일 매 순간 시간을 아끼면서 최선을 다하고, 타인을 배려하고, 도움을 주고자 하는 마음으로 돌아선 것에 행복감을 느낀다. 행복은 주어지는 것이 아니라 만들어 간다고 생각한다. 김옹식의 에세이 '죽어도 행복을 포기하지 마라' 글 내용에는 우리에게 주는 다음과 같은 감동이 있다. 산꼭대기에 오르면 행복할 거라고 생각하지만 정상에 오른다고 행복한 건 아니다. 어느 지점에 도착하면 모든 사람이 행복해지는 그런 곳은 없다. 같은 곳에 있어도 행복한 사람이 있고, 불행한 사람이 있다. 같이 음식을 먹지만 기분 좋은 사람이 있고 기분 나쁜 사람이 있다. 좋은 물건, 좋은 음식, 좋은 장소보다도 더 중요한 것은 그것들을 대하는 태도이다. 무엇이든 즐기는 사람에게는 행복이 되지만, 거부하는 사람에겐 불행이 된다. 정말 행복한 사람은 모든 것을 다 가진 사람이 아니라, 지금 하는 일을 즐거워하는 사람, 자신이 가진 것을 만족해하는 사람, 하고 싶은 일이 있는 사람, 갈 곳이 있는 사람, 갖고 싶은 것이 있는 사람이다. 너무 마음에 와 닿은 공감이 되는 행복관이라 추천하고 싶다. 남은 삶 이렇게 살고 싶다.

아직은 철이 덜 들었고 성숙단계에 이르지 못했지만, 겸손한 자세와 행동으로 남은 인생을 우리 사회를 위해 빛과 소금의 역할을 잘 감당하는 그러한 길을 가야겠다고 늘 다짐하고 있다. 쉽지 않고, 조변석개하는 인간의 마음이 수면 아래 큰 덩어리로 버티고 있어 언제나 불쑥 솟아오를 가능성은 늘 있지만, 그럼에도 불구하고 보다 성숙한 인생의 여정을 가겠다는 데에는 변함이 없다.

이러한 긴 세월동안의 공직 생활을 마감하면서 아직도 많이 부족하지만, 오늘의 나를 나 되게 만들고, 타인과 사회를 위해 좀 더 기여하라고 명령하시고, 지속적으로 인격도야가 필요하다고 깨달음을 주신 모든 분께 감사드릴 것이 많고, 고마움을 표시해야 할 분이 너무 많다.

먼저 감사해야 할 분은 신앙인으로서 하나님이다. 사도 바울처럼 하나님을 부인하고 심지어 저주했던 과거에서, 이제는 하나님을 믿으며 충실한 삶을 이끌어가게 해주시니 감사하지 않을 수 없다. 이는 성경 말씀에 기초한 인생의 길을 가려고 노력하는 데에 있고, 특히, 힘들고 어려울 때, 성경의 메시지는 용기를 주면서 주저하지 말고 일어서 목표를 향해 전진하라는 나침판 역할을 해 주기 때문이다.

다음으로 감사해야 분은 부모님이시다. 기도하면서 늘 첫번째로 떠오르는 분은 아버님, 어머님이시며, 오늘의 나를 나 되게 만들어 주신 분도 부모님이신데, 부모님의 은혜를 존경과 고마움의 마음을 담아 어떻게 다 표현할 수 있겠는가? 젊어서는 자녀들 교육을 위해서 노심초사 고생하셨고, 연세 들어서는 좀 쉬어야함에도 불구하고 앞 못 보시는 그리고 거의 들리지 않는 아버님의 모든 수발이 되어야 하시는 어머님의 계속된 헌신에 고개가 숙여지지 않을 수 없다. 어느 가정이나 가정의 크고 작은 질병의 문제나 부양의 문제 또는 인간관계의 문제로 순탄치 않는 대소사가 있게 마련이지만, 시력을 잃어 거동을 제대로 못하시는 아버님의 심정을 헤아릴 때마다 그리고 아버님을 간호하시는 어머님의 말할 수 없는 고난의 길을 생각할 때마다 부모님께 죄송한 마음이면서 자식을 사랑하는 마음에 언제나 감사의 표시를 하고 싶다.

우리 집사람과 자녀들에게도 고마움을 전하고 싶다. 전업 주부이기에 경제적으로 쪼들리는 살림에 자녀 교육에 올인 하면서 큰 탈 없이 자녀를 잘 키워준 집사람에게 감사하고, 교육부 사무관 시절, 새벽에 출근하는 남편에게 도시락을 싸주면서 건강을 챙겨 준 '도시락 사무관' 일화를 포함한 여러 감동을 주는 사연들은 이제는 아름다운 추억으로 떠올라 행복하다. 집사람의 철저한 자녀교육 열정으로 인하여 우리 딸, 아들은 초중고 학창시절을 무리 없이 잘 마무리했고, 본인들이 원하는 학과를 선택하여 열심히 각자의 진로를 탐험 중에 있는데, 잘 되리라 확신한다. 큰 말썽부리지 않고 건강하게 잘 자라준 우리 딸, 아들에게 이 지면을 빌어 진심으로 감사의 말을 전하고 싶다. 가정이 편해야 직장생활도 근심 없이 업무에 전념할 수 있음은 말할 필요가 없다.

국내·외에서 오랫동안 공무원의 여행길을 탐험하면서 낯선 곳, 낯선 사람, 낯선 환경에 매번 접하게 된다. 처음 접하는 임지에 전혀 새로운 환경과 부딪히면서 서툴고, 불안하고, 무시당하고, 때로는 불면의 밤을 보낼 때도 있지만, 시간이 지나면 어느 새 모든 것에 익숙해지면서 적응하게 된다. 그러나 그것도 잠시 곧 다음 행선지를 가야 하기에 '회자정리(會者定離)'라는 말을 남기고 또 다시 미지의 세계로 떠나는 게 우리네 삶이라고 생각한다. 지난 오랜 세월 동안 측정할 수 없을 정도로 많은 여행을 했는데, 여행 과정에서 도움을 주신 감사해야 할 고마운 분들이 주마등처럼 오른다, 초등학교 교사 때, 전교조를 탈퇴하고 이제는 모든 것을 정리하고 학업에 전념하라고 대학원 원서를 건네주신 당시 모 교감 선생님, 주상하이총영사관에서 근무할 때 동고동락을 하며 특히 신앙적인 면에서 배움의 본보기가 되어 준 박 영사님, 국립국제교육원에서부터 만난 인연이 교육부에서 계속 이어지면서 퇴근 후 교육부 근무의 애환을 영어로만 주고받으며 서로를 격려하면서 힘이 되어 주셨던 박 모국장님에 대한 그리움이 늘 물밀 듯이 밀려온다.

부산과 전혀 연고가 없음에도 2016년 4월부터 한국해양대 사무국장으로 발령을 받아 근무하면서 외로운 객지 생활이 될 수 있을 텐데 대양을 품는 어머니의 마음으로 관심을 가지고 챙겨주신 설 모 실장님을 비롯한 해양대 가족 분들이 계셨기에 고독을 씹을 시간이 없었던 것 같다. 재직 중 수많은 카톡 사연 글이 있지만 아래 하나를 소개하면서 그 분께서 말씀하신대로 구성원들의 나에 대한 믿음을 간직하면서 그 사랑을 기억하면서 평생을 살고자 한다.

존경하옵는 홍원일국장님께

어느덧 세월은 유수와 같이 흘러서 국장님과 인연을 맺은지도 언 3년이 되었습니다. 그 동안 수많은 국장님을 모시고 공사를 같이 공유 하였지만 인간적으로나 업무적으로나 또한 리더십을 포함한 평소 생활관 등 모든 면에서 홍원일 국장님 같이 직원들을 걱정 해주시고 솔선수범하여 먼저 봉사와 희생을 아끼지 않는 분은 뵙지 못하였습니다.

간단한 한 가지 "예"를 들자면 국장께서 직원들 고생한다고 손수 커피를 쟁반에 들고 4층까지 올라오셔서 일일이 격려와 칭찬을 아끼지 않는 모습을 보면서 저는 마음속으로 피눈물을 흘렸습니다. 남자의 피눈물은 아무 때나 흘리지 않습니다. 너무나 감격해도 피눈물이 나더군요. 이렇게 느끼는 것이 비단 저 뿐이겠습니까? 우리 직원들 모두가 같이 느낀 감정이었습니다.

저는 해대를 위하여 30여년 세월을 보냈기에 해대사랑은 당연한 것입니다. 후배들을 위해서도 열심히 일을 해야 했지만 국장님께서는 부임하시고 부서별로 직접 방문하시어 애로사항과 건의사항을 꼼꼼히 챙겨서 메모하시는 모습을 보았습니다. 이러한 동행 하나하나가 바로 소통과 관심이 아니겠습니까?

정말로 감사하고 고맙습니다. 저도 처음으로 하나님께 기도드려보았습니다. 국장님을 위해서 무엇을 해야 하는지를… 사랑으로 충만하신 우리 국장님을 어렵게 하지 마옵시며 시험에 들게 하지 마옵시며 뜻하시는 모든 일들이 잘 풀릴 수 있도록 주님께서 항상 함께하여 주시옵소서. 아멘. 저가 태어나서 처음으로 기도 드립니다. 존경하옵는 우리 국장님께서는 매일매일 남을 위하여 기도드리지만 저는 그러하지 못해서 죄스러울 따름입니다. 하늘은 항상 정의로운 사람을 돕는 것으로 알고 있습니다. 학교의 어려운 문제들은…

그 분이 메시지를 다 완성했는데 아마 조작하다가 삭제된 것 같으며 하여튼 극찬을 받아 너무 부끄럽다. 사실 위에서 서술한 내용만큼의 역량에도 한참 모자라고 부족한데 열심히 전진하라는 의미로 수용하며 열심히 살고자 한다.

그 밖에도 부산에 있을 때 신앙적으로 가르침을 주시고 따스한 미소로 한결같은 마음으로 환영해 주셨던 동삼교회 손목사님과 교회 관계자 분께도 고맙다는 인사를 드리고 싶으며, 제 공직의 여정에서 물심양면으로 도움을 주신 수많은 분들이 계신데 일일이 다 거명할 수 없지만, 큰 잘못 없이 항해를 잘 마칠 수 있게 해 주신 모든 분께 삶을 마감할 때까지 은혜를 갚아나가리라 다짐해 본다.

중국어로 '滴水之恩 當湧泉相報'라는 구절이 있는데 이는 '물 한방울의 은혜라도 넘치는 샘물로 보답한다'라는 뜻으로, 이제 은퇴 후 남은 삶을 지금까지 도와주시고, 지원해주시고, 사랑해 주신 모든 분께 되돌려 드리려 한다. 지금까지 나 중심으로 나의 이익과 나의 관점에 초점을 두고 달려왔다면, 이제부터는 타인 중심으로 타인의 이익을 위해 그리고 타인의 관점에 중점을 두는 삶으로 탈바꿈하고자 한다. 쉽지 않은 길이고 어렵고 좁은 길이지만, 삶의 마지막 순간에 행복하게 미소 지으며 하늘로 가는 모습을 매일 그리면서 열심히 살고자 한다.

그러기 위해 은퇴 후에도 대충 그럭저럭 시간을 보내는 삶은 살지 않을 것이다. 일제의 한국 침탈 야욕에 맞서 독립운동을 펼치다 29세 옥중에서 요절한 윤동주 시인의 '내 인생에 가을이 오면'이라는 시를 읽으면 내 인생의 후반부를 어떻게 걸어가야 하는지를 잘 안내해 주고 있다. 즉, 타인을 사랑하고, 주어진 하루하루를 최선을 다해 살며, 타인에게 상처 주는 말과 행동을 삼가며, 매일의 삶을 기쁘게 아름답게 만들어 나가며, 선을 뿌린 결과의 열매를 맺는 삶의 흔적을 남기겠다고 다시 굳게 결심을 해 본다.

내 인생에 가을이 오면 나는 나에게
물어볼 이야기가 있습니다.
내 인생에 가을이 오면 나는 나에게
사람들을 사랑했느냐고 물을 것입니다.

그 때 가벼운 마음으로 말할 수 있도록
나는 지금 많은 사람을 사랑하겠습니다.

내 인생에 가을이 오면 나는 나에게
열심히 살았느냐고 물을 것입니다.
그 때 자신 있게 말할 수 있도록 나는
지금 맞이하고 있는 하루하루를
최선을 다하여 살겠습니다.
내 인생에 가을이 오면
나는 나에게
사람들에게 상처를 준 일이
없었냐고 물을 것입니다.

그때 자신 있게 말할 수 있도록
사람들을 상처 주는 말과
행동을 하지 말아야 하겠습니다.
내 인생에 가을이 오면

나는 나에게
삶이 아름다웠느냐고 물을 것입니다.
그때 기쁘게 대답할 수 있도록
내 삶의 날들을 기쁨으로 아름답게
가꾸어 가야겠습니다.

내 인생에 가을이 오면
나는 나에게
어떤 열매를 얼마만큼 맺었느냐고
물을 것입니다.

그때 자랑스럽게 말할 수 있도록
내 마음 밭에 좋은 생각의 씨를 뿌려 놓아
좋은 말과 좋은 행동의 열매를
부지런히 키워야 하겠습니다.

이제 자서전을 마무리하고자 한다. 나를 지금까지 지도해주시고, 조언해주시고 도와주신 모든 분께 마지막으로 감사하다는 말씀을 드리면서, 이제 남은 1년간의 공로연수에 들어간다. 이 기간 동안 어떻게 하면 공직 이후 남은 제2의 인생을 잘 끝맺을 것인가 아래 내용을 포함하여 몇 가지 구상할 계획이다. 홀가분하면서 조금은 여유가 생기지만, 마지막 호흡을 다할 때까지 가치 있는 삶, 향기로운 발자국을 남기는 길을 걸어가고자 한다.

빚진 은혜를 갚기 위해 우선 신앙생활에 충실하면서 교회 봉사활동을 통해 사회의 빛과 소금의 역할을 잘 하고 싶다. 지금 새벽기도를 다니고 있는데, 한결같은 부지런함과 성실성으로, 매일 하나님을 만나며 하나님의 말씀에 기초하여, 하나님의 사랑을 실천하는 삶을 살고 싶다. 구체적으로는 교회를 통해 여러 가지 이웃사랑 실천 프로그램에 참여하고 싶은데 예를 들면, 공직 경험을 바탕으로 중고등부 학생들에게 영어를 가르치면서 성경 말씀도 전하는 그러한 참여도 의미가 있을 것이라 생각한다. 겨울철 연탄배달, 요양보호시설에서 하루하루 힘들게 살아가는 분들을 만나 목욕을 시켜드리거나 휠체어를 밀어드리는 등 나눔의 사랑을 전달하고 싶다.

정년퇴임을 앞둘수록 남을 위해 무엇인가 도움이 될 수 있는 일을 할 수 없을까라는 보다 이타적인 마음으로 자꾸 변해가고 싶다는 마음이 점점 간절해졌다. 나이를 먹을수록 그리고 공직경험이 쌓이고 어느 새 정년을 몇 년 앞둔 시점에서 본인의 지나온 삶을 회고해 보니, 여러 가지 면에서 회한도 많고, 후회도 넘치고, 잘한 것보다는 잘못한 것이 많다는 생각을 할 때가 많다. 지난 잘못 살아온 나날에 대한 반성 차원에서도 그렇지만, 가만히 생각해 보면, 이 세상을 하직할 때 어차피 빈손으로 가는데 세상적인 욕심을 서서히 버리고 빈손으로 갈 준비를 지금부터 해야 한다는 면에서, 그리고 나머지 주어진 나의 삶을 보다 향기 나는 아름다운 삶으로 채워 나가기 위해서라도, 남을 돕기 위한 활동을 실천해보고 싶다. 산행을 하면서 가끔 한글, 영어 성경 구절을 암송하기도 하는데 2014년도 겨울에 주로 접한 선행 관련 구절은 갈라디아서 6:9-10절로 내 마음에 와 닿았다.

> "우리가 선을 행하되 낙심하지 말지니 피곤하지 아니하면 때가 이르러 거두리라. 그러므로 우리는 기회 있는 대로 모든 이에게 착한 일을 하되 더욱 믿음의 가정들에게 할지니라."
> Let us not become weary in doing good, for at the proper time we will reap a harvest if we do not give up. Therefore, as we have opportunity, let us do good to all people, especially to those who belong to the family of believers.
> 我们行善，不可丧志，若不灰心，到了时候，就要收成。所以，有了机 会，就当向众人行善，向信徒一家的人更当这样。

봉사를 잘 하기 위해선 내가 행복해야 한다. 행복의 샘물이 자꾸 솟아나는 나를 만들어 나가야 한다. 2014. 10월 어느 날 아침 나의 오래된 교육부 동료이면서 현재 모 대학교에 근무하고 있는 한 과장님으로부터 메시지를 받았는데, 혼자 간직하기에는 너무나 아까운 내용이라 소개해 본다. '나를 마음으로 사랑하는 법'으로 그대로 다음과 같이 담아본다. "내 자신이 심심하지 않도록 취미를 만들어주고, 친구를 사귀어서 외롭지 않게 해주고, 가끔은 멋진 식당에서 식사를 하며, 나 자신에게 선물을 주고, 많은 사람과 어울릴 수 있게 해박한 지식을 쌓도록 책을 읽고, 아침마다 거울을 보며, '파이팅'하고 외쳐서 하루를 활기차게 만들어주고, 신발만은 좋은 걸 신어 좋은 곳에 데려다 주게 하고, 미래에 나 자신이 위험하지 않게 저축으로 대비하고, 부모님께 잘 해서 이 다음에 후회하지 않도록 하고, 넘어졌을 때 다시 일어날 수 있도록 나를 훈련시켜주고, 너무 많은 것을 속에 담아두지 않게 펑펑 울어주고, 누군가에게 섭섭한 일이 있어도 용서함으로써, 내 마음을 편하게 해주어야 한다"로 모두 15가지 메시지이다.

악기 연주는 행복감을 배가해 준다고 생각한다. 몇 년 전부터 악기 연주에 빠져 있는데 단소, 하모니카, 색소폰이 나의 반려자로 늘 같이하고 있으며 매일 접하는 친구들이다. 요즘에는 기타가 추가되었다. 이들과 함께 양로원이나 요양병원이나 나를 필요로 하는 곳에 찾아가 사랑의 음악을 통하여 이분들과 교류하고 애환을 들으며 함께 하는 시간을 가지고 싶은 마음도 있다. 하여튼 교회를 통하든 나의 노력으로 봉사할 곳을 찾든 할 일이 다양할 텐데 초점은 위에서 언급했듯이 사랑의 실천이요, 타인의 유익을 위해 노력하는 삶을 살고 싶다는 것이다.

은퇴 후 삶으로 또 생각해 볼 것은 교회를 통한 봉사활동에도 열심히 참여하겠지만, 다른 한편으로 일할 수 있는 나이까지는 경제적 생활도 영위하고 싶다. 공무원 연금이 있지만, 충분하다고 볼 수 없고, 목숨이 붙어있는 한 손과 발을 계속 움직이는 일을 가지고 있을 때 행복하고 건강하다고 한다, 그리고 일정한 수입이 있고 이를 통한 경제적 능력을 가지고 있을 때 손자, 손녀에게도 용돈을 줄 뿐만 아니라 가난한 이웃을 위해 기부를 할 수 있지 않겠는가! 문제는 어떤 직종을 선택해서 경제적 도움을 받을 것인가가 숙제인데, 사실, 사무실 중심 업무에 장기간 익숙하다 보니, 생산 현장이나 노동 현장 경험이 거의 없고, 기술자격증도 없어 이에 대한 고민이 많다. 재직 기간 동안 은퇴 후 제2의 인생을 잘 보내기 위해서 사전에 자격증이나 기술 습득 등 미리 준비를 해야 하는데, 아직은 먼 미래의 이야기로만 치부하다가 막상 당사자가 은퇴 시점에 이르러야 미리 준비하지 못한 것에 대해 후회를 많이 하는 게 대부분인 것 같다. 공로연수 기간 동안 정기적인 수입을 획득하기 위한 구상을 해서 짧게는 10년 길게는 15년 정도 더 일할 수 있는 직업을 탐색해 볼 예정이다. 교회에 다니면서 직장에서 은퇴하신 분들 중에 용달차를 운영하거나 택시 기사를 하시는 분들의 경험담을 들을 기회가 있었고, 또는 대학에서 초빙교수 등의 직책으로 강의를 하시는 분들의 사례를 접하기도 하였다. 자영업, 아파트 경비원 등 수많은 직종이 있는데 어느 분야에서 일하게 될지는 좀 더 고민을 해야 될 것 같은데, 아마도 오랜 기간의 행정 경험을 토대로 강의를 해보고 싶은 꿈도 있고 아니면 구인구직 채널을 통해 어떠한 일이라도 힘들겠지만 감사하는 마음으로 근무하고 싶다. 우선은 초등교사 자격증이 있으니 초등 영어전담 기간제 교사를 해 볼 생각이다.

봉사든 경제적인 삶을 영위하든 그 무엇을 하든 제2의 인생의 여행길에는 기쁨도 있겠지만 또한 수많은 가시밭길과 폭풍우와 예상치 못한 난관들이 기다리고 있을 텐데 노년을 제대로 잘 보내기 위해서는 육체적, 정신적 건강관리를 잘 해야 함을 말할 나위가 없다. 오래 사는 것이 목표가 아니라 건강하면서, 매일 정신차리고, 가치 있는 성숙한 삶을 살아가야 하지 않겠는가?

건강한 삶을 위해 지금처럼 규칙적인 생활 리듬을 유지하고, 등산이나 산책을 통해 자연과 대화를 나누는 시간을 보다 많이 가질 것이며, 늘 기도하는 습관을 가져 죽음 후 천국에 가기 위한 준비도 제대로 하고 싶다. 사람들은 보는 것만이 전부이고, 진리이고, 보이지 않는 세계에 대해서는 부정하고, 조롱하고, 신경쓰지 않으며 오직 현실적인 계산에만 몰두하는 경향이 있다. 암에 걸리고, 죽을병에 걸리고, 엄청난 비극적인 사건에 접할 때 그 때서야 보이는 것이 결국 해결책이 아니며, 계속 흐르는 눈물을 닦아줄 수 없다는 깨달음에 접하게 된다. 그 때는 때늦은 후회에 몸부림치는데 지나간 버스 손 흔들어봐야 다시 접할 수 없는 안타까움을 우리는 많은 사례를 통해서 간접적으로 체험한다. 어머님의 자식을 향한 걱정과 근심 그리고 승화된 사랑의 용광로가 눈에 보이는가? 눈에 보이는 것이 전부이며, 진리라고 여기는 어리석음을 거두고, 믿음과 사랑 그리고 기도의 가치가 정말 중요함을 알고, 평상 시 보이지 않은 가치를 저축하여 산더미처럼 쌓아 놓고 타인을 위해 베풀 때 건강한 몸과 마음은 저절로 만들어진다고 확신한다.

이제 정말로 나의 삶의 기록인 자서전을 마무리하고자 한다. 40년 가까운 공직생활을 어떻게 다 정리할 수 있으며, 나의 모든 구석구석의 삶을 어떻게 다 담을 수 있겠는가? 그리고 누구나 마찬가지이지만 인간은 죄성이 있고, 부끄럽고 수치스러운 과거가 많기에, 더구나 글로 남긴다는 것은 쉽지 않고, 용기가 필요한 도전임에 틀림없다. 공무원 여정의 끝마무리에 다가오면서, 희노애락의 수많은 사연을 그냥 과거로 흘려보내기 보다는 기록으로 우리 자녀들에게 아빠의 삶을 있는 그대로 전달하고 싶었다. 다음으로는 후배들에게 조금이나마 그들의 삶에 유익한 시사점을 주어 삶의 진보가 이루어진다면 그 얼마나 좋겠는가 하는 염원도 담겨 있다. 자서전을 쓴다는 것 자체가 쉽지 않았고, 시간과 노력이 동반되기에 더구나 더 그렇다. 매년 많은 분들이 공로연수나 퇴직을 하게 되는데, 정치적인 목적으로 대필로 자서전을 쓰는 경우가 가끔 있지만, 공무원이 은퇴하면서 순수한 동기로 자기의 삶을 정리하여 출판하는 경우는 찾아보기기 쉽지 않은 것 같다. 용기와 결단을 내려 나의 공직의 역사를 정리하기로 하고 출발한 지 이제 꽤 시간이 된 것 같고, 마침내 한 권의 책으로 세상에 모습을 드러내게 되니 너무나 감동이고 감격이며 보람의 물결이 막 밀려온다.

지난 40여 년 가까운 공직 생활을 징계 한 번 받음이 없이, 지각 한 번 없이 잘 마무리 할 수 있도록 내조해 준 집사람과, 열심히 학업에 열중하여 제 몫을 잘하고 있는 우리 은혜, 예담이 두 자녀에게 고맙다는 말을 우선 전하고 싶다. 지금까지 함께 동고동락하고 근무했던 스쳐간 모든 선배, 후배 그리고 동료 분께도 이 자리를 빌려 진심으로 감사드리며, 마지막으로 주님을 만난 기적을 창조해 주신 하나님께 이 모든 영광을 돌리고 싶다. 감사합니다.

合格記(行政高試)

'행시호'의 돛을 내리면서

그날 하염없이 내리는 비를 우산도 없이 맞으면서 지난날들의 어려웠고 고통스러웠던 일들을 비에 떠내려 보냈습니다.

洪 元 一

1960. 1. 27.
강릉고등학교('79졸)
서울교육대학('81졸)
건국대학교 전자공학과('87졸)
한국교원대학교 대학원 수료('93)
제 36회 行政高試 합격
성동구 화양동 46-17
T. 468-9122

Ⅰ. 글을 시작하면서

고민과 갈등 그리고 고독을 뒤로 한 채 이제는 여유와 환희,

미래에 대한 희망을 마음껏 그리면서 인생의 재도약을 바라보게 되었습니다. 공부할 때에는 내가 언제 합격기를 쓸 수 있는 기회가 올까 마치 먼 미래의 이야기로만 여겨졌던 것이 이제 현실로 나타나면서 그동안 각고의 노력이 보람이 있었구나 하는 생각이 듭니다. 저의 이야기를 시작하면서 조금도 가감 없이 진솔하게 쓰고자 하며, 과장도 미화도 아닌 평범한 한 인간의 수험기라 생각하시고 읽어 주시면 고맙게 생각하겠습니다.

Ⅱ. 좌절된 목표

저는 제주도에서 태어나 3살 때 부모님을 따라 강원도에 정착하게 되었습니다, 가난한 소외와 어려운 환경 속에서 자라나면서, 어려서부터 가슴 한구석에 응어리지고 한 맺힌 것은 가난과 소외의 극복이었고 그것은 곧 열심히 공부하여 부모님이 바라는 대학에 들어가는 것이었습니다. 그것이 곧 저의 갈 길이요, 삶의 지향점이었습니다.

부모님의 한없는 저에 대한 기대와 애정 그리고 끊임없는 채찍은 때로는 자극이 되었지만 다른 한편으로는 부담으로 다가와 성적으로만 보답하는 것이 최선이었습니다. 그 결과 초등학교와 중학교를 우수한 성적으로 졸업하고 강원도의 명문 강릉고등학교에 입학하게 되었습니다.

고등학교 첫 3월 달 고사에서 전교 10등을 하였고 이것은 앞으로 3년 뒤의 대입 관문에 청신호로 다가섰고 신선한 충격이었습니다. 목표를 서울대로 정하고 고1부터 하드트레이닝으로 임하여 끊임없는 노력을 하였고, 어려울 때에는 광산에 다니시는 아버님과 힘들게 노동일을 하시는 어머님을 마음속으로 그리며 3년 동안 한눈팔지 않고 학업에만 정진하였습니다. 그러나 그 후의 성적 변동의 폭이 컸고 그 큰 만큼이나 심적 고통의 진폭이 있었고 너무나 쓰디 쓴 아픔으로 다가섰습니다.

예비고사 결과 너무나 뜻밖이었고, 저는 재수를 원했습니다만 서울대원서를 들고 간 저에게 농약병을 드시려는 아버님의 뜻에 꺾여 12년간 공부한 결과가 결국 서울교대로 발길을 돌리게 만들었습니다.

처절한 패배의 아픔과 가슴 한구석에 물밀 듯이 밀려오는 벼랑끝 같은 절망은 교대 2년 내내 가슴을 짓눌렀고 현실 생활에 적응 못해 술로만 위로받는, 술이 유일한 낙이었습니다. 방황과 좌절 그리고 염세주의에 빠져 학교생활은 엉망이었고 학교 그 자체를 부정하는 반항아였습니다.

Ⅲ. 교직생활-보람과 방황의 나날

서울교대를 겨우 졸업하고 초등학교 교사로 첫발을 내디디면서 낯선 사회생활이 시작되었습니다. 내면화된 자기부정과 열등감을 간직한 채 교직에 21살 어린 나이로 발을 디디면서 현실생활에 적응하려고 노력하였습니다.

초롱한 눈망울과 마주치면서 그들과의 상호 교감 속에 교육에 대한 열정과 젊은 혈기로 열심히 가르치려고 노력하였으나 지금 와서 돌이켜 보니 교육이론과 교육학적인 배이스 없이 좌충우돌

식의 미숙한 교수법이었음을 솔직히 고백합니다. 또한 권위주의적 교육행정 풍토나 문화는 젊고 패기에 찬 젊은 교사의 사기를 진작시키기는커녕 맥그리거의 X이론적 시각에서 교육현장을 조망하는 교육행정가의 자세에서 또는 교육의 정치적 중립은 헌법조문에만 자리 잡고 있다는 현실에서 한없는 비애와 서글픔이 중첩되어 점차 교직생활에 회의를 느끼게 되었습니다.

교대 때부터 마시기 시작한 술은 교직생활과 더불어 더욱 탐닉하게 되었고 선배 선생님들과 어울려 다니면서 당구와 포커, 고스톱을 배웠고 기타 잡기에 취미를 가지게 되었습니다. 이때부터 잘못 길들여진 습관은 그 이후의 저의 삶의 방식에 부정적 영향을 끼쳤고 지금도 그 후유증을 앓고 있습니다.

교직에서의 고민과 방황을 술과 잡기로 2년여를 보내고 나니 남는 것은 허탈과 체념이었고 자아상실이었습니다. 그러나 그러한 생활 속에서도 마음 한 구석에는 불타는 집념과 의지가 용솟음쳤고 그 단적인 예는 나이트클럽에 갈 때도 영어사전을 가지고 다니는-결국 잃어 버렸지만－열정이 증명하고 있습니다.

'83년에 건국대 전자공학과에 입학하여 야간대학 생활이 시작되었습니다. 주경야독의 힘든 1인 2역의 생활 속에서 대학생활을 하였지만 처음의 기대와 바람과는 달리 전공 선택에 대한 회의와 장래성이 문제로 부각되었습니다. 단지 위안은 1학년 때 공대 전체수석을 하여 정수장학금을 받아 졸업 때까지 학비 걱정은 안했지만, 야간대학 생활을 정신없이 가방만 들고 4년간을 왔다갔다 보낸 것이 후회가 됩니다.

서울교대 2년간의 암울과 자기 부정 그리고 야간대학 4년간의 뚜렷한 자기 정체감 형성 없이 보낸 6년간의 세월은 흔히들 말하는 대학생활의 낭만과 젊음의 향유와는 거리가 먼 얘기였습니다. 야간대학 졸업 무렵 삼성 등 대기업의 추천이 있었지만 교직경력의 불인정, 승진상의 한계 등을 고려하여 깊이 장고한 결과 교직에 남기로 하고 다른 방향을 모색하게 되었습니다.

Ⅳ. 고시에 대한 꿈을 버리지 않고

1. 행시 1차 준비과정

고시에 대한 생각은 사실 서울교대 들어갈 때부터 가지고 있었으나 마음 한 구석에만 있었지 실제 행동으로는 전혀 나타나지 않았습니다. 다만 vocabulary 22000을 들고 다니고 word power를 공부했던 기억이 남아 있고, vocabulary 22000은 10여 년간 가지고 다니다 보니 걸레가 되다시피 하였고 가장 애정이 가는 책이었습니다만, 도난당해 결국 이별의 아픔을 겪어야 했습니다.

건국대를 '87년에 졸업하고 장래 방향을 두고 고심한 결과 주위에서 사시, 행시하는 분들이 많이 있어 자문을 구한 결과 행시를 하는 것으로 마음을 굳혀 "행시호"에 대한 돛을 올리기 시작하였습니다.

건국대 중앙도서관에서 행시하는 분들의 도움으로 곽윤직 민법총칙부터 구입하여 보기 시작했으나 비법학도인 저에게는 생소하고 어렵기만 했습니다. 헌법의 경우 권영성 헌법학원론의 방대한 분량에 기가 질려 엄두를 못 내고 그저 회독 수 확보에만 급급했습니다.

낮에는 학교에 나가 아이들을 가르치고 퇴근하기 바쁘게 저녁에 대학 도서관에 나가서 공부하는 것은 육체적 고통과 체력 때문에 대단한 의지와 인내가 필요했습니다. 그러나 여전히 술을 좋아해, 도서관에 나왔지만 적당히 공부하고 친한 사람끼리 어울려 1주일에 오히려 술 먹는 경우가 더 많았던 것 같습니다.

'87년에 행시 1차 시험에 도전했지만 참가하는데 의의를 두었습니다. 그 후에도 계속 2차 공부와 병행하면서 1차 공부를 계속하여 도전했지만 커트라인에서 너무 동떨어진 점수만 나올 뿐이었습니다. 공부 분량의 절대 부족과 교직생활과의 병행, 술을 좋아하는 탓으로 '행시호'의 항해는 여러 난관에 부딪히고 때로는 방향을 잃어버려 해매기도 하였으며 또한 휘몰아치는 폭풍에 침몰 직전까지 가기도 하였습니다. 그러나 안일과 좌절과 역경 속에서도 목표에 도달하겠다는 굳은 생각과 결연한 의지를 가지고 '행시호'의 항해는 계속되었습니다.

1992년 한국 교원대 대학원 석사과정에 응시하여 운 좋게 합격하였습니다.

교원대 대학원 석사과정 응시 전에 한 여자와 사귀어서 결혼 약속까지 하였으나 피치 못할 사정으로 결혼은 파기되고 그에 따른 심적, 육체적 고통은 엄청난 것이었으나 그것이 전화위복이 되어 지금에 와서는 오히려 그녀에 대해서 고맙게 생각합니다. 모든 것을 훌훌 털어버리고 대학원 석사과정에 들어와서도 '행시호'의 항해는 멈출 줄을 모르고 목적지를 향해서 계속 가고 있었습니다.

한국 교원대 석사과정은 현직 교사를 상대로 하여 전국적으로 공개 전형하는데 2년간 파견근무 형식으로 봉급을 타면서 기숙사 생활과 함께 석사과정을 밟게 돼 있어 굉장히 유리한, 현직교사들이 선호하는 제도입니다. 대학원 과정을 밟으면서 '행시호'의 항해는 멈출 수 없어 두 마리 토끼 잡기는 어렵고 행시공부에만 전적으로 매달렸습니다.

다행히 같이 '행시호'에 동참하는 후배가 있어 서로 격려하고 자극이 되면서 경쟁하게 되었습니다. 대학원 전공과목은 도외시한 채 본격적인 행시 1차 시험에 임하였습니다. 되도록 회식이나 모임에 빠지면서, 목표달성을 위해서는 생활을 단순화하고 철저한 자기관리가 필요하며 자기 자신과의 싸움에서 이기는 克己의 자세가 있어야 함을 항상 마음속에 몇 번이고 되새겼습니다.

그렇게 좋아하던 술도 1주일에 한 번으로 줄이고 일요일부터 금요일 오후 늦게까지 하루 평균 12시간씩 강행군을 하였습니다. 오전에 4시간, 점심식사 후 4시간, 저녁식사 후 4시간 이렇게 4-4-4방식의 시간배분을 철저히 지키려고 노력하였으며, 아마도 그 이상의 공부 시간을 행시 1차 전 4개월간 집중적인 소나기식의 투자를 했던 것 같습니다.

대학원 열람실에서 공부하면서, 고독과 가슴 깊숙한 곳에서 밀려오는 뭔가 알 수 없는 복합된 감정이 파동을 일으킬 때 저도 알 수 없는 하염없는 상념에 사로잡히기도 하였습니다. 고시공부란 처절한 자기와의 싸움임을 지나서 돌이켜볼 때 틀림없는 진리인 것 같습니다.

1주일에 하루 정도는 휴식을 취하여 몸의 리듬을 유지하고 체력을 잃지 않으려고 노력하였으나 제대로 말을 듣지 않았습니다. 그러나 목표를 향한 집념에는 변함이 없었고 절대량의 시간 확보는 기본서 2회독에 문제집을 2번씩 풀었고 중요 암기사항이나 문제집을 풀 때 틀린 부분을 대학노트에 과목별로 적어 행시 1차 보기 1주일 전에는 대학노트만 집중적으로 파고들어 정리했습니다.

영어공부는 평소부터 꾸준히 해 왔지만 매일 한다는 자세가 중요하며 독서카드에 생소한 단어나 중요한 숙어를 적어서 주머니에 넣고 다니면서 외웠습니다. 길거리에서나 밥 먹을 때나 화장실에서나 영어단어 공부에 남다른 노력을 기울여 walking dictionary라는 별명을 얻을 정도였습니다. 창밖으로 들꽃들이 만발하고 연인들의 사뿐한 발걸음들이 분주할 때 행시 1차는 다가왔고 공부의 강도는 더해만 갔습니다.

드디어 결전의 날이 다가왔습니다. 완벽한 공부는 있을 수 없지만 최선을 다했다고 자위하면서 시험에 임하였습니다. 전날에 시험 잘 보라고 선배님이 사준 음식물을 잘못 먹어 그 다음날 아침 식사도 거른 채 화장실에서 속을 뒤집은 다음에 근처 약방에서 약을 사 먹고 겨우 간신히 시험에 임하였습니다.

예년에 비해서 출제 경향이 달랐고 문제도 까다로워 헌법, 민총에 많은 시간을 할애하다 보니 상대적으로 영어에 많은 시간을 투자하지 못했습니다. 특히 영어의 경우 장문독해가 여러 개 있었고, 문법, 어휘 등도 어려워 답안작성 5분여를 남기고 보니 10문제 정도는 찍을 수밖에 없어 시험 끝나고 난 뒤에 떨어졌다고 생각하고 내년을 기약하기로 하였습니다.

1차 시험이 끝나고 행시 1차 내년을 기약하면서 2차 공부할 요량으로 청운 고시원에 입실하여 후배와 같이 동방고시학원에서 행정법 강의를 듣기 시작하였습니다. 행정법 강의를 처음 들으니 이해도 안가고 어렵고 뜨거운 여름 날씨만큼이나 짜증과 아울러 1차도 안된 주제에 지나친 과욕이었습니다.

공부는 뒤로한 채 저녁때가 되면 술과 벗하면서 인생을 한탄하고 자신의 처지를 원망하면서 노총각의 넋두리 사설을 늘어놓기 일쑤였습니다. 지금 생각하면 한심한 때였습니다. 행시 1차 발표는 까맣게 잊어버린 채 그럭저럭 세월을 보내다가 청운고시원에서 오후 4시쯤 1차 합격자 명단을 보게 되었는데, 저는 당연히 떨어진 줄 알고 후배 이름을 찾으려고 보다가 제 이름 석자가 있지 않겠습니까. 그 때의 기쁨과 환희는 말로 표현할 수 없을 정도로 컸습니다.

행시 1차 발표 때까지 행시공부를 한다는 사실을 숨기다가 처음으로 부모님께 1차 합격의 소식을 전해 드릴 때 부모님도 기뻐하셨고 외아들이고 장남이기에 그렇게 독촉하셨던 결혼이야기도 2차 합격 때까지 유보할 수 있어 전적으로 공부할 수 있는 분위기 조성이 되었습니다.

2. 행시 2차 준비과정

1차 합격 이후 2차 공부는 거의 전무한 상태에서－경제학 미시, 거시 학원 강의와 행정법 외에는－8월 5일부터 한양대에서 시행되는 2차 시험에 응하였습니다. 2차 경험도 쌓고 분위기 파악도 할 겸 전혀 부담을 갖지 않고 시험에 응하였으나 답안 작성 요령도 몰랐거니와 아는 지식이 없어 하품과 졸음으로 시간 채우기에 급급했던 것은 험난한 고시 생활을 예고하고 있음을 보여준 것이었습니다.

2차 시험이 끝나고 어느 정도 휴식을 취한 다음에 대학원으로 다시 내려와 교원대 대학원 열람실에서 본격적인 2차 공부가 시작되었습니다. 사실 그 동안의 2차 공부는 1차 합격이 안 된 상태에서, 본격적인 1차공부가 시작되기 전까지 공백 기간에 틈나는 대로 행시에 가장 어렵고 취약과목인 경제학과 행정법에 조금씩 시간을 투자하였으나 공백기에 오히려 술과 잡기에 더 심혈을 기울였던 것 같습니다. 그러나 이 때 조금씩 쌓아 놓았던 것이 뒷날 조그마한 밑거름이 안됐다고는 볼 수 없습니다.

행시 2차 과목이 7과목인 데 거의 절반은 경제학과 행정법이 아닌가 할 정도로 절대량의 시간확보와 이해와 암기를 요하고 있습니다. 대학원 강의가 아니라면 서울 신림동에서 학원 강의를 들으며 좀 더 빨리 본궤도에 올라올 수 있었을 텐데 수업 상 대학원에 내려와 기숙사 생활을 하면서 독학으로 2차 공부에 매진하게 되었습니다.

1차 공부할 때와 거의 비슷한 시간 이상을 확보하면서 하루에 의자에서 일어나는 것은 3번이었습니다. 식사시간 1시간 외에는 자리를 철통같이(?) 지켰고 조금도 방심치 않고 '행시호'의 순항을 빌었습니다. 말이 하루에 의자에서 3번 일어난다지만 대단한 인내와 오기와 집념이 아니면 이를 수 없는 처절한 자기와의 싸움입니다. 어렵고 힘든 가시밭길 가는 나날의 생활에서 가장 즐겁고 여유가 있을 때는 식사 후의 커피 한 잔과 동료 친우와의 담소시간이었고 일주일간의 피로를 푸는 금요일 오후 원 없이 맥주잔을 들이키는 것이었습니다. 1주일간의 자기와의 끊임없는 싸움과 절대적인 시간확보, 쓰리고 외로움과 가슴 속 깊이 파고드는 말할 수 없는 번민을 참고 난 뒤의 술맛이란 정말 꿀맛이었습니다.

이와 같은 식으로 꾸준히 2차 공부를 해 나갔으나 어쩐지 진도는 나가되 정확한 개념 파악과 전체적인 틀이 확고하게 자리 잡지 못했습니다. 특히 행정법의 경우 처음 이명우著로 시작하였으나 회독 수 채우기와 하루하루의 목표량 달성에만 급급하여 2달이 지나니 머리에 남는 것은 별로 없고 행시 2차에 대한 두려움만 가중되어진 듯 했습니다.

행정법의 경우 시행착오를 많이 겪었는데, 이명우著에서 박윤흔著로 그러다가 11월 달 태학관에서 석종현 교과서로 수강하면서 강의를 철저히 받고 각종 수험 자료와 고시잡지를 참고하면서 모의고사에도 참석하여 3달 정도 다니니 어느 정도 행정법에 대하여 감을 잡게 되었고 나름대로 이해와 정리가 대충 되었습니다. 행정법의 경우 첫날 국민윤리 다음에 오후에 보기 때문에 행정법 시험을 잘치고 못치고 여하에 따라서 나머지 시험에 큰 영향을 주는 변수이기 때문에 저는 이것을 항상 염두에 두고 고시잡지에서 잘 정리된 예상문제를 뽑아 매일 한 개 씩 주머니 속에 넣고 다니면서 개념과 목차를 중얼거리면서 외웠고 주요 판례는 답안작성 연습하면서 항상 염두에 두었습니다.

교원대 대학원 열람실에서 행정법과 경제학 두 과목에 집중 투자하였고 경제학의 경우는 잘 모르는 것이 있으면 기숙사에 돌아와서도 고시에 뜻있는 분들과 열변 토론을 벌이기도 하였습니다.

열람실 창밖으로 또는 기숙사 창밖으로 낙엽이 쓸쓸히 가을비와 함께 애처롭게 거리를 뒹굴어 다니고 우산속의 팔 장 낀 연인들의 뒷모습을 볼 때 그리고 뭔가 형언할 수 없는 깊은 노총각 특유의 그리움에 사무치는 늦가을 밤, 왜 이리도 한 없이 주체할 수 없는 처량한 마음이 드는지 혼자만의 독백을 하곤 했습니다.

대학원 2학기를 거의 마칠 무렵 서울 신림동의 대지고시원으로 공부 장소를 옮겨 본격적이고 체계적인 공부에 들어갔습니다. 학원 강의와 복습을 위주로 하면서 나름대로의 계획 하에 확실히 해 나가려고 애썼습니다.

경제학의 경우는 매일경제신문을 정기 구독하여 주요내용을 스크랩하면서 미시, 거시와 연결시켜 이해하려고 노력하였고 경제학의 3개지 접근방법 즉 그래프, 수식적, 서술적인 3가지 접근방식을 항상 염두에 두면서 그래프는 머릿속에 떠오를 정도로 수 없이 그려 보았습니다. 그리고 주요 거시지표는 지난 몇 년간 추이를 암기해 두고 우리 경제현실과 연관하여 학파별 적용을 해 보려고 하였습니다.

행정학의 경우는 학원 강의를 2달간 들으면서 체계를 어느 정도 세웠고 신문을 스크랩하면서 한국행정 현실과 접목시키려고 노력하였습니다. 그러나 행정학의 경우 경제학이나 행정법에 비하여 정치하지 못하고 학문 성격상 다학문적이기 때문에 특별한 수험대책 보다는 기본서를 중심으로 포괄적인 접근방법이 중요한 것 같습니다.

국민윤리의 경우는 윤리학적인 마인드가 필요하다고 보며 특히 전통사상과의 연결은 어떤 문제가 나오더라도 관련시켜서 언급해 주면 득점에 유리하다고 봅니다. 저 같은 경우는 결론 부분 어디에도 쓸 수 있는 현학적인 표현을 독서카드에 몇 가지 적어서 외우려고 노력하였습니다. 주요 공동 4과목에 치중하면서도 선택과목에 신경을 써야 하며 특히 경제학과 행정법 점수가 비슷한 상황에서도 선택과목에서 고득점할 경우 당락을 좌우하므로 선택과목에도 신경을 써서 수험 대책을 세워 나가야 합니다.

선택과목으로서 저는 교육직이기 때문에 교육심리와 교육행정을 택했고 교육심리의 경우는 내용도 난해했지만 암기 사항도 많아 애를 먹었습니다. 그러나 교육적인 측면에서의 이해와 적용이 중요하기 때문에 항상 교직경험과 관련시켜 공부하니 조금은 이해가 빨랐던 것 같습니다.

교육행정의 경우는 행정학적인 지식에다 교육의 독자성과 특수성, 전문성을 가미시켜 접근했고 교직생활과 연관하여 답안 작성 연습을 하였습니다.

계획한 대로 잘 나갈 때도 있었지만 때로는 슬럼프에 빠져 자포자기의 심정에 빠질 때도 있었습니다. 아마도 혼자 공부하였다면 방향도 없이 표류하였겠지만, '행시호'를 이끌고 가는 선장을 비롯하여 기타 구성원이 합심하여 희로애락을 함께 하면서 같이 한 배를 탄 Group study 멤버들이 있어서 크게 힘이 되었고 격려가 되었습니다.

저는 Group study를 꼭 권하고 싶습니다. 태학관에서 수강하면서 우연히 만난 환영이와 향욱이 그리고 벧엘고시원에서 유익균씨와 팀이 되어서 1주일에 한 번 씩 만나 한 주일간에 공부한 내용을 가지고 문제를 선정하여 실제상황(?)과 같이 답안작성을 하여 보고 주요 논점을 토론하면서 자기의 실력을 점검하였습니다.

Group study를 수월하게 하기 위해 벧엘로 고시원을 옮겨 본격적인 study체제로 들어갔고 study에 맞춰 공부 일정이 조정되어 모두들 열심히 잘 하려고 애썼습니다. 1차가 끝난 뒤에 작년에 2차에 떨어진 곽현주씨도 합류하여 분위기를 더욱 고조시켰고 가끔 분위기를 식히기 위해서 생맥주도 마시면서 스트레스를 풀기도 했습니다.

보이지 않는 치열한 경쟁 속에서 서로의 견제와 가끔의 오해와 토론이 아닌 논쟁도 있었지만 그러한 가운데 서로 커피도 타주고 위로해주고 격려해주면서 결전의 시험 1주일 전 까지 지친, 무거운 몸을 이끌고 study를 이끌어 갔습니다.

눈물겹도록 어려운 때도 있었습니다. 벤엘로 옮긴 뒤에 시설이 낡은 탓인지 눈병에 걸려 병원에 다니면서도 study멤버들에게 뒤지지 않기 위해서 한쪽 눈으로 겨우 책을 보면서 공부할 것이라든가 눈이 다 나으니 이가 부러져 이를 해 넣고 한 동안 음식을 못 먹었던 경우라든가 등의 많은 어려운 사연이 있었습니다.

그래서 동료 study멤버들이 저를 두고 '의지의 한국인'이라는 별칭을 달아줄 정도였습니다. '행시호'는 이제 목적지를 얼마 안 두고 마지막 점검을 하면서 마무리 정리에 들어갔고 이제 결전의 순간만을 기다리게 되었습니다. 드디어 결전의 날이 다가와 8월 3일부터 성균관대에서 행시 2차 시험이 시작되었습니다. 긴장과 초조와 초죽음의 나흘이었습니다.

첫날은 너무나 긴장하여 우황청심환을 먹고 진정하려고 하였으나 뜻대로 되지 않았습니다. 그러나 이번이 마지막이라 생각하고 두루마기가 펼쳐지기 전에 미리 초안지에 국민윤리에 대한 공부한 것을 이 것 저 것 대충 쓰면서 두루마기가 펼쳐지기를 기다리니 조금은 덜 떨렸습니다. 나머지 과목도 마찬가지로 하였습니다.

모든 과목에 아는 지식을 총동원하여 20 page를 채우려고 노력하였고 전혀 못 보던 문제더라도 포괄적으로 답안 작성을 하여 과락을 면하려고 하였습니다.

국민윤리의 경우 큰 문제는 모의고사 문제에서 다뤘던 것이라 별 어려움 없이 써 내려갔고 작은 문제 중 실학의 인간관은 예상문제이면서 study 때 다루어서 무난히 썼던 것 같습니다. 그러나 마지막 문제는 이데올로기 부분을 소홀히 하여 놓칠 뻔 했으나 아침에 버스를 타고 가면서 본 부분이 나와 기억을 최대한 되살려 썼으니 운이 꽤 좋았던 것 같습니다. 국민윤리의 경우 그 사람의 도덕성 실천여부를 시험으로 측정할 수 없으므로 답안지 작성에서 진실성과 실천의지를 꾸밈없이 성실하게 기술하고 전통사상과의 접목을 꼭 시도하면 득점에 유리할 것입니다.

오후에 행정법 시험이 있었는데 시간 투자도 많이 하고 수험기간 중 내내 애먹었던 과목이었습니다. 큰 문제인 '공권의 확대화 경향'은 study 때 다뤘던 문제라 실체적 측면과 절차적 측면에서 무난히 기술했고 '공권'이니 '반사적 이익'이니 '재량권의 "0"으로 수축' 등의 중요용어를 독일어로 썼습니다. 그러나 작은 문제 2개는 전혀 예상치 못한 문제가 나와 행정법 지식을 총동원하여 그릴 수밖에 없었습니다.

이튿날 행정학 시험과 경제학 시험이 있었는데 행정학의 경우 큰 문제는 어느 정도 행정학 지식을 동원하여 나름대로 썼으나 논점을 좀 벗어난 것 같았고 작은 문제 중 하나인 '효율성의 평가준거'는 효율성을 영어로 efficiency로 명시한 것을 유념하지 않아 횡설수설 언급할 수밖에 없었습니다.

경제학은 시험과목 중 가장 어려웠던 것 같았고 큰 문제인 '통화량의 증대가 명목이자율과 실질이자율에 미치는 영향을 체계적으로 논하라'였는데 20분이 지나도 초안 작성이 되지 않아 너무나 긴장이 되었고 그 이후로 초안을 무시한 채 경제학 지식을 총동원하여 서술했습니다. IS-LM분석, AD-AS분석과 통화론자와 케인즈안 시각을 여러 각도에서 비교 기술했고 동태적 인플레이션도 언급했습니다. 무엇을 썼는지 한심하다는 생각이 들었고 당락이 결정되는 것 같아 걱정했으나 작은 두 문제 중 '가격차별화'를 자신 있게 썼고 '공기업의 민영화' 문제도 꽤 진술한 것 같아 과락은 면할 것 같았습니다. 교육학은 교직경험을 살려 어느 정도 자신 있게 썼고 교육심리도 작은 문제를 빼고는 무난히 넘어갔습니다.

마지막 날 처량한 마음을 더하듯 창밖으로 비가 내리는 데 교육행정학 시험은 방이 두 개나 붙었고 문제 진술이 길어 무엇을 물어보는지 문제 파악하는 데만 20분을 소요했고 마지막 문제인 '사회적 수요 접근방법의 개념'은 도대체 처음 보는 문제라 아찔했습니다. 그러나 공든 탑이 여기에서 무너질 수 있겠느냐 하면서 최성을 다해 20page를 채웠고 마지막 순간까지 '후회 없이 여기까지 왔구나.'를 생각하니 시험 종료 시각과 함께 가슴에 진한 감동으로 다가왔습니다. 그 날 하염없이 내리는 비를 우산도 없이 맞으면서 지난날들의 어려웠고 고통스러웠던 일들을 비에 떠내려 보냈습니다.

Ⅴ. '행시호' 의 돛을 내리면서

긴장된 나날을 보내다 태학관에서 합격임을 통보받았을 때 아무 말도 할 수 없었고 밖으로 나와 하늘을 보니 마냥 저에게 미소를 지을 뿐이었습니다.

아놀드 토인비는 한 국가의 발전이나 개인의 발전은 숱한 도전과 응전 속에서 이루어진다고 하였습니다. 도전을 슬기롭고 인내하면서 극복할 때 행운의 여신은 미소를 지으면서 다가오는 것 같습니다. 고시공부도 자기 자신과의 싸움에서 숱한 도전을 인내와 고통으로 이겨내고 참기 어려운 유혹을 뿌리칠 수 있을 때 합격의 영광을 얻을 수 있다고 봅니다.

오늘의 이 조그마한 영광을 얻기까지 뒷바라지 해 주신 부모님께 한없는 존경과 고마움을 드립니다. 저의 합격을 위해서 100일 기도를 해 주신 어머님은 제가 공부할 때 등대요 나침반이었으며 정신적 지주였습니다. 또한 그 동안 저를 가르쳐 주신 중학교 때의 박헌도 선생님을 비롯한 여러 은사님께 머리 숙여 감사드립니다.

이제 '행시호'의 돛을 내리면서 참으로 긴 여정이었지만 이제 다시 다른 항해를 위해서 오늘도 최선을 다하는 삶의 자세를 가지려고 노력하겠습니다.

끝으로 지금 고시원에서 각고의 노력을 하는 유익균씨, 한선생님, 후배 희진, 용구, 상규, 그리고 건대 상허도서관에서 불철주야 열심히 공부하는 수험생과 그 밖에 여러분의 조속한 합격을 기원합니다.

참고문헌

강원국(2014) 대통령의 글쓰기 메디치미디어
김영수(2006). 역사의 등불 사마천, 피로 쓴 사기. 창해
每日默想(매주). 성서유니온
삼락교회, 동삼교회 주보
생명의 삶(매주). 두란노
안진훈 외 1인(2014). 고전은 내 친구. 21세기 북스
임영택외 1인(2013). 한권의 책이 한 사람의 인생을 바꾼다. 위즈덤 하우스
유시민(2015). 유시민의 글쓰기 특강. 아름다운 사람들
이석연 책, 인생을 사로잡다
E.H.Carr.(이화승 역, 2011). What is History? 베이지북스
한중병음성경(2009) Morrison Christian Literature
홍원일(2013). 중국을 가슴에 품고 발로 뛴 영사의 일기. 주류성.

삶의 방정식, 부활의 꿈

정가 15,000원

2019년 6월 25일 인쇄
2019년 6월 28일 발행

저 자 : 홍 원 일
발행인 : 박 중 열
발행처 : 다 솜 출 판 사
인쇄처 : 효 성 문 화 사

등록번호 : 1994년 4월 22일 제2001-000001호
부산광역시 중구 대청로 135번길 10-1
TEL : (051)462-7207/8 FAX : (051)465-0646

ISBN 978-89-5562-626-1 03810